핵심만 골라 배우는
SwiftUI 기반의 iOS 프로그래밍

SwiftUI Essentials: iOS Edition
by Neil Smyth

Copyright ⓒ 2019 Neil Smyth

Payload Media, Inc. All Rights Reserved.
Korean Translation Copyright ⓒ 2020 by J-Pub Co., Ltd.
This Korean edition was published by arrangement with Neil Smyth through Agency-One, Seoul.

핵심만 골라 배우는 **SwiftUI 기반의 iOS 프로그래밍**

1쇄 발행 2020년 3월 16일
3쇄 발행 2021년 7월 31일

지은이 닐 스미스
옮긴이 황반석
펴낸이 장성두
펴낸곳 주식회사 제이펍

출판신고 2009년 11월 10일 제406-2009-000087호
주소 경기도 파주시 회동길 159 3층 3-B호 / **전화** 070-8201-9010 / **팩스** 02-6280-0405
홈페이지 www.jpub.kr / **원고투고** submit@jpub.kr / **독자문의** help@jpub.kr / **교재문의** textbook@jpub.kr

편집부 김정준, 이민숙, 최병찬, 이주원 / **소통기획부** 송찬수, 강민철 / **소통지원부** 민지환, 김유미, 김수연
진행 및 교정·교열 장성두 / **내지디자인** 최병찬 / **표지디자인** 최병찬
용지 에스에이치페이퍼 / **인쇄** 한승인쇄 / **제본** 장항피엔비

ISBN 979-11-90665-02-5 (93000)
값 26,000원

제이펍은 독자 여러분의 아이디어와 원고 투고를 기다리고 있습니다. 책으로 펴내고자 하는 아이디어나 원고가 있는
분께서는 책의 간단한 개요와 차례, 구성과 저(역)자 약력 등을 메일(submit@jpub.kr)로 보내 주세요.

핵심만 골라 배우는

SwiftUI 기반의 iOS 프로그래밍

SwiftUI Essentials: iOS Edition

닐 스미스 지음 / 황반석 옮김

차례

CHAPTER 5 스위프트 데이터 타입, 상수, 그리고 변수_27

CHAPTER 6 스위프트 연산자와 표현식_45

CHAPTER 7 스위프트의 제어 흐름_57

CHAPTER 27 ## SwiftUI에서 탭 뷰 만들기_274

CHAPTER 28 ## SwiftUI에서 콘텍스트 메뉴 바인딩하기_279

CHAPTER 29 ## SwiftUI 그래픽 드로잉 기초_283

CHAPTER 30 ## SwiftUI 애니메이션과 전환_293

CHAPTER 31 **SwiftUI에서 제스처 작업하기_305**

CHAPTER 32 **UIView와 SwiftUI 통합하기_314**

CHAPTER 33 **UIViewController를 SwiftUI와 통합하기_325**

'아이폰 애플리케이션'이라는 이름으로 대표되는 아이폰·아이패드·애플워치·애플티비·맥 애플리케이션 개발 방법은 끊임없이 개선되며 발전해오고 있습니다. 이제는 옛날얘기가 되어버렸지만, 초기에는 인터페이스 빌더라는 것이 따로 있었고 xib 파일로 각각의 화면을 표현하였습니다. 그러던 어느 날, 애플은 인터페이스 빌더를 Xcode 안에 포함시켰고 스토리보드로 모든 화면의 구축과 흐름을 만들게 해주었죠. 이와 함께 auto layout이 생기면서 다양한 화면 크기에 따라 적합한 화면을 만드는 방법을 제공했습니다. 그러다가 새로운 언어인 Swift가 발표되었고, 이제는 SwiftUI가 찾아왔네요. 애플은 Swift 언어를 발표하면서 애플리케이션 개발을 주도할 언어가 될 것이라고 말하면서도 Objective-C에 대한 지원을 계속하고 있습니다. 2014년에 출시된 Swift 언어가 벌써 6년이 되었지만, 아마 지금도 Objective-C로 애플리케이션을 구현하는 개발자가 있을 것이라 생각합니다. 이번에 애플은 SwiftUI를 발표했습니다. 지금부터 미래의 애플리케이션 개발을 이끌게 될 것임을 느낄 수 있어서 관심과 기대가 커집니다.

2019년 6월 3일, 애플이 WWDC 2019에서 발표한 SwiftUI는 스위프트의 성능을 바탕으로 사용자 인터페이스를 구축할 수 있는 혁신적이면서도 간소한 방법입니다. SwiftUI는 선언적 구문을 사용합니다. 역자와 같이 이전 방식에 익숙한 개발자들에게는 매우 당혹스러울 수 있습니다. 복잡하게 구성된 UI와 그 안에서 동작하는 로직을 담고 있는 코드가 (이전 방식에 비해) 너무 단순하기 때문입니다. 이전에 아이폰 애플리케이션 개발 경험이 있는 개발자라면 SwiftUI 덕분에 얼마나 단순해졌는지를 쉽게 알 수 있을 겁니다.

이 책은 SwiftUI에 관한 내용뿐만 아니라 애플리케이션 개발과 출시를 위한 모든 과정을 담고 있습니다. 먼저, 애플 개발자 프로그램(Apple Developer Program) 가입에 대한 내용과 Xcode 설치에 대한 내용으로 시작합니다. 아이폰 애플리케이션 개발을 해본 독자에게는 너무나 당연한 내용이겠지만, 이제 막 입문한(또는 입문하려는) 독자에게는 너무나 중요한 내용이기 때문입니다. Xcode가 없다면 개발을 못 하고, 애플 개발자 프로그램에 가입하지 않는다면 여러분의 환상적인 앱을 앱스토어에 출시할 수 없겠지요. 스위프트 언어에 대한 내용도 포함되어 있습니다. 이 책에서 설명하는 것이 스위프트 언어에 대한 전부는 아니지만 핵심적이자 기본적으로 알아야 할 내용임은 틀림없습니다. 사용자 인터페이스에 대해 배운다는 것은 내장된 컴포넌트(뷰)를 어떻게 화면에 배치하는지와 함께, 애플리케이션 내에서 계산되고 처리된 데이터를 화면에 표현하는 방법을 배운다는 것입니다. 스택, 리스트, 이미지, 텍스트 등의 기본 컴포넌트에 대해 배우다 보면 여러분이 만들려는 애플리케이션을 어떻게 구성해야 하는지를 알게 될 것입니다. 이와 함께, SwiftUI에서의 그래픽 드로잉과 애니메이션, 그리고 화면 전환에 대해서도 설명합니다. 이 책의 후반부에는 기존의 UIKit으로 구현한(또는 구현하고 있는) 프로젝트에 SwiftUI를 통합하는 방법을 설명합니다. 아마도 이 부분은 애플리케이션을 개발하고 있는 경험 있는 개발자들에게 매우 중요한 부분이 될 것입니다.

이 책의 중반부까지 번역하면서 개인적으로 머리에 맴도는 질문은 '그래서 어쩌라고?'였습니다. SwiftUI가 좋다는 것은 점점 명확해지는데 기존에 개발하던 프로젝트를 생각하면 너무 난감했거든요. 말 그대로 '그래서 어쩌라는 거지? 기존의 프로젝트를 다시 처음부터 SwiftUI로 구현해야 한다는 건가? UIKit으로 개발된 프로젝트는 새롭게 바닥부터 SwiftUI로 다시 해야 하나?'라는 생각뿐이었습니다. 하지만, 이 책의 후반부에 설명하는 통합 부분은 어떻게 합칠 수 있는지를 알려줍니다. 반대로, SwiftUI 기반의 프로젝트에 UIKit을 통합하는 방법도 설명하고 있습니다.

SwiftUI는 이제 막 시작되었습니다. 이제 계속 발전하고 개선되면서 아이폰·아이패드·애플워치·애플티비·맥 애플리케이션 개발 방법을 새롭게 주도할 것입니다. 이 새로운 흐름과 함께하는 여러분에게 이 책이 훌륭한 가이드가 되길 바랍니다.

옮긴이 **황반석**

베타리더 후기

🐦 노수진

SwiftUI를 한 번도 안 써본 사람이라도 예제를 보고 코드를 따라서 작성해 볼 수 있어서 좋았습니다. SwiftUI를 처음 사용하려 할 때 필요한 지식을 담고 있어서 좋은 시작점이 된 것 같습니다. 예제 일부 코드에서 인텐트와 줄바꿈 등에 일관성이 결여된 곳이 보이던데 출간 전에 해결하기를 바랍니다.

🐦 박명훈(카닥)

SwiftUI에 대한 책이라 혹시라도 iOS 개발 기초가 없는 이들이 읽기 어려운 내용들만 있진 않을까 하였으나, 처음 iOS 개발을 시작하는 사람들도 읽기 쉽게 차근차근 설명되어 있어서 이 책 한 권만 읽어도 Swift의 최신 기술을 바로 습득할 수 있을 것이라 생각합니다.

🐦 박홍욱(연세대학교 하이퍼커넥트)

이 책의 가장 큰 장점은 현재 최신 경향을 반영한 한글로 된 책이라는 점입니다. Swift 5와 SwiftUI가 도입되면서 나온 새로운 개념을 잘 녹여내고 있습니다. 물론, 기본서인 만큼 매우 자세한 설명이 부족하여 핵심 용어나 개념에 대해서는 추가적인 공부가 필요할 수 있습니다. 따라서 애플 공식 홈페이지에서 제공하는 기본적인 SwiftUI 튜토리얼을 마치고 해당 도서를 본다면 SwiftUI를 통한 애플리케이션 개발에 큰 도움이 될 것입니다.

🐦 이동건(카카오페이)

스위프트를 처음 접하면서 최근에 나온 SwiftUI를 철저히 다뤄보고 싶은 독자라면 처음부터 차근차근 학습하기를 권합니다. 그리고 Swift 문법을 알고 있으면서 기존에 UIKit 기반의 프로그래밍을 해본 분들이라면 앞부분의 문법 설명은 건너뛰고 보시기를 권합니다. 새롭게 나온 SwiftUI를 빠르게 배우실 수 있을 겁니다.

 ### 이석곤(엔컴)

iOS 13에서 가장 큰 변화는 SwiftUI라고 생각합니다. 애플의 모든 플랫폼에서 기본 지원을 하고 더 적은 코드로 더 우수한 앱을 만들 수 있습니다. 예전에 iOS를 오브젝티브-C로 개발할 때는 코드 양이 많고 문법이 어려웠는데, 그에 비해 Swift는 읽기 쉽고 작성하기 편했습니다. 그리고 Xcode 디자인 도구와 코드가 연동이 되어 작성한 코드 결과를 실시간 미리보기를 할 수 있습니다. 이제는 여기에 더하여 SwiftUI로 강력한 UI 코드를 작성할 수 있습니다. 책은 전반적으로 입문자에 맞게 잘 되어 있어 어렵지 않게 볼 수 있는 수준이었습니다.

 ### 이원우(SK Planet)

책 전체에서 Swift 기본 문법이 차지하는 비중이 많아서 초반에 흥미를 떨어뜨렸습니다. 본격적인 SwiftUI를 설명하는 장에서는 곁가지 설명도 많았던 점도 아쉬웠습니다.

 ### 이현승(미국 씨티뱅크)

국내에 SwiftUI에 관한 책이 많지 않은 상황에서 SwiftUI에 대하여 요점을 쉽고 정확히 알려주는 책이라서 반가웠습니다. 특히, SwiftUI는 iOS 13부터 지원을 하기 때문에 대부분의 어플리케이션은 기존의 UIKit과 병행해서 사용해야 합니다. 기존 UIKit과 SwiftUI를 동시에 사용하는 방법을 구체적으로 설명하고 있어서 현업에서 당장 적용시키는 데에도 무리가 없었습니다.

 ### 전찬주(원티드랩)

정말 재미있게 SwiftUI를 살펴볼 수 있었습니다. 아직 한글로 된 자료가 많지 않아서 영문으로 천천히 공부하고 있었는데, 베타리딩하면서 많은 도움이 되었습니다. 이미 iOS 개발 경험이 있다면 SwiftUI에 대한 핵심을 정말 빠르게 살펴볼 수 있는 책이었습니다. 예제 코드도 전반적으로 괜찮고 SwiftUI가 나오면서 바뀐 Swift의 변경사항에 대해서도 알 수 있어서 좋았습니다.

 ### 정욱재(스캐터랩)

불과 얼마 전에 나온 SwiftUI를 쉽고 명확하게 설명해주는 책입니다. Swift 문법까지 설명하고 있어서 다소 양이 많아 보일 순 있지만, 입문자들에게는 도움이 될 수도 있을 것 같습니다. 기존에 Swift 5를 알고 있는 사람이나 모르는 사람이나 쉽게 SwiftUI를 익힐 수 있는 책입니다.

주영호(연세대학교 일반대학원)

글자는 Text, 이미지는 Image. SwiftUI는 참으로 애플답다는 생각이 듭니다. 이 책에서는 SwiftUI의 기초부터 응용까지를 무려 한글로 볼 수 있습니다. 이 책 한 권으로 어떤 앱이든 만들 수 있게 되는 건 아니지만, 앞으로 꾸준히 업데이트될 SwiftUI의 다양한 기능과 매력을 느끼기에 충분합니다.

1

시작하기

이 책의 목표는 SwiftUI와 Xcode 11 그리고 Swift 5 프로그래밍 언어로 iOS 13 애플리케이션을 만드는 데 필요한 핵심 기술을 알려주는 것이다.

이 책은 기초적인 내용부터 시작한다. iOS 개발 환경을 설정하는 데 필요한 과정부터 스위프트 언어를 배우고 테스트하기 위하여 스위프트 플레이그라운드(Swift Playground)를 어떻게 사용하는지에 대한 내용을 담고 있다.

또한, 프로그래밍 언어인 스위프트 5의 데이터 타입, 제어문, 함수, 객체지향 프로그래밍, 프로퍼티 래퍼(property wrapper), 그리고 에러 처리 등에 대한 내용을 다룰 것이다.

Xcode의 SwiftUI 개발 모드를 둘러보면서 SwiftUI와 프로젝트 구조에 대한 핵심 개념을 소개할 것이며, 커스텀 SwiftUI 뷰를 생성하는 방법과 스택, 프레임, 폼 등의 사용자 인터페이스 레이아웃을 생성하기 위한 SwiftUI 뷰의 연결 방법도 설명할 것이다.

Observable 객체와 Environment 객체 모두를 state 프로퍼티와 함께 사용하여 데이터를 처리하는 방법도 다루며, 주요 사용자 인터페이스 디자인 개념인 수정자(modifier), 리스트, 탭 뷰, 콘텍스트 메뉴(context menu), 사용자 인터페이스 내비게이션 등에 대한 주제도 다룬다.

그래픽 그리기와 사용자 인터페이스 애니메이션, 그리고 뷰 전환과 제스처 처리에 대한 내용도 있다. 또한, 기존의 UIKit 기반의 프로젝트에 SwiftUI 뷰를 포함시키는 방법을 설명하며, SwiftUI에 UIKit 코드를 넣는 방법도 설명한다.

마지막 장에서는 완성된 앱을 패키징하여 앱 스토어에 올리는 방법에 대해 설명한다.

이 책에서 다루는 주제들에 대해서는 상세한 튜토리얼을 통해 연습하게 될 것이며, 다운로드받을 수 있는 소스 코드도 제공될 것이다.

다시 한번 말하지만, 이 책의 목표는 SwiftUI를 이용하여 여러분만의 앱을 만드는 데 필요한 기술을 가르치는 것이다. 필자는 여러분이 인텔 기반의 맥을 가지고 있으며 iOS 13 SDK와 Xcode 11을 다운로드받을 준비가 되어 있음을 가정하고 설명할 것이다.

1.1 스위프트 프로그래머에게

이 책은 스위프트를 이미 알고 있는 프로그래머뿐만 아니라 스위프트와 iOS 개발이 처음인 사람들 모두를 위해 쓰여진 책이다. 만약 여러분이 스위프트 5.1 프로그래밍 언어에 익숙하다면 스위프트에 대한 내용이 있는 장은 건너뛰어도 괜찮다. 하지만, 스위프트 5.1의 새로운 기능에 익숙하지 않다면 9.4 '단일 표현식에서의 암묵적 반환', 10.13 '불투명 반환 타입', 그리고 13장 '프로퍼티 래퍼'에 대한 내용 정도는 읽어보길 권장한다. SwiftUI를 구현하고 이해하는 데 이들 기능이 핵심이기 때문이다.

1.2 스위프트가 처음인 프로그래머에게

만약 여러분이 스위프트로 프로그래밍하는 것이 (또는 프로그래밍 자체가) 처음이라면 이 책 전체의 내용을 처음부터 차근히 읽고 따라오면 된다.

1.3 소스 코드 다운로드

이 책에 포함된 예제(소스 코드와 Xcode 프로젝트)는 다음의 URL에서 다운로드받을 수 있다.

`URL` https://github.com/Jpub/SwiftUI

1.4 피드백

이 책에 대해 만족하길 바라며, 이 책에 대한 오류나 질문 등의 내용은 역자 이메일 주소(naya.peter@gmail.com)로 보내주기 바란다.

1.5 오탈자

이 책 내용의 정확성을 위하여 모든 노력을 다하지만, 이 책에서 다루는 주제들의 범위와 난이도로 인해 약간의 오류나 오탈자가 있을 수 있다. 발견된 오류나 오탈자에 대해서는 제이펍 홈페이지(https://www.jpub.kr)의 이 책 소개 페이지에서 찾을 수 있다.

홈페이지에 게시되지 않은 오류나 오탈자를 발견했다면 제이펍 출판사(help@jpub.kr)나 역자(naya.peter@gmail.com)에게 알려주기 바란다.

2

애플 개발자 프로그램 가입하기

iOS 13 기반의 애플리케이션 개발에 대해 공부하는 첫 단계는 애플 개발자 프로그램에 가입할 때 얻게 되는 혜택이 무엇인지 이해하는 것과 어느 타이밍에 가입하는 게 좋은지를 결정하는 일일 것이다. 이번 장에서는 개발자 프로그램의 장점과 비용에 대해 설명할 것이며, 가입 절차에 대해서도 알아볼 것이다.

2.1 Xcode 11과 iOS 13 SDK 다운로드하기

최신 버전의 iOS SDK와 Xcode는 맥 앱 스토어에서 무료로 다운로드할 수 있다. 여기서 생기는 질문은 'iOS SDK와 Xcode를 다운로드했는데도 애플 개발자 프로그램에 가입할 것인가? 아니면 앱 개발에 필요한 지식을 쌓을 때까지 기다릴 것인가?'이다.

2.2 애플 개발자 프로그램

애플 개발자 프로그램 멤버십은 현재 개인 개발자 등록 비용이 1년에 99달러이며, 기관(기업) 멤버십도 있다.

iOS 9 그리고 Xcode 7 이전에는 개발 중인 앱을 실제 iOS 기기에 설치해서 테스트하려면 개발자 프로그램에 가입해야만 했다. 하지만, 이제는 애플 아이디만 있으면 개발자 프로그램에 등록하지 않아도 실제 iOS 기기에서 앱을 설치하고 테스트할 수 있다.

애플 개발자 프로그램에 가입하지 않고도 할 수 있는 것이 많아지긴 했지만, 몇몇 기능은 애플 개발자 프로그램 멤버십 없는 온전한 테스트를 할 수 없다. 특히, iCloud 접근, 애플 페이, 게임 센터, 앱 내 결제(In-App Purchasing)는 애플 개발자 프로그램 멤버십이 있어야만 기능을 사용할 수 있고 테스트도 할 수 있다.

애플 개발자 프로그램에 등록하면 애플의 iOS 엔지니어로부터 기술 지원을 받을 수 있다. 애플 개발자 프로그램에 등록(또는 갱신)하면 2회의 무료 지원이 제공되며, 그 이상의 지원을 받으려면 비용을 지불해야 한다. 또한, 다른 iOS 개발자들로부터 도움과 안내를 받거나 다른 개발자들이 발견한 문제와 해결책을 알 수 있는 애플 개발자 포럼의 멤버십을 받게 된다.

애플 개발자 프로그램 멤버십은 앞으로 출시될 Xcode와 iOS의 베타 버전을 미리 받아 볼 수 있는 혜택도 있다.

무엇보다 가장 중요한 애플 개발자 프로그램의 혜택은 애플리케이션을 앱 스토어에 등록하여 판매할 수 있게 해준다는 점이다.

분명한 것은 여러분의 애플리케이션이 앱 스토어에 등록되기 전에 애플 개발자 프로그램 멤버십이 필요하다는 것이다. 그렇다면 언제 가입하는 것이 좋을까?

2.3 애플 개발자 프로그램에 등록할 시점

애플 개발자 프로그램 멤버십이 많은 혜택을 주는 것은 확실하며, 애플리케이션을 앱 스토어에 등록하려면 결국에는 멤버십이 필요하다. 애플 개발자 프로그램에 지금 가입할지 아니면 나중에 가입할지는 경우에 따라 다르다. 만약 여러분이 iOS 애플리케이션 개발을 처음 배우는 단계이거나 개발할 애플리케이션에 대한 아이디어가 없다면 프로그램 멤버십이 지금 당장 필요하지는 않을 것이다. 여러분의 개발 기술이 향상되고 개발할 애플리케이션에 대한 아이디어가 견고해진 이후에 가입해도 늦지 않다.

하지만 반대로, 애플리케이션을 출시할 준비가 되었거나 iCloud, 앱 내 결제, 애플 페이 등과 같은 고급 기능이 필요하다면 차라리 일찌감치 개발자 프로그램에 등록하는 게 좋다.

2.4 애플 개발자 프로그램에 등록하기

만약 여러분이 회사를 위해 iOS 애플리케이션을 개발하려 한다면 회사가 멤버십을 가지고 있는지 먼저 확인하는 게 좋다. 회사에 멤버십을 관리하는 담당자를 찾아가서 개발팀에 합류할 수 있도록 Apple Developer Program Member Center에서 초대해 달라고 요청하도록 하자. 담당자가 초대를 하게 되면, 여러분의 멤버십이 활성화될 수 있는 링크가 담긴 'You Have Been Invited to Join an Apple Developer Program'이라는 제목의 이메일을 애플에서 받을 것이다. 만약 여러분이나 여러분의 회사에서 아직 프로그램 멤버가 아니라면 다음의 주소에서 등록할 수 있다.

URL https://developer.apple.com/programs/enroll/

애플은 회사 또는 개인의 등록 옵션을 제공한다. 개인으로 등록하려면 여러분의 신원을 증명하기 위하여 신용 카드 정보를 입력해야 한다. 회사로 등록하려면 법적 서명 권한을 가지고 (또는 그런 권한을 가진 담당자에게 찾아가 권한을 위임받고) D-U-N-S number[1]와 법인 상태를 확인하는 문서[2] 등을 제출해야 한다.

개인 멤버로 개발자 프로그램에 등록하면 통상 24시간 이내에 승인되며, 애플로부터 활성화 양식이 이메일로 도착한다. 회사 멤버로 등록하면 추가로 확인을 요구하는 게 많아서 훨씬 더 오래 걸릴 수 있다.

활성화를 기다리는 동안 여러분의 애플 아이디와 비밀번호로 다음의 URL에 접근하면 몇몇 메뉴에 대해 제한된 상태로 멤버 센터(Member Center)에 로그인할 수 있을 것이다.

URL https://developer.apple.com/membercenter

로그인한 후에 페이지 상단에 있는 **Your Account** 탭을 클릭하면 개발자 프로그램 가입 상태가 **Enrollment Pending**으로 표시된다. 활성화 이메일을 받은 후에 멤버 센터에 다시 로그인하면 이제는 모든 메뉴와 리소스에 접근할 수 있다(그림 2-1 참고).

---

1 옮긴이 Data Universal Numbering System, D&B라는 업체가 개별업체에 부여하는 고유의 9자리 번호로, 전 세계 기업들의 인식번호로 인정받고 있다.

2 옮긴이 예를 들면, 사업자등록증

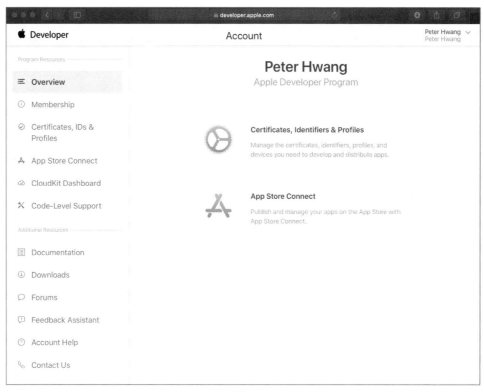

그림 2-1

2.5 요약

애플 개발자 프로그램에 가입하는 최적의 타이밍을 아는 것은 iOS 13 애플리케이션 개발 과정에서 중요한 첫 단계다. 이번 장에서는 프로그램에 가입하여 얻게 되는 혜택을 설명하였으며, 개발자 프로그램 멤버십을 고려해야 할 때가 언제인지에 대해 안내하였고, 등록 과정을 간략하게 살펴보았다. 다음 장에서는 iOS 13 SDK와 Xcode 11 개발 환경을 다운로드하고 설치하는 방법에 대해 알아볼 것이다.

3

Xcode 11과 iOS 13 SDK 설치하기

iOS 앱은 애플의 Xcode 개발 환경과 함께 iOS SDK를 사용하여 개발된다. Xcode는 iOS 애플리케이션을 코딩하고, 컴파일하며, 테스트와 디버깅을 하게 될 통합 개발 환경(Integrated Development Environment, IDE)이다.

이번 장에서는 macOS에 Xcode 11과 iOS 13 SDK를 설치하는 과정을 다룬다.

3.1 macOS 버전 확인하기

SwiftUI로 개발할 경우, macOS 버전 10.15 이상에서 실행되는 Xcode 11이 필요하다. 여러분 맥의 macOS 버전이 몇인지 확실하지 않다면, 화면 좌측 상단에 있는 애플 메뉴[1]를 클릭하여 나타난 하위 메뉴들 중에 **이 Mac에 관하여(About This Mac)**를 선택하면 확인할 수 있다. 이 메뉴를 클릭하여 나타난 다이얼로그 화면에서 버전(Version) 부분을 확인하자.

만약 **이 Mac에 관하여**를 클릭해서 나타난 다이얼로그 화면에 macOS 10.15 또는 그 이상이라고 표시되어 있지 않다면, **소프트웨어 업데이트...(Software Update...)** 버튼을 클릭하여 최신 운영체제를 다운로드받고 설치하자.

---

1 [옮긴이] Apple 회사 로고 모양의 메뉴. 화면 상단, 상태표시줄에서 현재 실행 중인 프로그램 이름의 왼쪽에 있다.

3.2 Xcode 11과 iOS 13 SDK 설치하기

최신 Xcode와 iOS SDK를 얻는 가장 좋은 방법은 애플 맥 앱 스토어에서 다운로드받는 것이다. 여러분의 맥에서 앱 스토어를 실행하고, **Xcode**라는 검색어로 찾은 후, **받기(Get)** 버튼을 클릭하여 설치를 시작한다.

3.3 Xcode 시작하기

Xcode 설치가 성공적으로 끝났다면 Xcode를 실행하여 개발할 준비를 하자. Xcode를 실행하기 위해서는 파인더(Finder)를 열어 설치된 **Xcode**를 찾자. 앞으로는 Xcode를 자주 사용하게 될 것이므로 접근하기 쉽도록 독(Dock)으로 드래그 앤 드롭해 두도록 하고, 독에 있는 Xcode 아이콘을 클릭하여 실행한다. Xcode를 처음 실행하는 것이라면 아마도 추가적인 컴포넌트들을 설치하게 될 것이다. 이 과정에서 사용하고 있는 맥의 사용자이름(username)과 비밀번호(password)를 입력해야 한다.

여러분의 맥에 Xcode가 처음 실행되는 것이라면 다음과 같은 **Welcome** 화면이 나타날 것이다.

그림 3-2

3.4 애플 아이디를 Xcode 설정에 추가하기

여러분이 애플 개발자 프로그램에 등록하기 위해 결정했는지와는 상관없이 여러분의 애플 아이디를 지금 설치하고 실행하는 Xcode에 추가하는 게 좋다. **Xcode** 메뉴에서 **Preferences...** 메뉴를 선택하여 나타난 다이얼로그에서 **Accounts** 탭을 선택한다. 그림 3-3처럼 **+** 버튼을 클릭하여 나타난 패널에서 **Apple ID**를 선택하고 **Continue** 버튼을 클릭한다. 이후에 표시되는 절차에 따라 여러분의 애플 아이디를 입력하고 그에 맞는 비밀번호를 입력한 뒤, 버튼을 클릭하여 여러분의 계정을 설정에 추가하자.

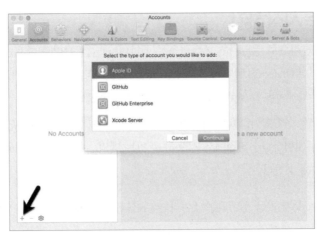

그림 3-3

3.5 개발자 인증서와 배포 인증서

애플 아이디를 추가했다면 다음 단계는 인증서를 생성하는 것이다. 현재 생성된 인증서를 확인하기 위하여 **Accounts** 탭을 선택하여 표시된 패널에서 새롭게 추가한 애플 아이디를 선택하고 **Manage Certificates...** 버튼을 클릭하면 현 시점에서 사용 가능한 인증서들이 나열될 것이다. 인증서를 생성하기 위해서 그림 3-4와 같이 **+** 버튼을 클릭하여 추가하고자 하는 것을 선택한다.

그림 3-4

만약 애플 개발자 프로그램에 가입할 때 사용한 애플 아이디라면 **Apple Distribution** 인증서를 생성하는 옵션도 메뉴에 표시될 것이다. 그 메뉴를 클릭하여 애플 앱 스토어에 앱을 제출할 때 필요한 인증서를 생성하자. 아직 애플 개발자 프로그램에 가입하지 않았다면 **Apple Development** 메뉴를 선택하여 개발 중에 앱을 테스트할 수 있는 인증서를 만들자.

iOS SDK와 Xcode 11을 성공적으로 설치하고 실행했으니 이제 플레이그라운드(Playground)를 가지고 Xcode에 대해 더 자세히 살펴보자.

4

Xcode 11 플레이그라운드

스위프트 프로그래밍 언어에 대해 소개하기 전에 먼저 **플레이그라운드(Playground)**라는 Xcode 의 기능에 대해 살펴볼 필요가 있다. 플레이그라운드는 스위프트에 대해 공부하거나 iOS SDK를 좀 더 쉽게 테스트해볼 수 있도록 설계된 Xcode의 기능이다. 이번 장에서 다루는 내용은 이후의 스위프트 코드 예제들을 따라할 때 사용하게 될 것이다.

4.1 플레이그라운드란?

플레이그라운드는 스위프트 코드를 입력하면 실시간으로 결과가 실행되는 인터랙티브 환경이다. 이것은 스위프트 문법을 배우거나 표준 Xcode iOS 프로젝트에서의 코딩/컴파일/실행/디버깅의 연속적인 과정 없이도 iOS 앱 개발을 시각적인 측면에서 배울 수 있는 이상적인 환경을 제공한다. 또한, 플레이그라운드는 서식 있는 텍스트 주석 기능을 제공하므로 코드를 문서화하는 좋은 방법이기도 하다.

4.2 새로운 플레이그라운드 생성하기

새로운 플레이그라운드를 생성하기 위해서 Xcode를 실행하면 나타나는 welcome 화면에서 **Get started with a playground** 메뉴를 선택하거나 상단 메뉴에서 **File ➡ New ➡ Playground...** 메뉴를 선택한다. 그 다음에 나오는 패널에서 **iOS** 탭을 선택하고 **Blank** 템플릿을 선택한다.

Blank 템플릿은 스위프트 코딩을 따라 해보는 데 유용하다. 반면, **Single View** 템플릿은 사용자 인터페이스 레이아웃을 필요로 하는 코드를 실습할 수 있는 뷰 컨트롤러 환경을 제공한다. **Game** 템플릿과 **Map** 템플릿은 **SpriteKit** 프레임워크와 **MapKit** 프레임워크를 테스트할 수 있도록 미리 구성된 플레이그라운드를 제공하게 된다.

다음 화면에서 플레이그라운드 이름을 **LearnSwift**로 하고, 이 파일이 저장될 적절한 위치를 선택한 다음에 **Create** 버튼을 클릭하자.

이렇게 플레이그라운드를 생성했다면 스위프트 코드를 입력할 준비가 된 화면이 다음과 같이 나타날 것이다.

그림 4-1

화면의 왼쪽 패널(그림 4-1에서 Ⓐ)은 스위프트 코드가 입력될 **플레이그라운드 에디터**(playground editor)다. 오른쪽 패널(Ⓑ)은 플레이그라운드 에디터에 있는 각각의 스위프트 구문에 대한 결과를 표현하는 **결과 패널**(results panel)이다.

툴바 오른쪽에 있는 세 개의 버튼(Ⓒ)은 플레이그라운드의 패널을 숨기거나 표시하기 위하여 사용된다. 가장 왼쪽에 있는 버튼은 현재의 플레이그라운드를 구성하는 폴더와 파일에 접근할 수 있게 하는 내비게이터 패널을 나타낸다(그림 4-2에서 Ⓐ). 중간에 있는 버튼은 코드의 결과와 코드 또는 런타임 오류에 대한 정보를 표시하는 디버그 뷰(Ⓑ)를 보여준다. 가장 오른쪽에 있는 버튼은 현재의 플레이그라운드와 관련된 여러 속성을 표시하는 유틸리티 패널을 보여준다.

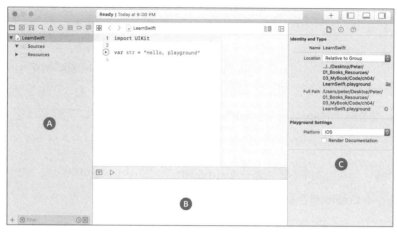

그림 4-2

플레이그라운드 환경에 익숙해지는 가장 빠른 방법은 간단한 예제를 해보는 것이다.

4.3 스위프트 플레이그라운드 예제 기초

아마도 모든 프로그래밍 언어에서 한 줄의 텍스트를 출력하는 코드를 작성하는 것이 가장 간단한 예제일 것이다. 스위프트 역시 예외가 아니므로 다음과 같이 스위프트 코드를 플레이그라운드에 추가해보자.

```
import UIKit

var str = "Hello, playground"

print("Welcome to Swift")
```

추가된 코드가 하는 일은 콘솔에 표시될 문자열을 매개변수로 받는 print 함수(스위프트에 내장된 함수)를 호출하는 것이다. 다른 언어에 익숙한 사람이라면 코드 끝에 세미콜론이 없다는 것을 눈치챘을 것이다. 스위프트에서 세미콜론은 선택 사항이다. 코드 끝에 붙여도 되고 생략해도 괜찮다. 일반적으로는 여러 줄의 구문을 코드 한 줄로 표시하고자 할 때만 구분자로 사용한다.

약간의 코드를 추가했음에도 결과 패널에 아무것도 나타나지 않는다는 점에 주목하자. 그 이유는 아직 실행되지 않았기 때문이다. 코드를 실행하는 방법들 중에 하나는 메인 패널의 좌측 하단에 있는 **Execute Playground** 버튼(그림 4-3의 화살표가 가리키는 버튼)을 클릭하는 것이다.

그림 4-3

이 버튼을 클릭하면 현재의 플레이그라운드 페이지에 있는 첫 줄부터 끝까지의 모든 코드가 실행된다. 코드를 실행하는 또 다른 방법은 코드 에디터 옆에 위치한 실행 버튼을 이용하는 것이다(그림 4-4 참고).

그림 4-4

이 버튼은 버튼이 있는 현재 위치를 포함하여 파란색 음영으로 처리된 코드 줄 번호들이 실행된다. 예를 들어, 그림 4-4에서는 첫 번째 줄부터 세 번째 줄까지의 코드를 실행하고 멈추게 된다.

에디터에 있는 줄 번호 위에 마우스 포인터를 둘 때마다 실행 버튼의 위치는 변경될 수 있다. 예를 들어, 그림 4-5에서 실행 버튼은 5번 줄에 위치하며, 이 버튼을 클릭하면 4번 줄부터 5번 줄까지 실행될 것이다. 여기서 주목해야 할 점은 1번 줄부터 3번 줄까지는 파란색 음영이 없다는 것이다. 이것은 이미 실행되었기 때문에 이번에는 실행할 필요가 없다는 걸 의미한다.

그림 4-5

이것은 단계별로 코드를 실행하여 코드가 어떻게 동작하는지 더 쉽게 이해시켜줄 뿐만 아니라 문제 발생 시 어떤 것이 문제인지 알 수 있게 해준다.

플레이그라운드가 코드의 처음부터 끝까지 실행될 수 있도록 리셋하고 싶다면, 그림 4-6에서 가리키는 **Stop Playground** 버튼을 클릭한다.

그림 4-6

이러한 실행 기능을 이용하여 1번 줄부터 3번 줄까지의 코드를 실행하고 변수가 초기화된 현재의 결과가 결과 패널에 나타난 것을 살펴보자.

그림 4-7

다음으로, 5번 줄까지 포함된 나머지 부분을 실행하여 'Welcome to Swift'가 결과 패널과 디버그 패널에 나타나는지 확인한다.

그림 4-8

4.4 결과 보기

플레이그라운드는 알고리즘을 만들거나 테스트할 때 유용하며, 특히 **퀵 룩(Quick Look)** 기능과 함께 사용할 때 더욱 유용하다. 플레이그라운드 에디터에서 print 구문 밑에 다음의 코드들을 추가하자.

```
var x = 10

for index in 1...20 {
    let y = index * x
    x -= 1
    print(y)
}
```

이 코드는 20회 반복하면서 산술식을 계산한다. 앞의 코드를 플레이그라운드 에디터에 입력했다면 새롭게 추가된 이 코드만 실행되도록 13번 줄에 있는 실행 버튼을 클릭하자. 플레이그라운드는 이 반복문을 실행하고 반복문이 몇 번 수행되었는지에 대한 횟수를 결과 패널에 표시할 것이다. 하지만, 더 흥미로운 정보는 그림 4-9와 같이 결과 패널 위로 마우스 포인터를 올리면 나타나는 2개의 버튼을 통해 얻을 수 있다.

그림 4-9

두 개의 버튼 중에 왼쪽에 있는 것이 **Quick Look** 버튼이다. 이 버튼을 클릭하면 그림 4-10과 같이 결과를 보여주는 팝업 패널이 나타날 것이다.

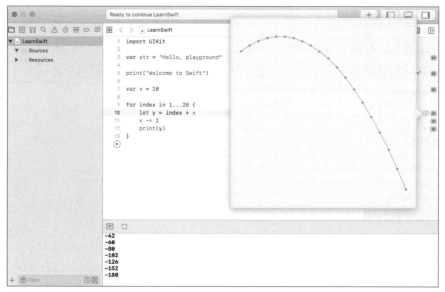

그림 4-10

오른쪽에 있는 버튼은 **Show Result** 버튼이다. 이 버튼을 클릭하면 그림 4-11과 같이 해당 코드 아래에 결과가 표시된다.

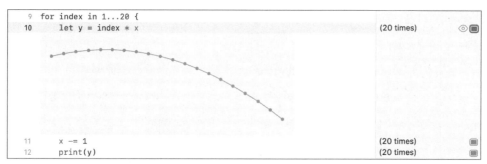

그림 4-11

4.5 서식 있는 텍스트 주석 추가하기

서식 있는 텍스트(rich text) 주석은 플레이그라운드 내에 있는 코드를 쉽게 형식화하고 읽기 쉽게 하는 방식으로 문서화해준다. 예를 들어, 한 줄의 텍스트 앞에 //:를 붙여서 서식 있는 텍스트로 만들 수 있게 한다.

```
//: 이것은 한 줄 문서 텍스트다
```

텍스트 블록[1]은 /*:와 */ 주석 마크로 감싸면 된다.

```
/*:
이것은 여러 줄로 구성된
문서 텍스트 블록이다
*/
```

서식 있는 텍스트는 마크업 언어를 이용하며, 가볍고 사용하기 쉬운 문법을 이용하여 텍스트의 서식을 지정할 수 있게 해준다. 예를 들어, 텍스트 줄 앞에 '#' 문자를 쓰면 제목이 되며, '*' 문자로 텍스트를 감싸면 이탤릭체가 된다. 반면, '**' 문자로 텍스트를 감싸면 볼드체가 된다. 텍스트 줄 앞에 '*'를 붙이면 불릿 포인트(bullet point)를 표시할 수 있다. 마크업의 다른 많은 기능 중에는 이미지나 하이퍼링크를 주석 내용에 포함시킬 수도 있다.

서식 있는 텍스트 주석을 실제로 확인하기 위해서 플레이그라운드 에디터에 있는 print ("Welcome to Swift") 코드 줄 바로 아래에 다음의 마크업 내용을 입력하자.

```
/*:
# Welcome to Playgrounds
This is your *first* playground which is intended to demonstrate:
* The use of **Quick Look**
* Placing results **in-line** with the code
*/
```

추가된 주석은 **raw markup** 형식으로 표시된다. 이것을 **rendered markup** 형식으로 표시하려면 **Editor ➡ Show Rendered Markup** 메뉴를 선택하거나 유틸리티 패널(그림 4-2에서의 ⓒ)에서 **Playground Settings** 아래에 있는 **Render Documentation**을 활성화하면 된다. 이렇게 했다면 그림 4-12와 같이 나타날 것이다.

---

1 옮긴이 여러 줄의 텍스트

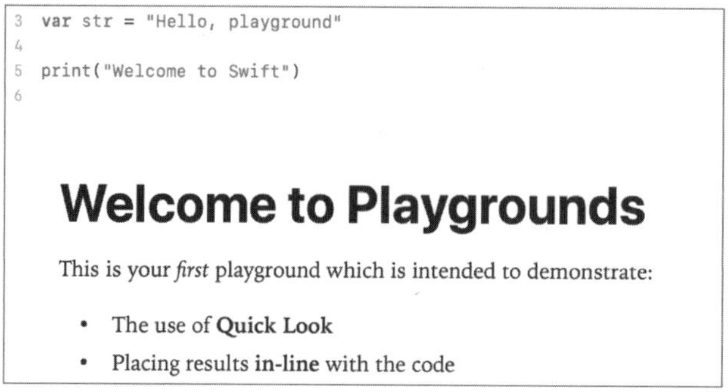

3 var str = "Hello, playground"
5 print("Welcome to Swift")
Welcome to Playgrounds
This is your first playground which is intended to demonstrate:
The use of Quick Look
Placing results in-line with the code

그림 4-12

마크업 구문에 대한 자세한 내용은 다음의 URL에서 확인하자.

URL https://developer.apple.com/library/content/documentation/Xcode/Reference/xcode_markup_formatting_ref/index.html

4.6 여러 개의 플레이그라운드 페이지로 작업하기

플레이그라운드는 여러 개의 페이지를 구성될 수 있으며, 각각의 페이지는 자신만의 코드, 리소스, 그리고 서식 있는 주석을 포함할 수 있다. 이번 장에서 봤던 지금까지의 플레이그라운드는 하나의 페이지를 가지고 있었다. 이제 이 플레이그라운드에 하나의 페이지를 추가해보자. 내비게이터 패널 상단의 **LearnSwift** 항목을 선택하고, 마우스 우클릭을 하여 나타난 메뉴에서 **New Playground Page**를 선택한다. 만약 내비게이터 패널이 현재 표시되지 않은 상태라면, 세 개의 버튼(그림 4-1에서의 ❸) 중에서 가장 왼쪽 버튼을 클릭하여 내비게이터 패널을 표시하자. 이제 내비게이터 패널에 'Untitled Page'와 'Untitled Page 2'라는 이름의 페이지가 보일 것이다. 'Untitled Page 2'를 선택한 뒤 다시 클릭하여 이름을 수정할 수 있게 하고, 그림 4-13과 같이 **UIKit Examples**라는 이름으로 바꾸자.

LearnSwift
UIKit Examples
Sources
Resources
Untitled Page
Sources
Resources

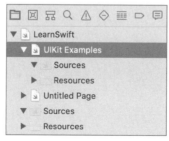

그림 4-13

새로 추가된 페이지에 마크업 링크가 있으며, 이 링크를 클릭하면 플레이그라운드 내에 있는 이전 페이지 또는 다음 페이지로 이동하게 된다.

4.7 플레이그라운드에서 UIKit으로 작업하기

SwiftUI가 나오기 전에 iOS 앱은 UIKit과 다양한 UIKit 기반의 프레임워크를 이용하여 개발되었다. 당연한 얘기겠지만, Xcode 플레이그라운드 안에서 UIKit을 사용할 수 있다.

플레이그라운드 내에서도 SwiftUI를 사용할 수 있지만, SwiftUI를 UIKit에 통합시키기 위해서는 몇 가지 추가 작업이 필요하다. 이에 대한 내용은 이 책의 후반부에서 다룬다. 하지만, Xcode는 SwiftUI로 개발할 때 많은 기능을 지원하는 Live Preview 캔버스를 제공한다. 뒤에서 설명하겠지만, SwiftUI로 작업할 때도 여전히 UIKit을 사용해야 할 필요가 있으므로 이번 절에서는 플레이그라운드 내에서 UIKit을 어떻게 사용하는지 다룰 것이다.

플레이그라운드 페이지에서 UIKit으로 작업할 때는 iOS **UIKit** 프레임워크를 임포트해야 한다. **UIKit** 프레임워크는 iOS 애플리케이션용 사용자 인터페이스를 구현하는 데 필요한 대부분의 클래스를 담고 있으며, 이에 대해서는 이 책에서 자세히 다룰 것이다. 플레이그라운드의 가장 강력한 기능은 iOS SDK를 구성하는 여러 프레임워크와 함께 **UIKit** 프레임워크를 사용할 수 있다는 점이다.

예를 들어, 다음의 코드는 **UIKit** 프레임워크를 임포트하고 색상과 텍스트 그리고 폰트 속성을 설정한 UILabel 인스턴스를 생성한다.

```
import UIKit

let myLabel = UILabel(frame: CGRect(x: 0, y: 0, width: 200, height: 50))

myLabel.backgroundColor = UIColor.red
myLabel.text = "Hello Swift"
myLabel.textAlignment = .center
myLabel.font = UIFont(name: "Georgia", size: 24)
myLabel
```

이 코드를 UIKit Examples 페이지의 플레이그라운드 에디터에 입력하고(미리 생성된 코드는 모두 지워도 괜찮다) 코드를 실행한다. 이 코드는 퀵 룩(Quick Look) 기능이 얼마나 유용한지를 보여주는 좋은 예제다. 예제에서 각각의 코드 줄은 UILabel의 모양을 조금씩 바꾸고 있다.

첫 번째 줄의 코드에 대한 퀵 룩 버튼을 클릭하면 비어 있는 뷰가 표시될 것이다. 왜냐하면 UILabel을 생성만 했을 뿐 어떠한 시각적 속성도 아직 설정하지 않았기 때문이다. 하지만, 배경색을 설정하는 코드 줄에 있는 퀵 룩 버튼을 클릭해보면 빨간색 레이블이 나타날 것이다.

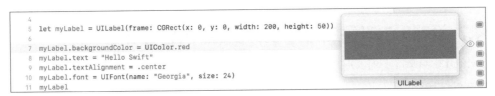

그림 4-14

마찬가지로, 텍스트 속성을 설정한 코드 줄에 있는 퀵 룩 버튼은 'Hello Swift'라는 텍스트가 왼쪽 정렬된 빨간색 레이블을 보여줄 것이다.

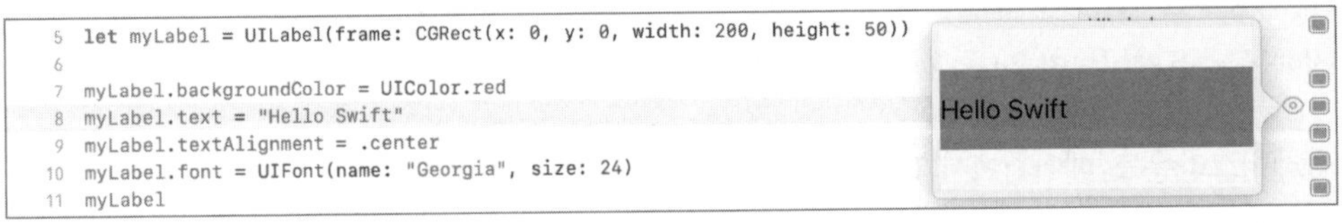

```
5   let myLabel = UILabel(frame: CGRect(x: 0, y: 0, width: 200, height: 50))
6
7   myLabel.backgroundColor = UIColor.red
8   myLabel.text = "Hello Swift"
9   myLabel.textAlignment = .center
10  myLabel.font = UIFont(name: "Georgia", size: 24)
11  myLabel
```

그림 4-15

폰트를 설정한 코드 줄에 있는 퀵 룩은 Georgia 폰트로 중앙 정렬된 UILabel을 보여준다.

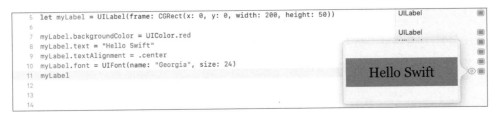

그림 4-16

4.8 플레이그라운드에 리소스 추가하기

플레이그라운드의 또 하나의 유용한 기능은 이미지 파일과 같은 리소스를 추가하고 접근할 수 있다는 점이다. 내비게이터 패널에서 UIKit Examples 페이지 왼쪽에 있는, 오른쪽을 향하고 있는 삼각형을 클릭하여 그림 4-17과 같이 페이지 내용을 펼치면 Resources라는 이름의 폴더가 보일 것이다.

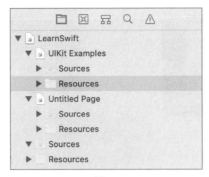

그림 4-17

여기까지 했다면 다음의 URL에서 코드 샘플을 다운로드받자.

`URL` https://github.com/Jpub/SwiftUI

파인더(Finder)를 열어 다운로드한 코드 샘플 폴더 안에 있는 **playground_images** 폴더로 이동한다. 거기서 **waterfall.png**라는 이름의 이미지 파일을 플레이그라운드 내비게이터 패널의 **UIKit Examples** 페이지 아래에 있는 **Resources** 폴더로 드래그 앤 드롭한다.

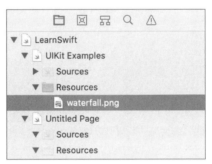

그림 4-18

이미지를 추가했으니 이미지 객체를 생성하는 코드를 추가하고 화면에 표시하도록 하자.

```
let image = UIImage(named: "waterfall")
```

코드를 추가하고 다시 실행하여 퀵 룩을 이용하거나 코드의 결과를 표시하도록 인라인 기능[2]을 이용해보자.

---

2 `옮긴이` 그림 4-19와 같이 퀵 룩 버튼 옆의 사각형 버튼

```
13    let image = UIImage(named: "waterfall")                    w 1,280 h 853    ▣
```

그림 4-19

4.9 향상된 라이브 뷰로 작업하기

지금까지의 UIKit 예제는 퀵 룩과 인라인 기능을 이용하여 정적 사용자 인터페이스 요소를 표시하는 것이었다. 하지만, Xcode의 향상된 라이브 뷰 기능을 이용하면 플레이그라운드에서 동적 사용자 인터페이스 동작을 테스트할 수도 있다. 라이브 뷰에 데모를 보기 위해서 플레이그라운드에 **Live View Example**이라는 이름의 새로운 페이지를 생성하자. 새로운 페이지가 추가되면 미리 생성된 스위프트 코드를 모두 삭제하고 **UIKit** 프레임워크와 함께 PlaygroundSupport라는 모듈을 임포트 문을 사용하여 추가한다.

```
import UIKit
import PlaygroundSupport
```

PlaygroundSupport 모듈은 플레이그라운드 타임라인 내에서 동적으로 뷰를 보여주는 기능을 포함한 여러 기능을 플레이그라운드에 제공한다.

다음의 코드를 임포트 구문 아래에 추가하자.

```
import UIKit
import PlaygroundSupport

let container = UIView(frame: CGRect(x: 0,y: 0,width: 200,height: 200))
container.backgroundColor = UIColor.white
let square = UIView(frame: CGRect(x: 50,y: 50,width: 100,height: 100))
square.backgroundColor = UIColor.red

container.addSubview(square)

UIView.animate(withDuration: 5.0, animations: {
    square.backgroundColor = UIColor.blue
    let rotation = CGAffineTransform(rotationAngle: 3.14)
```

```
    square.transform = rotation
})
```

이 코드는 컨테이너 뷰 역할을 하는 UIView 객체를 생성하고 흰색 배경을 할당한다. 그 다음 으로 컨테이너 뷰 중앙에 위치하도록 작은 뷰를 생성하고 빨간색 배경으로 변경한다. 두 번 째로 생성한 뷰를 컨테이너의 하위 뷰로 추가한다. 그런 다음, 두 번째 뷰의 색을 파란색으로 변경하면서 180도 회전하도록 하는 애니메이션이 사용된다.

이 코드를 실행하고 코드 줄마다의 퀵 룩 버튼을 하나씩 클릭하면 코드가 실행되는 각 단계 에 대한 모습을 보여준다. 하지만, 퀵 룩 뷰는 동적인 애니메이션을 보여주지 못한다. 애니메 이션 코드가 어떻게 동작하는지 보기 위해서는 라이브 뷰 기능을 이용해야 한다.

PlaygroundSupport 모듈은 플레이그라운드 코드가 페이지와 서로 상호작용을 할 수 있도 록 하는 PlaygroundPage라는 이름의 클래스를 가지고 있다. 이것은 클래스 내의 다양한 메 서드와 속성을 통해 이뤄지며 그것들 중에 하나가 current 속성이다. 이 속성은 현재의 플레 이그라운드 페이지에 접근할 수 있게 해준다. 플레이그라운드 내에서 이 코드를 실행하기 위 해서는 페이지의 liveView 속성이 우리의 새로운 컨테이너에 설정되도록 해야 한다. 라이브 뷰 패널을 보기 위해서 그림 4-20과 같이 **Editor ➡ Live View** 메뉴를 활성화하자.

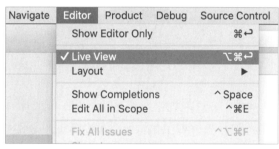

그림 4-20

라이블 뷰 메뉴를 활성화하고 다음과 같이 현재 페이지의 라이브 뷰에 컨테이너가 할당되도 록 코드를 추가한다.

```
import UIKit
import PlaygroundSupport

let container = UIView(frame: CGRect(x: 0, y: 0, width: 200, height: 200))

PlaygroundPage.current.liveView = container
```

```
container.backgroundColor = UIColor.white
let square = UIView(frame: CGRect(x: 50, y: 50, width: 100, height: 100))
square.backgroundColor = UIColor.red

container.addSubview(square)

UIView.animate(withDuration: 5.0, animations: {
    square.backgroundColor = UIColor.blue
    let rotation = CGAffineTransform(rotationAngle: 3.14)
    square.transform = rotation
})
```

코드를 추가하고서 코드 전체를 다시 실행하면 그림 4-21과 같이 타임라인에 뷰가 나타나며, 5초 동안 빨간 사각형이 180도 회전하면서 점점 파란색으로 변하는 애니메이션을 볼 수 있을 것이다.

그림 4-21

플레이그라운드 페이지 내에서 코드를 다시 실행하려면 정지 버튼(그림 4-6 참고)을 클릭하여 플레이그라운드가 리셋되고, 실행 버튼(그림 4-3 참고)으로 바뀌게 하고 다시 실행 버튼을 눌러 실행한다.

4.10 요약

이번 장에서는 플레이그라운드에 대한 개념을 소개하였다. 플레이그라운드는 스위프트 코드를 입력하고 그 결과를 동적으로 볼 수 있는 환경을 제공한다. 플레이그라운드는 Xcode 프로젝트를 생성하여 빌드, 실행을 반복하지 않아도 스위프트 프로그래밍 언어를 배우거나 iOS SDK에 포함된 여러 클래스와 API를 실험해볼 수 있는 환경을 제공한다.

스위프트 데이터 타입, 상수, 그리고 변수

만약 여러분이 스위프트 프로그래밍 언어가 처음이라면 이후의 장들에서 설명하는 내용을 반드시 읽기 바란다. SwiftUI가 앱 개발을 이전보다 더 쉽게 해준다고 해도, SwiftUI를 이해하고 완벽하게 동작하는 앱을 개발하기 위해서는 스위프트 프로그래밍을 반드시 배워야 하기 때문이다.

반면에 여러분이 스위프트 프로그래밍 언어에 익숙하다면 스위프트 내용의 장들을 건너뛰어도 괜찮다. 하지만, 여러분이 스위프트 5.1의 새로운 기능들에 익숙하지 않다면 9.4 '단일 표현식에서의 암묵적 반환', 10.13 '불투명 반환 타입', 그리고 13장 '프로퍼티 래퍼'에 대한 내용 정도는 읽어보도록 하자.

iOS 8 이전에는 **오브젝티브-C(Objective-C)**가 iOS 애플리케이션 개발을 위한 프로그래밍 언어였다. 하지만, 애플이 iOS 8을 발표하면서 오브젝티브-C를 대신할 언어로 스위프트 프로그래밍 언어를 발표하였다.

iOS의 인기로 오브젝티브-C는 가장 널리 사용되는 프로그래밍 언어들 중에 하나가 되었다. 오브젝티브-C는 40년이나 된 C 언어에 그 뿌리를 두고 있다. C 언어 역시 최근에 문법에 대해 현대화하려는 노력을 하고 있지만, 오브젝티브-C는 자신만의 시대를 이미 열기 시작했다.

반면, 스위프트는 더 쉽고 빠르게 프로그래밍할 수 있으며, 프로그래머의 오류를 줄여주기 위해 설계된 비교적 새로운 프로그래밍 언어다. iOS, macOS, watchOS 그리고 tvOS용 애플리케이션 개발에 사용되는 스위프트는 기존 언어에 뿌리를 둔 오브젝티브-C와는 다르다. 백지 상태에서 시작한 새롭고 혁신적인 프로그래밍 언어이지만, 다른 프로그래밍 언어에 대한 경험이 있다면 스위프트 구문들이 그리 어렵지 않을 것이다.

스위프트가 발표되었지만, 오브젝티브-C를 이용하여 애플리케이션을 개발하는 것 역시 여전히 가능하다. 게다가, 애플리케이션 내에서 스위프트와 오브젝티브-C를 섞어서 사용할 수도 있다. 이 책의 모든 예제는 스위프트를 사용하여 구현되었다. 따라서 스위프트 프로그래밍에 대한 개요와 설명을 몇몇 장에 걸쳐 먼저 진행할 것이다. 이것은 여러분이 스위프트를 이용하여 자신 있게 프로그램을 만들 수 있도록 하기 위함이다. 스위프트의 모든 기능, 복잡성, 특징에 대해 자세히 알고 싶다면 애플에서 제공하는 《The Swift Programming Language》(애플의 북 스토어에서 도서명으로 검색한 후에 무료로 받을 수 있다)를 추천한다.

5.1 스위프트 플레이그라운드 사용하기

이번 장부터 우리는 스위프트 프로그래밍 언어에 대한 기초를 살펴볼 것이다. 스위프트를 배우기 위한 가장 좋은 방법은 스위프트 플레이그라운드 환경에서 이것저것 해보는 것이라고 이전 장에서 배웠다. 따라서 이번 장의 내용을 시작하기 전에 새로운 플레이그라운드를 생성하고 그 안에서 코드를 테스트해볼 것이다.

5.2 스위프트 데이터 타입

금융 애플리케이션부터 그래픽 집약적인 게임까지 컴퓨터 시스템과 모바일 디바이스에서 실행되는 다양한 종류의 소프트웨어를 접하다 보면, 컴퓨터는 단지 이진 연산을 하는 시스템이라는 것을 잊어버리곤 한다. 이진 시스템은 0과 1, 참/거짓, 설정됨/설정되지 않음으로 동작한다. RAM에 올라온 모든 데이터는 디스크 드라이브에 저장되어 회로 보드와 버스를 통해 전달되는 1과 0들의 나열에 지나지 않는다. 각각의 1 또는 0을 **비트(bit)**라고 부르며, 8개의 비트가 모이면 **바이트(byte)**라는 그룹이 된다. 흔히들 32비트 컴퓨터, 64비트 컴퓨터라고 말하는 것은 CPU 버스가 동시에 처리할 수 있는 비트 수에 대한 얘기다. 예를 들어, 64비트 CPU는

64비트 블록의 데이터를 처리할 수 있어서 32비트 기반의 시스템보다 더 빠른 성능을 보여줄 수 있다.

물론, 사람은 2진수로 생각하지 않는다. 우리는 10진수, 문자, 단어를 통해 작업한다. 사람이 쉽게 컴퓨터 프로그래밍을 하기 위해서는 사람과 컴퓨터 사이에 어떠한 중간 역할을 하는 게 필요하다. 스위프트와 같은 프로그래밍 언어가 이와 같은 역할을 한다. 프로그래밍 언어들은 우리가 이해하는 구조와 명령을 컴퓨터에게 전달할 수 있게 하며, CPU에 의해 실행될 수 있는 형태로 컴파일해준다.

모든 프로그램의 기본 중의 하나가 데이터이며, 스위프트와 같은 프로그래밍 언어는 **데이터 타입(data type)**을 정의한다. 데이터 타입은 프로그래밍할 때 우리가 이해할 수 있는 형태로 데이터를 처리할 수 있게 해준다. 예를 들어, 스위프트 프로그램에서 숫자를 저장하고 싶다면 다음과 같은 구문으로 작업하게 될 것이다.

```
var myNumber = 10
```

앞의 예제에서 우리는 myNumber라는 이름의 변수를 생성하고 10을 할당했다. 이 코드를 CPU가 사용하는 기계어로 컴파일하면 컴퓨터는 10이라는 숫자를 다음과 같은 2진수로 이해하게 된다.

```
1010
```

데이터 타입에 대한 기본적인 개념과 필요한 이유를 알았으니 지금부터는 스위프트에서 지원하는 일반적인 데이터 타입들에 대해 자세히 알아보자.

5.2.1 정수형 데이터 타입

스위프트의 정수형 데이터 타입은 정수(다시 말해, 소수점 이하 자리가 없는 수)를 저장하기 위해 사용된다. 정수에는 양수, 음수, 0 값을 저장할 수 있는 **부호있는(signed)** 정수와 양수와 0 값만 저장하는 **부호없는(unsigned)** 정수가 있다.

스위프트는 8비트, 16비트, 32비트 64비트 정수를 지원하며, 각각의 데이터 타입은 Int8, Int16, Int32, Int64다. 또한, 각각에 대한 부호없는 정수도 지원하며, 데이터 타입은 UInt8, UInt16, UInt32, UInt64다.

일반적으로 애플은 위에서 언급한 특정 크기의 데이터 타입을 사용하기보다 Int 데이터 타입을 사용하라고 권장한다. Int 데이터 타입은 코드가 실행되는 플랫폼에 맞는 정수 크기를 사용하게 될 것이다.

모든 정수형 데이터 타입들은 해당 데이터 타입이 지원하는 최댓값과 최솟값을 알 수 있도록 범위 속성을 가지고 있다. 예를 들어, 다음의 코드는 32비트 정수형 데이터 타입의 최댓값과 최솟값을 출력한다.

```
print("Int32 Min = \(Int32.min) Int32 Max = \(Int32.max)")
```

이 코드를 실행하면 다음과 같이 출력될 것이다.

```
Int32 Min = -2147483648 Int32 Max = 2147483647
```

5.2.2 부동소수점 데이터 타입

스위프트의 부동소수점 데이터 타입은 소수점이 있는 값을 저장할 수 있는 데이터 타입이다. 예를 들어, 4353.1223은 부동소수점 데이터 타입으로 저장될 것이다. 스위프트에서는 두 가지의 부동소수점 데이터 타입을 제공하는데, 하나는 Float이고 하나는 Double이다. 어떤 것을 사용할지는 저장될 값의 크기와 소수점 이하의 값을 얼마나 정확하게 표현해야 하느냐에 따라 결정된다. Double 데이터 타입은 최대 64비트의 부동소수점 수를 저장하기 위해 사용하며, 코드가 실행되는 플랫폼에 따라 적어도 15자리까지 표현할 수 있다. 반면, Float 데이터 타입은 최대 32비트의 부동소수점 수를 저장하기 위해 사용하며, 적어도 6자리까지 표현할 수 있다.

5.2.3 불리언 데이터 타입

다른 언어들과 마찬가지로 스위프트도 참/거짓(또는 1과 0)을 처리하는 목적의 데이터 타입을 가지고 있다. 스위프트는 불리언(Boolean) 데이터 타입을 가지고 작업하기 위하여 두 개의 불리언 상숫값인 true와 false를 제공한다.

5.2.4 문자 데이터 타입

스위프트의 문자 데이터 타입은 문자, 숫자, 문장 부호, 기호와 같은 하나의 문자를 저장하는 데 사용된다. 스위프트에서 문자는 내부적으로 **그래핌 클러스터(grapheme cluster)**의 형태로 저장된다. 그래핌 클러스터는 눈에 보이는 하나의 문자를 표현하기 위해 결합된 둘 이상의 유니코드 스칼라로 구성된다.

다음은 문자 타입의 변수에 서로 다른 문자들을 할당하는 코드다.

```
var myChar1 = "f"
var myChar2 = ":"
var myChar3 = "X"
```

유니코드의 코드 포인트를 이용하여 문자를 표현할 수도 있다. 다음은 유니코드를 이용하여 변수에 'X' 문자를 할당하는 코드다.

```
var myChar4 = "\u{0058}"
```

5.2.5 문자열 데이터 타입

문자열 데이터 타입은 일반적으로 단어나 문장을 구성하는 일련의 문자들이다. 문자열 데이터 타입은 저장 메커니즘을 제공할 뿐만 아니라, 문자열 검색, 매칭, 연결, 그리고 수정 등의 다양한 문자열 편집 기능을 가지고 있다.

스위프트에서 문자열은 내부적으로 문자들의 집합으로 표시되며, 여기서 문자는 앞에서 설명한 것처럼 하나 이상의 유니코드 스칼라 값이다.

또한, 문자열은 **문자열 보간(string interpolation)**이라는 개념을 이용하여 변수, 상수, 표현식, 함수 호출을 조합하여 구성할 수도 있다. 예를 들어, 다음은 콘솔에 결과를 출력하기 전에 문자열 보간을 이용하여 다양한 문자열을 새롭게 생성하는 코드다.

```
var userName = "John"
var inboxCount = 25
let maxCount = 100

var message = "\(userName) has \(inboxCount) messages. Message capacity remaining is
\(maxCount - inboxCount) messages."

print(message)
```

이 코드를 실행하면 다음과 같은 메시지가 출력될 것이다.

```
John has 25 messages. Message capacity remaining is 75 messages.
```

여러 줄의 문자열은 다음과 같이 삼중 따옴표 안에 넣어서 선언할 수 있다.

```
var multiline = """

    The console glowed with flashing warnings.
    Clearly time was running out.

    "I thought you said you knew how to fly this!" yelled Mary.

    "It was much easier on the simulator" replied her brother,
    trying to keep the panic out of his voice.

"""

print(multiline)
```

앞의 코드를 실행하면 다음과 같이 출력된다.

```
The console glowed with flashing warnings.
Clearly time was running out.

"I thought you said you knew how to fly this!" yelled Mary.

"It was much easier on the simulator" replied her brother,
trying to keep the panic out of his voice.
```

여러 줄의 문자열 내에서 각 줄마다 얼마큼 들여쓰기가 될 것인지는 해당 줄의 들여쓰기된 만큼에서 마지막 닫는 삼중 따옴표가 들여쓰기된 만큼을 뺀 양으로 계산된다. 예를 들어, 앞의 예제에서 4번째 줄의 들여쓰기가 10칸이고 닫는 삼중 따옴표의 들여쓰기가 5칸이라면, 4번째 줄의 들여쓰기는 사실상 5칸이 된다. 이것은 스위프트 코드 내에서 여러 줄의 문자열을 깔끔하게 형식화할 수 있음과 동시에 각 줄마다 개별적으로 들여쓰기도 할 수 있게 한다.

5.2.6 특수 문자/이스케이프 시퀀스

위에서 설명한 표준 문자들뿐만 아니라 개행, 탭 또는 문자열 내에 특정 유니코드 값을 지정하는 **이스케이프 시퀀스**(escape sequence)라는 특수 문자도 있다. 이러한 특수 문자들은 역슬래시 문자를 앞에 써서 구별하게 된다. 이것을 **이스케이핑**(escaping)이라고 한다. 예를 들어, 다음은 newline이라는 변수에 개행 문자를 할당한 것이다.

```
var newline = "\n"
```

기본적으로 역슬래시가 앞에 붙은 문자는 특수 문자로 간주되어 처리된다. 여기서 질문이 생긴다. 만약 역슬래시 문자를 쓰고 싶다면 어떻게 할까? 이것은 역슬래시 자체를 이스케이핑하면 된다.

```
var backslash = "\\"
```

스위프트에서 주로 사용되는 특수 문자는 다음과 같다.

- **\n** – 개행
- **\r** – 캐리지 리턴
- **\t** – 탭
- **** – 역슬래시
- **\"** – 쌍따옴표(문자열 선언부 내에서 쌍따옴표를 쓸 때 사용됨)
- **\'** – 홑따옴표(문자열 선언부 내에서 홑따옴표를 쓸 때 사용됨)
- **\u{nn}** – 한 바이트 유니코드 스칼라. nn은 유니코드 문자를 표현하는 두 개의 16진수를 쓴다.
- **\u{nnnn}** – 두 바이트 유니코드 스칼라. nnnn은 유니코드 문자를 표현하는 네 개의 16진수를 쓴다.
- **\u{nnnnnnnn}** – 네 바이트 유니코드 스칼라. nnnnnnnn은 유니코드 문자를 표현하는 여덟 개의 16진수를 쓴다.

5.3 스위프트 변수

본질적으로 **변수(variable)**는 애플리케이션이 사용하는 데이터를 저장하기 위해 예약된 컴퓨터 메모리 내의 위치다. 각각의 변수는 프로그래머에 의해 이름이 주어지고 값이 할당된다. 변수에 할당된 이름은 변수에 할당된 값을 스위프트 코드 내에서 접근하기 위해 사용된다. 물론, 변수에 할당된 값을 변경할 수도 있다.

5.4 스위프트 상수

상수(constant)도 변수처럼 데이터 값을 저장하기 위해 메모리 내의 위치에 이름을 명명한다. 한 가지 큰 차이점은 값이 한번 할당되면 나중에 그 값을 바꾸지 못한다는 점이다.

상수는 애플리케이션 코드 내에서 반복적으로 사용되는 값이 있을 때 특히 유용하다. 만약 어떤 값을 상수에 처음 할당하고 그 값이 사용될 때마다 상수를 사용한다면, 코드의 가독성이 더 좋아질 것이다. 예를 들어, 여러분이 만든 스위프트 코드 내의 어떤 계산식에서 5라는 값을 사용하고 있을 때 다른 사람은 왜 5라는 값을 사용하는지 모를 수 있다. 하지만, 5라는 값 대신에 interestRate라는 상수명을 사용한다면 그 값의 목적이 무엇인지 더욱 명확해질 것이다. 상수가 주는 또 하나의 장점은 애플리케이션 코드 내의 여러 곳에서 어떤 상수를 사용하고 있고 그 값을 전체적으로 변경해야 할 경우에 상수 선언부에서 한 번만 수정하면 모두 적용된다는 점이다.

변수와 마찬가지로 상수 역시 데이터 타입과 이름, 그리고 값을 갖지만, 상수에 한번 할당된 값은 프로그램 실행 중에 바꿀 수 없다는 점이 다르다.

5.5 상수와 변수 선언하기

변수는 var 키워드를 사용하여 선언하며, 변수를 생성할 때 값으로 초기화할 수 있다. 만약 어떤 변수가 초깃값 없이 선언되었다면, 이번 장 후반부에서 설명할 **옵셔널(optional)**로 선언된 것으로 간주한다. 예를 들어, 다음은 일반적인 변수 선언부다.

```
var userCount = 10
```

상수는 let 키워드를 사용하여 선언한다.

```
let maxUserCount = 20
```

애플은 코드의 효율성과 실행 성능의 향상을 위해서 가능하면 변수보다 상수를 사용하라고 권장하고 있다.

5.6 타입 선언과 타입 추론

스위프트는 **데이터 타입이 안전한**(type safe) 프로그래밍 언어에 속한다. 즉, 변수의 데이터 타입이 한번 정해지면 그 변수는 다른 타입의 데이터를 저장하는 데 사용될 수 없으며, 컴파일 에러가 발생하게 된다. 이와 반대로, **데이터 타입이 느슨한**(loosely typed) 프로그래밍 언어는 변수를 선언한 후에 다른 데이터 타입을 저장할 수 있는 언어다.

상수 또는 변수의 타입을 지정하는 방법은 두 가지가 있다. 하나는 변수나 상수를 선언할 때 **타입 선언**(type annotation)을 사용하는 것이다. 이것은 변수나 상수 이름 뒤에 콜론을 쓰고 타입을 선언하는 것이다. 예를 들어, 다음은 userCount라는 이름의 변수를 정수형으로 선언하고 있다.

```
var userCount: Int = 10
```

선언부에서 타입 선언이 없다면 스위프트 컴파일러는 **타입 추론**(type inference)이라는 기술을 사용하여 변수 또는 상수의 타입을 지정한다. 컴파일러가 타입 추론을 사용하게 되면 변수 또는 상수가 초기화되는 시점에 할당된 값의 타입이 무엇인지를 판단하여 해당 타입으로 지정한다. 예를 들어, 다음의 변수와 상수 선언부를 보자.

```
var signalStrength = 2.231
let companyName = "My Company"
```

앞의 코드를 컴파일하면 스위프트는 변수 signalStrength를 Double 타입(모든 부동소수점 수에 대하여 스위프트에서는 Double이 디폴트다)으로, 그리고 상수 companyName은 String 타입으로 간주한다.

타입 선언 없이 상수를 선언하게 될 경우에는 반드시 선언 시점에서 값을 할당해야 한다.

```
let bookTitle = "SwiftUI Essentials"
```

하지만, 상수를 선언할 때 타입 선언을 사용하면 다음의 예제와 같이 코드 내에서 나중에 초기자(initializer)에서 할당할 수 있다.

```
let bookTitle: String
.
```

```
.
if iosBookType {
    bookTitle = "SwiftUI Essentials"
} else {
    bookTitle = "Android Studio Development Essentials"
}
```

여기서 기억해야 할 점은 상수에 값을 할당하는 것은 오직 한 번뿐이라는 것이다. 값을 할당한 상수에 다시 값을 할당하려고 하면 구문 오류가 날 것이다.

5.7 스위프트 튜플

다른 데이터 타입을 더 알아보기 전에 튜플(tuple)을 먼저 살펴보자. 아마도 튜플은 스위프트 프로그래밍 언어에서 가장 단순하면서도 강력한 기능을 가진 것들 중 하나일 것이다. 튜플은 여러 값을 하나의 항목으로 임시적으로 그루핑하는 매우 간단한 방법이다. 서로 다른 타입의 값들이 튜플에 저장될 수 있으며, 모두 동일한 타입의 값이어야 한다는 제약도 없다. 예를 들어, 튜플은 다음의 예제와 같이 정수, 부동소수점 수, 그리고 문자열을 가지도록 구성할 수 있다.

```
let myTuple = (10, 432.433, "This is a String")
```

튜플에 저장된 값을 얻는 방법은 다양하다. 특정 튜플 값은 인덱스 위치를 참조하면 간단하게 접근할 수 있으며, 가장 첫 번째 값의 인덱스는 0이다. 예를 들어, 다음은 튜플을 생성하고 튜플의 인덱스 2에 있는 문자열을 추출한 다음에 새로운 문자열 변수에 그 값을 할당하는 코드다.

```
let myTuple = (10, 432.433, "This is a String")
let myString = myTuple.2
print(myString)
```

다른 방법으로, 하나의 구문으로 튜플에 있는 모든 값을 추출하여 변수 또는 상수에 각각 할당하는 방법도 있다.

```
let (myInt, myDouble, myString) = myTuple
```

위와 같은 기술을 사용하여 튜플 내의 값들을 선택적으로 추출할 수도 있다. 원하지 않는 값의 자리에 밑줄 문자를 쓰면 해당 값이 무시된다. 다음은 부동소수점 수는 무시하고 정수와 문자열 값만 튜플에서 추출하여 변수에 할당하는 코드다.

```
var (myInt, _, myString) = myTuple
```

튜플을 생성할 시점에서 각각의 값을 변수에 할당할 수도 있다.

```
let myTuple = (count: 10, length: 432.433, message: "This is a String")
```

값들이 할당된 변수를 튜플에 저장하면 코드 내에서 저장된 값을 참조할 때 변수를 사용할 수 있다. 예를 들어, myTuple 인스턴스에 있는 message 변수의 문자열 값을 출력하고자 한다면 다음과 같이 할 수 있다.

```
print(myTuple.message)
```

나중에 이 책에서 보게 되겠지만, 튜플이 가진 가장 강력한 기능은 하나의 함수에서 여러 값을 반환할 수 있다는 점이다.

5.8 스위프트 옵셔널 타입

스위프트 옵셔널 데이터 타입은 대부분의 다른 프로그래밍 언어에 없는 새로운 개념이다. 옵셔널 타입의 목적은 변수 또는 상수에 값이 할당되지 않은 상황을 처리하기 위해 안전하고 일관된 접근 방식을 제공하는 것이다.

변수를 선언할 때, 데이터 타입 선언 다음에 '?' 문자를 두어 옵셔널이 되게 한다. 다음은 index라는 이름의 Int 타입의 변수를 옵셔널로 선언하는 코드다.

```
var index: Int?
```

이제 index 변수는 정숫값이 할당되거나 아무런 값도 할당되지 않을 수 있다. 내부적으로 컴파일러와 런타임의 관점에서 볼 때 어떤 값도 할당되지 않은 옵셔널은 실제로 nil의 값을 갖는다.

옵셔널은 할당된 값이 있는지를 식별하기 위한 테스트를 다음과 같이 쉽게 할 수 있다.

```
var index: Int?

if index != nil {
    // index 변수는 값이 할당되어 있다
} else {
    // index 변수는 값이 할당되어 있지 않다
}
```

만약 옵셔널에 값이 할당되었다면 해당 값이 옵셔널 내에서 '래핑되었다(wrapped)'고 말한다. 옵셔널 안에 래핑된 값을 사용할 때는 **강제 언래핑(forced unwrapping)**이라는 개념을 이용하게 된다. 간략하게 말해, 래핑된 값은 옵셔널 데이터 타입에서 옵셔널 이름 뒤에 느낌표(!)를 두어 추출되게 한다.

언래핑의 개념을 좀 더 자세히 살펴보기 위해서 다음의 코드를 살펴보자.

```
var index: Int?

index = 3

var treeArray = ["Oak", "Pine", "Yew", "Birch"]

if index != nil {
    print(treeArray[index!])
} else {
    print("index does not contain a value")
}
```

간단하게 이 코드는 나무 종류 이름을 나타내는 문자열 배열의 인덱스를 담는 옵셔널 변수를 사용한다. 스위프트 배열에 대해서는 14장 '스위프트의 배열과 딕셔너리 컬렉션으로 작업하기'에서 더 자세히 다룰 것이다. 만약 index 옵셔널 변수에 값이 할당되면 배열의 해당 위치에 있는 나무 이름이 콘솔에 출력된다. index 변수가 옵셔널 타입이기 때문에 변수명 뒤에 느낌표를 두어 값이 언래핑된다.

```
print(treeArray[index!])
```

반대로, 앞의 코드에서 느낌표를 빼서 index 변수가 언래핑되지 않는다면 컴파일러는 다음과 같은 에러를 낼 것이다.

```
Value of optional type 'Int?' must be unwrapped to a value of type 'Int'
```

강제 언래핑 대신, 옵셔널로 할당된 값은 **옵셔널 바인딩(optional binding)**을 이용하여 임시 변수나 상수에 할당할 수 있으며, 구문은 다음과 같다.

```
if let constantname = optionalName {

}

if var variablename = optionalName {

}
```

앞의 코드는 두 가지 작업을 수행한다. 첫 번째는 지정된 옵셔널이 값을 가지고 있는지를 확인하는 작업이다. 두 번째는 옵셔널 변수가 값을 가지고 있는 경우에 선언된 상수 또는 변수에 그 값을 할당하고 코드가 실행된다. 따라서 앞에서의 강제 언래핑 예제는 다음과 같이 옵셔널 바인딩을 사용하는 방법으로 수정할 수 있다.

```
var index: Int?

index = 3

var treeArray = ["Oak", "Pine", "Yew", "Birch"]

if let myValue = index {
    print(treeArray[myValue])
} else {
    print("index does not contain a value")
}
```

여기서는 index 변수에 할당된 값이 언래핑되어 myValue라는 임시 상수에 할당되어 배열에 대한 인덱스로 사용된다. myValue 상수를 임시로 설명한 부분에 주목하자. 왜냐하면 if 구문 안에서만 유효한 상수이기 때문이다. if 구문 실행이 끝나면 이 상수는 더이상 존재하지 않게 된다. 이러한 이유로 옵셔널로 할당된 동일한 이름을 사용해도 충돌이 발생하지 않는다. 다음의 예제도 유효한 코드다.

```
 .
 .
if let index = index {
    print(treeArray[index])
```

```
} else {
    .
    .
```

다음의 구문처럼 옵셔널 바인딩은 여러 개의 옵셔널을 언래핑하고 조건문을 포함하는 데 사용될 수도 있다.

```
if let 상수명1 = 옵셔널 이름1, let 상수명2 = 옵셔널 이름2, let 상수명3 = ..., <조건식> {

}
```

예를 들어, 다음은 한 줄의 코드 내에서 두 개의 옵셔널을 언래핑하기 위하여 옵셔널 바인딩을 사용하는 코드다.

```
var pet1: String?
var pet2: String?

pet1 = "cat"
pet2 = "dog"

if let firstPet = pet1, let secondPet = pet2 {
    print(firstPet)
    print(secondPet)
} else {
    print("insufficient pets")
}
```

반면, 다음의 코드는 조건문을 사용하는 예제다.

```
if let firstPet = pet1, let secondPet = pet2, petCount > 1 {
    print(firstPet)
    print(secondPet)
} else {
    print("insufficient pets")
}
```

앞의 예제에서 petCount에 할당된 값이 1보다 크지 않다면 옵셔널 바인딩이 수행되지 않을 것이다.

또한, **강제적으로 언래핑**되도록 옵셔널을 선언할 수도 있다. 이런 방식으로 옵셔널을 선언하면 강제 언래핑이나 옵셔널 바인딩을 하지 않아도 값에 접근할 수 있다. 옵셔널을 선언할 때 물

음표(?) 대신에 느낌표(!)를 사용하여 강제적으로 언래핑되도록 하는 것이다.

```
var index: Int!   // 이제 옵셔널은 강제적으로 언래핑된다

index = 3

var treeArray = ["Oak", "Pine", "Yew", "Birch"]

if index != nil {
    print(treeArray[index])
} else {
    print("index does not contain a value")
}
```

이제 index 옵셔널 변수는 강제적으로 언래핑되도록 선언되어, 앞의 코드(print 함수 호출)에서 배열의 인덱스로 사용될 때 값을 언래핑할 필요가 없게 된다.

스위프트의 옵셔널에 대해 마지막으로 살펴봐야 할 부분은 할당된 값이 없거나 nil을 할당할 수 있는 것은 옵셔널 타입뿐이라는 점이다. 즉, 스위프트에서 옵셔널이 아닌 변수 또는 상수에는 nil을 할당할 수 없다. 예를 들이, 다음의 코드는 모두 컴파일 에러가 날 것이다. 그 이유는 옵셔널로 선언된 변수가 아니기 때문이다.

```
var myInt = nil // 유효하지 않은 코드
var myString: String = nil // 유효하지 않은 코드
let myConstant = nil // 유효하지 않은 코드
```

5.9 타입 캐스팅과 타입 검사

스위프트 코드를 작성할 때 컴파일러가 어떤 값의 특정 타입을 식별하지 못하는 경우가 발생할 것이다. 이런 경우는 메서드나 함수가 반환하는 값이 불명확하거나 예상되지 않은 타입의 값일 때 종종 발생한다. 이럴 때는 as 키워드를 사용하여 여러분의 코드가 의도하는 값의 타입을 컴파일러가 알 수 있게 해야 한다. 이것을 **타입 캐스팅**(type casting, 형 변환)이라고 한다.

예를 들어, 다음은 object(forKey:) 메서드가 반환하는 값을 String 타입으로 처리해야 한다고 컴파일러에게 알려주는 코드다.

```
let myValue = record.object(forKey: "comment") as! String
```

실제로 타입 캐스팅에는 **업캐스팅**(upcasting)과 **다운캐스팅**(downcasting)이라는 두 가지 형태가 있다. 업캐스팅은 특정 클래스의 객체가 상위 클래스들 중의 하나로 변형되는 것을 말한다. 업캐스팅은 as 키워드를 사용하여 수행되며, 이러한 변환은 성공할 것이라고 컴파일러가 알려줄 수 있기 때문에 **보장된 변환**(guaranteed conversion)이라고도 한다. 예를 들어, 그림 5-1과 같이 UIKit 클래스 계층 구조를 볼 때 UIButton 클래스는 UIControl 클래스의 하위 클래스다.

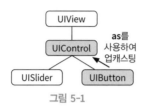

그림 5-1

UIButton은 UIControl의 하위 클래스이므로 다음과 같이 안전하게 업캐스팅될 수 있다.

```
let myButton: UIButton = UIButton()

let myControl = myButton as UIControl
```

반면, 다운캐스팅은 어떤 클래스에서 다른 클래스로 만드는 변환이 일어날 때 발생한다. 이런 변환이 안전하게 수행된다거나 유효하지 않은 변환 시도를 컴파일러가 잡아낼 것이라는 보장을 할 수 없다. 다운캐스팅으로 유효하지 않은 변환을 했는데 컴파일러가 발견하지 못한다면, 대부분의 경우 런타임에서 에러가 발생할 것이다.

다운캐스팅은 보통 어떤 클래스에서 그 클래스의 하위 클래스로 변환하게 된다. 다운캐스팅은 as! 키워드로 수행되며, 이를 **강제 변환**(forced conversion)이라고 한다. 예를 들어, 그림 5-2와 같이 UIKit의 UIScrollView 클래스는 UITableView 클래스와 UITextView 클래스라는 하위 클래스를 가지고 있다.

그림 5-2

UIScrollView 객체를 UITextView 클래스로 변환하기 위해서는 다운캐스팅이 필요하다. 다음의 코드는 보장된 변환 또는 업캐스팅 방법을 사용하여 UIScrollView 객체를

UITextView로 다운캐스팅하려는 코드다.

```
let myScrollView: UIScrollView = UIScrollView()

let myTextView = myScrollView as UITextView
```

앞의 코드는 다음과 같은 에러가 날 것이다.

```
'UIScrollView' is not convertible to 'UITextView'
```

컴파일러는 UIScrollView 인스턴스를 UITextView 클래스 인스턴스로 안전하게 변환할 수 없음을 알려준다. 이것은 이렇게 하는 것이 틀렸다는 걸 의미하는 게 아니라 컴파일러가 이 변환의 안정성을 보장할 수 없다고 말하는 것이다. as! 키워드를 사용하여 강제적으로 다운 캐스팅될 수도 있다.

```
let myTextView = myScrollView as! UITextView
```

이제 이 코드는 에러 없이 컴파일될 것이다. 하지만, 앞의 코드는 UIScrollView를 UITextView로 변환할 수 없으니 실행 중에 충돌이 발생할 것이다. 이것은 다운캐스팅의 위험성을 보여주는 예다. 따라서 강제로 다운캐스팅을 할 때는 주의해서 사용해야 한다.

다운캐스팅을 하는 더 안전한 방법은 as?를 사용한 옵셔널 바인딩을 사용하는 것이다. 만약 변환이 성공적으로 수행된다면 지정한 타입의 옵셔널 값이 반환될 것이며, 변환에 오류가 발생한다면 옵셔널 값은 nil이 될 것이다.

```
if let myTextView = myScrollView as? UITextView {
    print("Type cast to UITextView succeeded")
} else {
    print("Type cast to UITextView failed")
}
```

is 키워드를 사용하여 **타입 검사(type check)**를 할 수도 있다. 예를 들어, 다음은 해당 객체가 MyClass라는 이름의 클래스의 인스턴스인지를 검사하는 코드다.

```
if myobject is MyClass {
    // myobject는 MyClass의 인스턴스다
}
```

5.10 요약

이번 장에서는 상수와 변수를 어떻게 선언하는지에 대한 설명과 함께 데이터 타입에 대해 살펴보았다. 타입 안정성, 타입 추론, 옵셔널과 같은 개념에 대해서도 설명하였다. 각각은 스위프트 프로그래밍의 핵심 부분으로, 오류 없는 코드를 만들기 위하여 특별히 설계되었다.

CHAPTER

6

스위프트 연산자와 표현식

지금까지 우리는 스위프트의 변수와 상수를 어떻게 사용하는지를 살펴보았고, 여러 데이터 타입에 대해서도 배웠다. 하지만, 변수를 생성할 수 있게 된 것은 이제 시작일 뿐이다. 다음 단계는 스위프트 코드 내에서 이러한 변수와 상수를 어떻게 사용하는지 배우는 것이다. 데이터를 가지고 작업하는 가장 기본적인 방법은 **표현식(expression)**의 형태로 작업하는 것이다.

6.1 스위프트 표현식 구문

가장 기본적인 스위프트 표현식은 하나의 **연산자(operator)**, 두 개의 **피연산자(operand)**, 그리고 **할당자(assignment)**로 구성된다. 다음은 가장 기본적인 표현식의 예다.

```
var myResult = 1 + 2
```

앞의 예제에서 + 연산자는 두 개의 피연산자(1과 2)를 더하는 데 사용된다. 할당 연산자(=)는 덧셈의 결과를 myResult라는 이름의 변수에 할당한다. 피연산자는 앞의 예제에서 사용된 것처럼 실제 숫자 값이 될 수도 있지만, 변수 또는 변수와 상수를 혼합하여 사용될 수도 있다.

우리는 이번 장을 통하여 스위프트에서의 기본적인 연산자들에 대해 살펴볼 것이다.

6.2 기본 할당 연산자

우리는 이미 할당 연산자들 중에서 가장 기본인 = 연산자에 대해 살펴보았다. 이 할당 연산자는 표현식의 결과를 변수에 저장하는 역할을 한다. 기본적으로 = 할당 연산자는 두 개의 피연산자를 받는다. 왼쪽의 피연산자는 값을 할당받는 변수 또는 상수가 되며, 오른쪽의 피연산자는 할당할 값이 된다. 오른쪽의 피연산자는 대체로 여러 종류의 산술식이거나 논리식을 수행하는 표현식이며, 그 결과가 변수 또는 상수에 할당된다. 다음은 할당 연산자를 사용한 예이며, 모두 유효하다.

```
var x: Int? // 옵셔널 Int 변수 선언
var y = 10   // 두 번째 Int 변수 선언과 초기화
x = 10       // x에 값 할당
x = x! + y   // 언래핑한 x와 y의 합을 x에 할당
x = y        // y의 값을 x에 할당
```

6.3 스위프트 산술 연산자

스위프트는 수학적 표현식을 생성하기 위하여 다양한 연산자를 제공한다. 이들 연산자 대부분은 두 개의 피연산자를 받는 **이항 연산자**(binary operator)다. 양수를 음수로 만들어주는 **단항 음수 연산자**(unary negative operator)는 예외적으로 하나의 피연산자를 받는다. 이것은 두 개의 피연산자를 받는 **뺄셈 연산자**(subtraction operator)와 대조된다. 다음의 예제를 보자.

```
var x = -10 // 단항 - 연산자는 변수 x에 -10을 할당하기 위해 사용함
x = x - 5   // 뺄셈 연산자. x에서 5를 뺌
```

다음의 표는 기본적인 스위프트 산술 연산자들이다.

표 6-1

연산자	설명
- (단항)	변수 또는 표현식의 값을 음수로 만듦
*	곱셈
/	나눗셈
+	덧셈
-	뺄셈
%	나머지 연산

하나의 표현식 안에 여러 개의 연산자를 사용할 수도 있다.

```
x = y * 10 + z - 5 / 4
```

6.4 복합 할당 연산자

앞 절에서 우리는 기본적인 할당 연산자를 살펴보았다. 스위프트는 산술 또는 논리 연산과 할당 연산자를 결합하기 위해 설계된 연산자들을 다양하게 제공한다. 이러한 연산자들은 연산을 수행한 결과를 피연산자들 중 하나에 저장하기 위해 주로 사용된다. 예를 들어, 다음과 같이 표현식을 작성할 수 있다.

```
x = x + y
```

앞의 표현식은 변수 x에 담긴 값을 변수 y에 담긴 값에 더한 결과를 변수 x에 저장한다. 이것은 다음과 같이 덧셈 복합 할당 연산자를 사용하여 단순화할 수 있다.

```
x += y
```

앞의 표현식은 x = x + y와 완전히 동일한 작업을 수행하지만, 프로그래머의 타이핑을 조금 줄여준다.

스위프트에서는 여러 복합 할당 연산자를 사용할 수 있다. 다음의 표는 가장 많이 사용되는 것들이다.

표 6-2

연산자	설명
x += y	x와 y를 더한 결과를 x에 저장한다
x -= y	x에서 y를 뺀 결과를 x에 저장한다
x *= y	x와 y를 곱한 결과를 x에 저장한다
x /= y	x를 y로 나눈 결과를 x에 저장한다
x %= y	x를 y로 나눈 나머지를 x에 저장한다

6.5 비교 연산자

스위프트는 비교를 수행하는 데 유용한 논리 연산자들을 가지고 있다. 이들 연산자 모두는 비교 결과에 따라 불리언 결과를 반환한다. 이들 연산자들은 두 개의 피연산자를 가지고 작업한다는 점에서 **이항 연산자**(binary operator)다.

비교 연산자는 프로그램 흐름 제어 로직을 만드는 데 가장 많이 사용된다. 예를 들어, 하나의 값이 다른 값과 일치하는지를 바탕으로 구성되는 if 구문이다.

```
if x == y {
    // 작업 수행
}
```

비교 결과 역시 Bool 타입의 변수에 저장될 것이다. 예를 들어, 다음의 코드는 result라는 변수에 true 값이 저장될 것이다.

```
var result: Bool?
var x = 10
var y = 20

result = x < y
```

10이 20보다 작다는 것은 명백하므로 x < y 표현식은 true의 결과가 나온다. 다음의 표는 스위프트의 비교 연산자들을 나열한 것이다.

표 6-3

연산자	설명
x == y	만약 x와 y가 같다면 true를 반환한다
x > y	만약 x가 y보다 크다면 true를 반환한다
x >= y	만약 x가 y보다 크거나 같다면 true를 반환한다
x < y	만약 x가 y보다 작다면 true를 반환한다
x <= y	만약 x가 y보다 작거나 같다면 true를 반환한다
x != y	만약 x가 y와 같지 않다면 true를 반환한다

6.6 불리언 논리 연산자

스위프트 역시 true 또는 false 값을 반환하도록 설계된, 소위 논리 연산자들도 제공한다. 이러한 연산자들은 피연산자로 불리언 값을 받아서 불리언 결과를 반환한다. 대표적으로 **NOT(!), AND(&&)**, 그리고 **OR(||)** 연산자가 있다.

NOT(!) 연산자는 단순히 불리언 변수의 현재 값 또는 표현식의 결과를 반전시킨다. 예를 들어, flag라는 이름의 변수가 현재 ture라 한다면 변수명 앞에 ! 문자를 두면 값이 false로 바뀔 것이다.

```
var flag = true        // 변수는 true다
var secondFlag = !flag // secondFlag에는 false가 저장된다
```

OR(||) 연산자는 두 개의 피연산자 중 하나가 true라고 판단되면 true를 반환하고, 두 개의 피연산자 중 어느 것도 true가 아니라면 false를 반환한다. 예를 들어, 다음의 코드는 true를 반환한다. 왜냐하면 OR 연산자의 피연산자들 중 하나가 true이기 때문이다.

```
if (10 < 20) || (20 < 10) {
    print("Expression is true")
}
```

AND(&&) 연산자는 두 개의 피연산자 모두 true일 때만 true를 반환한다. 다음의 예제는 false를 반환한다. 왜냐하면 두 개의 피연산자 중 하나만 true이기 때문이다.

```
if (10 < 20) && (20 < 10) {
    print("Expression is true")
}
```

6.7 범위 연산자

스위프트는 값의 범위를 선언할 수 있도록 하는 몇 가지 연산자가 포함되어 있다. 이후에 보게 되겠지만, 이들 연산자는 프로그램에서 반복 작업을 할 때 매우 중요하다.

다음은 **닫힌 범위 연산자**(closed range operator)에 대한 구문이다.

```
x...y
```

이 연산자는 x부터 시작하여 y로 끝나는 숫자의 범위를 나타내며, x와 y 모두는 이 범위에 포함된다. 예를 들어, 5...8은 5, 6, 7, 8을 지칭하는 것이다.

반면, **반 개방 범위 연산자(half-open range operator)**는 다음과 같은 구문을 이용한다.

```
x..<y
```

여기서는 x부터 시작하는 모든 숫자를 포함하지만 y는 포함되지 않는다. 따라서 5..<8은 5, 6, 7을 지칭하는 것이다.

마지막으로, **단방향 범위 연산자(one-sided range operator)**는 그 범위 앞의 시작 또는 끝에 도달할 때까지(또는 다른 조건이 충족될 때까지) 지정된 범위 방향으로 최대한으로 확장할 수 있는 범위를 지정한다. 단방향 범위 연산자는 범위 선언부의 한쪽 부분을 생략하여 선언한다.

```
x...
```

또는

```
...y
```

예를 들어, 이전 장에서 스위프트의 문자열은 사실 각각의 문자 집합(컬렉션)이라는 설명을 했었다. 문자열의 길이와는 상관없이 문자열의 세 번째 문자(인덱스 2)부터 시작해서 마지막 문자까지의 문자들을 지정하는 범위는 다음과 같이 선언될 수 있다.

```
2...
```

마찬가지로, 첫 번째 위치의 문자부터 7번째 문자(인덱스 6)까지의 범위는 다음과 같이 할 수 있을 것이다.

```
...6
```

6.8 삼항 연산자

스위프트는 코드 내에서의 판단을 간단히 하기 위한 방법으로 **삼항 연산자**(ternary operator)를 지원한다. 조건부 연산자라고도 하는 삼항 연산자의 구문은 다음과 같다.

```
조건문 ? 참(true)인 경우의 표현식 : 거짓(false)인 경우의 표현식
```

삼항 연산자의 동작 방식은 true 또는 false를 반환하는 표현식을 '조건문' 위치에 두는 것이다. 만약 그 결과가 true이면 '참인 경우의 표현식'이 수행되며, 반대로 결과가 false이면 '거짓인 경우의 표현식'이 수행된다. 자, 실제로 동작하는 것을 살펴보자.

```
let x = 10
let y = 20

print("Largest number is \(x > y ? x : y)")
```

앞의 예제 코드는 x가 y보다 더 큰지 평가하게 될 것이다. 이것은 명백하게 false의 결과가 되기 때문에 사용자에게 y를 출력하게 될 것이다.

```
Largest number is 20
```

6.9 비트 연산자

앞에서 설명했듯이, 컴퓨터 프로세서는 2진수로 동작한다. 본질적으로 비트(bit)라고 부르는 연속된 0과 1들이다. 8개의 비트가 모이면 바이트(byte)가 된다. 따라서 프로그래머인 우리가 코드 내에서 비트 연산을 하게 되더라도 절대로 놀라운 일이 아니다. 이러한 작업을 쉽게 할 수 있도록 스위프트는 다양한 **비트 연산자**(bit operator)를 제공한다.

C, C++, C#, 오브젝티브-C, 자바 등의 다른 언어에서의 비트 연산에 익숙한 사람이라면 스위프트 언어에서도 크게 다르지 않다는 걸 알게 될 것이다. 반면, 2진수에 익숙하지 않은 사람들은 0과 1이 어떻게 바이트로 형성되어 숫자가 되는지를 이해하기 위해서는 여러 참고 자료를 찾아봐야 할 것이다. 이 책에서 다루는 범위보다 더 넓고 자세한 내용은 이 주제에 대해 더 많이 서술한 다른 저자들의 책을 참고하자.

비트 연산에 대해 알아보기 위하여 두 개의 숫자에 대한 2진수를 가지고 진행해보자. 첫 번째로, 10진수 171은 2진수로 다음과 같이 표현된다.

```
10101011
```

두 번째로, 숫자 3은 다음과 같이 2진수로 표현된다.

```
00000011
```

이제 우리는 이 두 개의 2진수를 가지고 스위프트의 비트 연산에 대해 살펴볼 것이다.

6.9.1 NOT 비트 연산

NOT은 틸드(~) 문자로 표현되며, 숫자의 모든 비트를 반대로 만든다. 다시 말해, 0은 모두 1이 되고 1은 모두 0이 된다. 숫자 3으로 NOT 연산을 하면 다음과 같이 된다.

```
00000011 NOT
========
11111100
```

따라서 다음의 스위프트 코드는 -4의 값이 된다.

```
let y = 3
let z = ~y
print("Result is \(z)")
```

6.9.2 AND 비트 연산

AND는 엠퍼샌드(&) 문자로 표현되며, 두 개의 숫자를 비트 단위로 비교한다. 두 숫자의 2진수를 가지고 서로 해당하는 위치의 비트가 모두 1이면 1이 된다. 만약 해당 비트에 0이 있다면 그 결과는 0이 된다. 예제를 위해 만든 두 숫자를 사용하면 다음과 같이 된다.

```
10101011 AND
00000011
========
00000011
```

여러분이 보듯이, 두 숫자 모두 1인 위치는 마지막 두 자리뿐이다. 만약 스위프트 코드로 이 작업을 한다면 결과는 3(00000011)이 될 것이다.

```
let x = 171
let y = 3
let z = x & y

print("Result is \(z)")
```

6.9.3 OR 비트 연산

OR 역시 두 개의 2진수를 비트 단위로 비교하는 작업을 한다. AND 연산과는 달리, OR은 두 개의 피연산자 중 하나라도 1이 있으면 1의 결과를 만든다. 이 연산자는 하나의 수직바(|) 문자로 표현된다. 예제를 위해 만든 두 숫자를 사용하면 다음과 같이 된다.

```
10101011 OR
00000011
========
10101011
```

스위프트에서 이 예제를 수행하면 결과는 171이 될 것이다.

```
let x = 171
let y = 3
let z = x | y

print("Result is \(z)")
```

6.9.4 XOR 비트 연산

일반적으로 '배타적 논리합'이라고 부르는 **XOR**은 캐럿(^) 문자로 표현되며, OR 연산과 비슷한 작업을 한다. 다만, 두 개의 비트 중 하나만 1일 경우에 1이 된다는 점이다. 만약 두 개의 비트 모두 1이거나 0이면 해당 비트는 0으로 설정된다.

```
10101011 XOR
00000011
========
10101000
```

여기서의 결과 10101000은 10진수로 변환하면 168이 된다. 다시 한번 스위프트 코드로 확인해보자.

```
let x = 171
let y = 3
let z = x ^ y

print("Result is \(z)")
```

6.9.5 왼쪽 시프트 비트 연산

왼쪽 시프트 비트 연산은 2진수의 각 비트를 지정된 횟수만큼 왼쪽으로 이동시킨다. 정수의 비트를 한 자리씩 왼쪽으로 이동하면 그 정숫값은 두 배가 된다.

왼쪽으로 비트가 이동하므로 가장 오른쪽 위치의 빈 자리에는 0으로 채운다. 또한, 가장 왼쪽의 비트가 왼쪽으로 이동한 후의 결괏값이 그 값을 담는 변수의 크기[1]를 넘으면 그 값은 무시되어 버려진다.

```
10101011 1비트 왼쪽 시프트
========
101010110
```

스위프트에서 왼쪽 시프트 연산자는 '<<'로 표현되며, 그 뒤에는 얼마나 이동할지에 대한 숫자를 표시한다. 예를 들어, 왼쪽으로 한 비트 이동한다면 다음과 같다.

```
let x = 171
let z = x << 1

print("Result is \(z)")
```

앞의 코드를 컴파일하여 실행하면 342라는 결과가 출력될 것이다. 이 값을 2진수로 변환하면 101010110이 된다.

---

1 옮긴이 해당 데이터 타입의 범위

6.9.6 오른쪽 시프트 비트 연산

오른쪽 시프트 비트 연산은 아마 예상했겠지만 2진수의 각 비트를 지정된 횟수만큼 오른쪽으로 이동시킨다. 정수의 비트를 한 자리씩 오른쪽으로 이동하면 그 정숫값은 절반이 된다.

오른쪽으로 비트를 이동시키기 때문에 오른쪽 끝에 있는 마지막 비트가 옮겨져야 할 자리가 없게 된다. 따라서 마지막 비트는 폐기된다. 최상위 비트 자리에 1을 둘지 0을 둘지는 양수 또는 음수를 가리키는 데 사용되는 **부호 비트**(sign bit)가 설정되어 있는지에 따라 결정된다.

```
10101011 1비트 오른쪽 시프트
========
01010101
```

오른쪽 시프트 연산자는 '>>'로 표현되며, 그 뒤에는 얼마나 이동할지에 대한 숫자를 표시한다.

```
let x = 171
let z = x >> 1

print("Result is \(z)")
```

앞의 코드를 컴파일하여 실행하면 85라는 결과가 출력될 것이다. 이 값을 2진수로 변환하면 01010101이 된다.

6.10 복합 비트 연산자

산술 연산자처럼 각각의 비트 연산자는 하나의 연산자를 이용하여 비트 연산을 하고 그 결과를 할당하는 연산자를 가지고 있다.

표 6-4

연산자	설명
x &= y	x와 y의 AND 비트 연산을 하고 그 결과를 x에 할당한다
x |= y	x와 y의 OR 비트 연산을 하고 그 결과를 x에 할당한다
x ^= y	x와 y의 XOR 비트 연산을 하고 그 결과를 x에 할당한다
x <<= n	x를 n번 왼쪽 시프트 비트 연산을 하고 그 결과를 x에 할당한다
x >>= n	x를 n번 오른쪽 시프트 비트 연산을 하고 그 결과를 x에 할당한다

6.11 요약

연산자와 표현식은 스위프트 코드 내에서 변수와 상수를 변경하고 판단하는 기본 메커니즘을 제공한다. 가장 간단한 형태로는 덧셈 연산자를 이용하여 두 개의 숫자를 더하고 할당 연산자를 이용하여 그 결과를 변수에 저장하는 것이다. 이번 장에서는 다양한 종류의 연산자에 대해 살펴보았다.

7

스위프트의 제어 흐름

어떤 프로그래밍 언어를 사용하든 애플리케이션 개발은 로직을 적용하는 작업이며, 대부분의 프로그래밍 기술은 하나 이상의 조건을 기반으로 결정해가는 코드를 작성하는 것이다. 어떤 코드를 실행할지, 몇 번을 수행할지에 대한 결정으로 프로그램이 실행될 때 어떤 코드를 지나갈지가 결정된다. 이는 실행되는 프로그램의 흐름을 통제하는 것이므로 **제어 흐름(control flow)**이라고 한다. 일반적으로 제어 흐름은 코드를 몇 번 실행할지에 대한 **반복 제어(looping control)**와 어떤 코드를 실행할지에 대한 **조건부 제어 흐름(conditional flow control)**으로 나뉜다. 이번 장에서는 스위프트에서의 제어 흐름에 대해 설명한다.

7.1 반복 제어 흐름

이번 장은 반복문 형태의 제어 흐름을 살펴보는 것부터 시작할 것이다. 반복문은 지정된 조건에 만족할 때까지 반복적으로 수행하는 구문이다. 우리가 살펴볼 첫 번째 반복문은 for-in 반복문이다.

7.2 스위프트 for-in 구문

for-in 반복문은 어떤 컬렉션이나 숫자 범위에 포함된 일련의 항목들을 반복하는 데 사용되며, 사용하기 쉬운 반복문 옵션을 제공한다.

for-in 반복문 구문은 다음과 같다.

```
for 상수명 in 컬렉션 또는 범위 {
    // 실행될 코드
}
```

이 구문에서 **상수명**(constant name)은 상수로 사용되는 이름으로, 반복문이 실행되는 컬렉션 또는 범위의 현재 항목(또는 값)을 담게 될 것이다. 일반적으로 반복문 안의 코드는 반복 주기의 현재 항목에 대한 참조체로 상수명을 사용하게 될 것이다. **컬렉션**(collection) 또는 **범위**(range)에 있는 항목들은 반복문을 통해 참조된다. 예를 들어, 컬렉션 또는 범위는 문자열들의 배열, 범위 연산자, 또는 문자열 자체가 될 수 있다. 컬렉션에 대한 내용은 14장 '스위프트의 배열과 딕셔너리 컬렉션으로 작업하기'에서 더 자세히 다룰 것이다.

예를 들어, 다음의 for-in 반복문이 있다고 하자.

```
for index in 1...5 {
    print("Value of index is \(index)")
}
```

이 반복문은 현재의 항목을 index라는 이름의 상수에 할당하면서 시작한다. 이 구문에서는 닫힌 범위 연산자를 이용하여 1에서부터 5까지의 숫자 범위로 반복할 것을 선언하고 있다. 반복문 안에서는 index 상수에 할당된 현재 값을 가리키는 메시지가 콘솔 패널에 다음과 같이 출력된다.

```
Value of index is 1
Value of index is 2
Value of index is 3
Value of index is 4
Value of index is 5
```

14장에서 설명하겠지만, for-in 반복문은 배열이나 딕셔너리 같은 컬렉션을 가지고 작업할 때 특히 더 유용하다.

현재 항목에 대한 참조체를 저장하기 위해서 상수명을 반드시 선언해야 하는 것은 아니다. 현재 항목에 대한 참조체가 for 반복문 안에서 필요하지 않다면 다음의 예제와 같이 밑줄 문자로 대체할 수 있다.

```
var count = 0

for _ in 1...5 {
    // 현재 값에 대한 참조체가 필요없다.
    count += 1
}
```

7.2.1 while 반복문

앞에서 설명한 스위프트의 for 반복문은 프로그램 내에서 몇 번 반복해야 하는지 알고 있을 때 유용하다. 하지만, 어떤 조건에 만족할 때까지 반복해야 하는 코드가 있는데 그 조건을 충족할 때까지 몇 번을 반복해야 하는지를 알 수 없는 경우가 있을 것이다. 이런 경우를 위해 스위프트는 while 반복문을 제공한다.

기본적으로, while 반복문은 지정된 조건에 만족할 때까지 일련의 작업을 반복한다. while 반복 구문은 다음과 같이 정의한다.

```
while 조건문 {
    // 실행될 스위프트 구문
}
```

앞의 구문에서 '조건문'은 true 또는 false를 반환하는 표현식이며, '// 실행될 스위프트 구문'은 조건문이 true인 동안에 실행될 코드를 나타낸다.

```
var myCount = 0

while myCount < 100 {
    myCount += 1
}
```

앞의 예제에서 while 문은 myCount 변수가 100보다 작은지를 평가할 것이다. 만약 100보다 크다면 괄호 안의 코드를 건너뛰고 아무런 작업을 하지 않고 반복문을 종료하게 된다.

반대로, myCount가 100보다 크지 않다면 괄호 안의 코드가 실행되며, 프로그램 흐름을 while 구문으로 되돌려서 myCount의 값을 평가하는 작업을 반복하게 된다. 이 과정은 myCount의 값이 100보다 클 때까지 반복되며, 그 순간이 되면 반복문이 종료된다.

7.3 repeat ... while 반복문

repeat ... while 반복문은 스위프트 1.x 버전의 do .. while 반복문을 대체한 것이다. repeat ... while 반복문은 while 반복문을 거꾸로 한 것이라고 생각하면 이해하는 데 도움될 것이다. while 반복문은 반복문 안의 코드를 실행하기 전에 표현식을 평가한다. 그 표현식을 처음 검사할 때 false라고 판단되면 반복문 안의 코드는 실행되지 않는다. 이와는 반대로, repeat ... while 반복문은 반복문 안의 코드가 언제나 적어도 한 번은 실행되야 하는 상황을 위해 사용된다. 예를 들어, 배열 안의 항목들 중에 특정 항목을 찾을 때까지 둘러봐야 할 경우, 적어도 배열의 첫 번째 항목을 검사해봐야 한다는 것은 당연한 일이다. 다음은 repeat ... while 반복문의 구조다.

```
repeat {
    // 여기에 스위프트 구문이 온다
} while 조건식
```

다음의 repeat ... while 반복문 예제는 i라는 이름의 변숫값이 0이 될 때까지 반복될 것이다.

```
var i = 10
repeat {
    i -= 1
} while (i > 0)
```

7.4 반복문에서 빠져나오기

반복문을 만들었는데 반복문이 종료되는 조건에 만족하기 전에 어떤 조건에서 반복문을 빠져나와야 할 경우가 있다. 특히, 무한 반복을 만들었을 경우가 그러하다. 네트워크 소켓의 활성화를 지속적으로 점검해야 할 경우가 하나의 예가 될 수 있다. 네트워크 활성화가 감지되면 모니터링하는 반복문에서 빠져나와 다른 작업을 해야 한다.

반복문에서 빠져나오기 위해서 스위프트는 현재 반복문에서 빠져나와 반복문 다음의 코드로 이동하여 실행을 계속하게 하는 break 구문을 제공한다.

```
var j = 10

for _ in 0 ..< 100 {
    j += j

    if j > 100 {
        break
    }

    print("j = \(j)")
}
```

앞의 예제는 j의 값이 100을 넘을 때까지 반복문을 계속 실행하며, 100이 넘으면 반복문을 종료하고 반복문 다음의 코드를 진행하게 된다.

7.5 continue 구문

continue 구문은 반복문의 나머지 코드를 건너뛰고 반복문의 처음으로 다시 돌아가게 한다. 다음의 예제에서 print 함수는 i 변수의 값이 짝수일 때만 호출된다.

```
var i = 1

while i < 20 {
    i += 1
    if (i % 2) != 0 {
        continue
    }
    print("i = \(i)")
}
```

앞의 예제에서 continue 구문은 i의 값을 2로 나눈 나머지가 있으면 print 호출을 건너뛰게 될 것이다. continue 구문이 실행되면 while 반복문의 시작 지점으로 돌아가서 (i의 값이 20보다 작을 때까지) 다시 반복문을 수행하게 된다.

7.6 조건부 흐름 제어

이전 장에서 우리는 어떤 것이 true인지 false인지를 결정하는 논리 표현식을 스위프트에서 어떻게 사용하는지 살펴보았다. 프로그래밍은 로직을 적용하는 거대한 작업이므로, 하나 이상의 조건을 기반으로 결정하는 코드를 작성하는 데 대부분의 프로그래밍 기술이 사용된다. 이러한 결정은 코드가 실행될 때 어떤 코드가 실행되고 어떤 코드를 건너뛰어야 하는지를 정의하는 것이다. 이것을 **흐름 제어(flow control)**라고 하는데, 실행되는 프로그램의 **흐름(flow)**을 통제하기 때문이다.

7.7 if 구문 사용하기

아마도 if 구문은 스위프트 프로그래머에게 가장 기본적인 흐름 제어 방법일 것이다. C, 오브젝티브-C, C++ 또는 자바에 익숙한 프로그래머라면 스위프트의 if 구문을 즉시 사용할 수 있을 것이다.

스위프트의 if 구문의 기본 구조는 다음과 같다.

```
if 조건식 {
    // 조건식이 true일 때 수행될 스위프트 코드
}
```

다른 프로그래밍 언어와는 다르게, if 구문에서 실행될 코드가 한 줄이라고 해도 스위프트에서는 괄호({})가 필수적이라는 점을 기억하자.

기본적으로 **조건식(Boolean expression)**이 true로 판단되면 구문 내의 코드가 실행된다. 구문 내의 코드는 괄호로 묶인다. 반대로, 조건식이 false로 판단되면 구문 내의 코드는 건너뛴다.

예를 들어, 하나의 값이 다른 값보다 더 큰지에 따라 결정해야 한다면 다음과 같이 코드를 작성하게 될 것이다.

```
let x = 10

if x > 9 {
    print("x is greater than 9!")
}
```

x가 9보다 크다는 것이 명확하므로 콘솔 패널에 메시지가 나타나게 된다.

7.8 if ... else ... 구문 사용하기

변형된 if 구문은 if 구문의 조건식이 false로 판단될 때 수행할 코드를 지정할 수 있게 해준다. 이것은 다음과 같은 구조를 갖는다.

```
if 조건식 {
    // 조건식이 true일 때 수행될 스위프트 코드
} else {
    // 조건식이 false일 때 수행될 스위프트 코드
}
```

앞의 구문을 이용하여 조건식이 false일 때 다른 메시지를 출력하도록 이전 예제를 확장할 수 있다.

```
let x = 10

if x > 9 {
    print("x is greater than 9!")
} else {
    print("x is less than 9!")
}
```

여기서 두 번째 print 구문은 x 값이 9보다 작을 때 실행될 것이다.

7.9 if ... else if ... 구문 사용하기

지금까지 우리는 하나의 논리 표현식의 결과를 바탕으로 결정하는 if 구문을 보았다. 하지만, 다양한 조건을 바탕으로 결정해야 할 때가 종종 생긴다. 이를 위해 우리는 if ... else if ... 구조를 다음과 같이 사용할 수 있다.

```
let x = 9

if x == 10 {
    print("x is 10")
```

```
} else if x == 9 {
    print("x is 9")
} else if x == 8 {
    print("x is 8")
}
```

이 방법은 몇 안 되는 비교에는 좋지만, 많은 양의 조건문이 있는 경우에는 번거로울 수 있
다. 이런 경우를 위하여 스위프트는 조금 더 유연하고 효과적인 해결책으로 switch 구문을
제공한다. switch 구문에 대해서는 다음 장인 8장 '스위프트의 switch 구문'에서 자세히 다룰
것이다.

7.10 guard 구문

guard 구문은 스위프트 2에서 도입된 기능이다. guard 구문은 불리언 표현식을 포함하며,
true일 때만 guard 구문 다음에 위치한 코드가 실행된다. guard 구문은 불리언 표현식이
false일 때 수행될 else 절을 반드시 포함해야 한다. else 절의 코드는 반드시 현재의 코드
흐름에서 빠져나가는 구문(예를 들어, return, break, continue 또는 throw 구문)을 포함해야
한다. 다른 방법으로, else 블록은 자기 자신을 반환하지 않는 다른 함수나 메서드를 호출할
수도 있다.

다음은 guard 구문의 구조다.

```
guard <조건문(불리언 표현식)> else {
    // 조건문이 false일 때 실행될 코드
    <종료 구문>
}

// 조건문이 true일 때 실행될 코드
```

기본적으로, guard 구문은 특정 조건을 만족하지 않은 경우에 현재의 함수 또는 반복문에서
빠져나올 수 있게 해준다.

다음의 코드는 함수 내에 guard 구문을 구현한 것이다.

```
func multiplyByTen(value: Int?) {

    guard let number = value, number < 10 else {
```

```
        print("Number is too high")
        return
    }

    let result = number * 10
    print(result)
}
```

이 함수는 옵셔널 형태의 정숫값을 매개변수로 받는다. guard 구문은 값을 언래핑하기 위해 옵셔널 바인딩을 사용하며, 그 값이 10보다 적은지를 판단한다. 값을 언래핑할 수 없거나 언래핑한 값이 9보다 큰 경우, else 절이 실행되어 에러 메시지를 출력하고 이 함수를 빠져나가기 위하여 return 구문을 실행한다.

옵셔널이 10보다 작은 값을 가지고 있다면 guard 구문 다음에 있는 코드가 실행되어 그 값에 10을 곱한 결과가 출력된다. 앞의 예제에서 특별히 중요한 점은 언래핑된 number 변수는 guard 구문 밖의 코드에서도 유효하다는 것이다. 반면, if 구문 내에서 언래핑된 변수는 if 구문 밖에서는 유효하지 않다는 점에 유의하기 바란다.

7.11 요약

흐름 제어라는 용어는 애플리케이션의 소스 코드가 실행될 때 실행 경로를 가리키는 로직을 표현할 때 사용된다. 이번 장에서는 스위프트가 제공하는 두 가지 종류의 흐름 제어(반복문과 조건문)와 두 가지 형태의 흐름 제어 로직을 구현하는 데 사용할 수 있는 다양한 스위프트 구조에 대해 살펴보았다.

CHAPTER

8

스위프트의 switch 구문

7장 '스위프트의 흐름 제어'에서는 if와 else 구문을 이용하여 프로그램의 실행 흐름을 어떻게 제어하는지 살펴보았다. 이 구문은 제한된 개수의 조건을 검사할 때는 적절하지만, 많은 수의 조건을 처리할 때는 부적절할 수 있다. 이런 상황을 해결하기 위하여 스위프트는 C 언어의 switch 구문을 가져왔다. 하지만, 다른 언어의 switch 구문에 익숙한 사람은 스위프트의 switch 구문에는 몇 가지 중요한 차이점이 있다는 것을 인식해야 한다. 이번 장에서는 스위프트의 switch 구문에 대해 자세히 살펴볼 것이다.

8.1 왜 switch 구문을 사용하나?

몇 가지 논리적 조건문에는 if ... else if ... 구조로 충분하다. 하지만, 불행하게도 두세 개 이상의 조건을 만들 때는 코드를 작성하는 시간도 많이 걸릴 뿐만 아니라 읽기도 어려워진다. 이런 경우에 switch 구문은 최고의 대안이 될 것이다.

8.2 switch 구문 사용하기

기본적인 스위프트 switch 구문의 구조는 다음과 같이 구현될 수 있다.

```
switch 표현식 {
    case 일치하는 값1:
        코드 구문

    case 일치하는 값2:
        코드 구문

    case 일치하는 값3, 일치하는 값4:
        코드 구문

    default:
        코드 구문
}
```

앞의 구문에서 **표현식**(expression)은 값을 나타내거나 값을 반환하는 표현식이다. 이 값은 switch 구문이 동작하게 하는 값이다.

그 값과 일치할 수 있는 값을 case 구문으로 제공된다. 앞의 구문에서 '일치하는 값'에 해당하는 부분이다. 각각의 일치하는 값은 '표현식'의 값과 동일한 타입이어야 한다. case 조건과 일치하는 값일 경우에 수행될 '코드 구문'이 case 줄 아래에 작성된다.

마지막으로, default 절은 표현식과 일치하는 case 구문이 없을 경우에 어떻게 해야 하는지를 정의하는 부분이다.

8.3 스위프트의 switch 구문 예제

앞에서 설명한 내용을 기억하며 간단한 switch 구문을 만들어보자.

```
let value = 4

switch (value) {
    case 0:
        print("zero")

    case 1:
        print("one")

    case 2:
        print("two")

    case 3:
        print("three")
```

```
    case 4:
        print("four")

    case 5:
        print("five")

    default:
        print("Integer out of range")
}
```

8.4 case 구문 결합하기

앞의 예제에서 각각의 case 구문은 자신만의 실행 코드를 가지고 있다. 하지만, 때로는 서로
다른 매칭(case)에 대해 동일한 코드가 실행되어야 하기도 한다. 이럴 때는 각각의 일치하는
경우들을 공통으로 실행될 구문과 묶을 수 있다. 예를 들어, 값이 0, 1, 또는 2일 경우에는
동일한 코드가 실행되도록 switch 구문을 수정할 수 있다.

```
let value = 1

switch (value) {
    case 0, 1, 2:
        print("zero, one or two")

    case 3:
        print("three")

    case 4:
        print("four")

    case 5:
        print("five")

    default:
        print("Integer out of range")
}
```

8.5 switch 구문에서 범위 매칭하기

switch 구문 안에 있는 case 구문에 범위 매칭을 구현할 수도 있다. 예를 들어, 다음의 switch 구문은 주어진 온도가 세 개의 범위 중에 매칭되는지를 검사한다.

```
let temperature = 83

switch (temperature) {
    case 0...49:
        print("Cold")

    case 50...79:
        print("Warm")

    case 80...110:
        print("Hot")

    default:
        print("Temperature out of range")
}
```

8.6 where 구문 사용하기

where 구문은 case 구문에 부가적인 조건을 추가하기 위해서 사용될 수 있다. 예를 들어, 다음의 코드는 값이 범위 조건에 일치하는지를 검사할 뿐만 아니라 그 숫자가 홀수인지 짝수인지도 검사한다.

```
let temperature = 54

switch (temperature) {
    case 0...49 where temperature % 2 == 0:
        print("Cold and even")

    case 50...79 where temperature % 2 == 0:
        print("Warm and even")

    case 80...110 where temperature % 2 == 0:
        print("Hot and even")

    default:
        print("Temperature out of range or odd")
}
```

8.7 fallthrough

C 또는 오브젝티브-C와 같이 다른 언어의 switch 구문에 익숙한 사람이라면, 스위프트에서
는 case 구문 끝에 break를 쓸 필요가 없다는 걸 알아차렸을 것이다. 다른 언어들과는 달리,
스위프트는 case 조건에 일치하면 자동으로 구문 밖으로 빠져나간다. fallthrough 구문을
사용하면 switch 구현부에 예외상황 효과를 주어, 실행 흐름이 그 다음의 case 구문으로 계
속 진행하게 할 수 있다.

```
let temperature = 10

switch (temperature) {
    case 0...49 where temperature % 2 == 0:
        print("Cold and even")
        fallthrough

    case 50...79 where temperature % 2 == 0:
        print("Warm and even")
        fallthrough

    case 80...110 where temperature % 2 == 0:
        print("Hot and even")
        fallthrough

    default:
        print("Temperature out of range or odd")
}
```

스위프트의 switch 구문에서 break는 거의 사용되지 않지만, default에서 아무런 작업도
할 필요가 없는 경우에 유용하다.

```
    .
    .
    .
    default:
        break
}
```

8.8 요약

판단해야 하는 조건이 적을 때는 if.. else.. 구문이 훌륭한 의사결정 방법으로 사용될 수 있지만, 조금 더 복잡한 상황에서는 다루기 힘든 방법이 되곤 한다. 평가 결과가 많이 나오는 상황에서는 스위프트의 흐름 제어 로직을 구현하는 또 다른 방법인 switch 구문이 언제나 더 적합한 방법이 된다. 이번 장에서 설명한 것처럼 다른 프로그래밍 언어의 switch 구문에 익숙한 개발자라면 스위프트의 switch 구문이 조금 다르게 동작한다는 것을 기억해야 한다.

CHAPTER

스위프트 5의 함수, 메서드, 클로저 개요

스위프트 함수, 메서드, 클로저는 체계적인 구조와 효율적인 코드를 작성하는 핵심 부분이며, 코드의 반복을 피하면서 프로그램을 구조화하는 방법을 제공한다. 이번 장에서 우리는 함수, 메서드, 클로저를 어떻게 선언하며 어떻게 사용하는지를 살펴볼 것이다.

9.1 함수란 무엇인가?

함수는 특정 작업을 수행하기 위해 호출할 수 있게 이름 붙여진 코드 블록이다. 작업을 수행하기 위한 데이터가 제공될 수 있고 작업의 결과를 호출한 코드로 반환할 수도 있다. 예를 들어, 스위프트 프로그램에서 수행해야 할 산술 계산이 있다면, 산술 계산을 수행하는 코드를 함수로 만들 수 있다. 이 함수는 값을 받아(매개변수(parameter)라고 부름) 산술식을 수행하며, 계산 결과가 반환되도록 프로그래밍할 수 있다. 프로그램 코드 어디서든지 산술 계산이 필요하면 매개변수의 값을 **인자(argument)**로 이 함수에 전달하여 호출하면 결괏값이 반환될 것이다.

함수에 대해 이야기를 할 때 **매개변수(parameter)**와 **인자(argument)**라는 용어가 서로 혼용되곤 한다. 하지만, 이들에겐 미묘한 차이가 있다. 함수가 호출될 때 받게 되는 값을 매개변수라고 한다. 하지만, 실제로 함수가 호출되고 값이 전달된 시점에서는 인자라고 부른다.

9.2 메서드란 무엇인가?

본질적으로 메서드는 특정 클래스나 구조체 또는 열거형과 연관된 함수다. 예를 들어, 여러분이 스위프트 클래스 내에서 함수를 선언했다면(이 주제에 대해서는 10장 '스위프트의 객체지향 프로그래밍 기초'에서 자세히 설명할 것이다) 이것은 메서드로 간주된다. 비록 이번 장에서는 함수에 대해 언급하겠지만, 특별한 언급이 없다면 함수에 대해 설명하는 규칙과 동작 모두가 메서드에도 동일하게 적용된다.

9.3 스위프트 함수를 선언하는 방법

스위프트 함수는 다음과 같은 구문을 사용하여 선언된다.

```
func <함수명> (<매개변수 이름>: <매개변수 타입>,
              <매개변수 이름>: <매개변수 타입>, ... ) -> <반환 결과 타입> {
    // 함수 코드
}
```

함수명, 매개변수, 그리고 반환 결과 타입의 조합을 **함수 시그니처**(function signature)라고 부른다. 다음은 함수 선언부의 다양한 필드에 대한 설명이다.

- **func** – 이것이 함수라고 컴파일러에게 알려주기 위해 사용되는 키워드
- **〈함수명〉** – 함수에 할당되는 이름. 애플리케이션 코드 내에서 함수를 호출할 때 참조되는 이름이다.
- **〈매개변수 이름〉** – 함수 코드 내에서 참조할 매개변수의 이름
- **〈매개변수 타입〉** – 해당 매개변수의 타입
- **〈반환 결과 타입〉** – 함수가 반환하는 결과의 데이터 타입. 만일 함수가 결과를 반환하지 않는다면 반환 결과 타입을 지정하지 않는다.
- **함수 코드** – 작업을 수행하는 함수의 코드

예를 들어, 다음의 함수는 매개변수를 받지 않고 결과를 반환하지도 않으며 메시지를 표시하기만 한다.

```
func sayHello() {
    print("Hello")
}
```

반면, 다음의 예제 함수는 매개변수로 문자열 하나와 정수 하나를 받으며 문자열 결과를 반환한다.

```
func buildMessageFor(name: String, count: Int) -> String {
    return "\(name), you are customer number \(count)"
}
```

9.4 단일 표현식에서의 암묵적 반환

이전의 예제에서 buildMessageFor() 함수 내에서 문자열 값을 반환하기 위하여 return 구문이 사용되었다. 만약 함수가 단일 표현식을 가지고 있다면 return 구문을 생략할 수 있다는 점에 주목하자. 따라서 buildMessageFor() 함수는 다음과 같이 작성될 수도 있다.

```
func buildMessageFor(name: String, count: Int) -> String {
    "\(name), you are customer number \(count)"
}
```

return 구문은 함수가 단일 표현식을 가지고 있을 때만 생략할 수 있다. 예를 들어, 다음의 코드는 컴파일 에러가 발생한다. 왜냐하면 함수가 두 개의 표현식을 가지고 있기 때문에 return 구문이 필요하기 때문이다.

```
func buildMessageFor(name: String, count: Int) -> String {
    let uppername = name.uppercased()
    "\(uppername), you are customer number \(count)" // 컴파일 에러
}
```

9.5 스위프트 함수 호출하기

함수를 선언했다면 다음과 같은 구문을 이용하여 호출하게 된다.

```
<함수명> (<인자1>, <인자2>, ... )
```

함수를 통해 전달되는 각각의 인자는 함수가 받도록 구성된 매개변수와 일치해야 한다. 예를 들어, 매개변수를 받지 않고 아무런 값도 반환하지 않는 sayHello라는 이름의 함수를 호출하려면 다음과 같이 하면 된다.

```
sayHello()
```

9.6 반환값 처리하기

반대로, 두 개의 매개변수를 받아 결과를 반환하는 buildMessage라는 이름의 함수를 호출하기 위해서는 다음과 같은 코드를 작성하게 될 것이다.

```
let message = buildMessageFor(name: "John", count: 100)
```

앞의 예제에서 우리는 message라는 이름의 새로운 변수를 생성하고 함수로부터 반환되는 결과를 저장하기 위해 할당 연산자(=)를 사용하였다.

스위프트로 개발할 때 메서드나 함수를 호출하여 반환된 결괏값을 사용하지 않는 경우가 생긴다. 이럴 때는 다음과 같이 반환값을 '_'에 할당하여 그 값을 버린다.

```
_ = buildMessageFor(name: "John", count: 100)
```

9.7 지역 매개변수명과 외부 매개변수명

이전의 예제 함수들을 선언할 때 함수 코드 내에서 참조할 수 있는 이름을 할당한 매개변수로 구성하였다. 이렇게 선언된 매개변수를 **지역 매개변수명**(local parameter name, 매개변수명(parameter name))이라고 한다.

함수 매개변수에는 지역 매개변수명뿐만 아니라 **외부 매개변수명**(external parameter name, 인자명(argument label))도 있을 수 있다. 이들 이름은 함수가 호출될 때 참조되는 매개변수의 이름이다. 기본적으로, 함수 매개변수에는 동일한 지역 매개변수명과 외부 매개변수명이 할당된다. 예를 들어, buildMessageFor 메서드를 다음과 같이 호출했다고 생각해보자.

```
let message = buildMessageFor(name: "John", count: 100)
```

이 함수의 선언부를 보면, 'name'과 'count'를 지역 매개변수명이자 외부 매개변수명으로 사용한다고 선언했다. 매개변수에 할당된 디폴트 외부 매개변수명은 다음과 같이 지역 매개변수명 앞에 밑줄 문자를 써서 없앨 수 있다.

```
func buildMessageFor(_ name: String, _ count: Int) -> String {
    return "\(name), you are customer number \(count)"
}
```

이렇게 구현되도록 함수를 수정했다면 이제는 다음과 같이 함수를 호출해야 한다.

```
let message = buildMessageFor("John", 100)
```

다른 방법으로, 함수 선언부에서 지역 매개변수명 앞에 외부 매개변수명을 선언하면 간단하게 외부 매개변수명이 추가된다. 예를 들어, 다음은 첫 번째 매개변수명의 외부 매개변수명을 userName으로 지정하고, 두 번째 매개변수명의 외부 매개변수명을 userCount로 지정하는 코드다.

```
func buildMessageFor(userName name: String, userCount count: Int) -> String {
    return "\(name), you are customer number \(count)"
}
```

이렇게 선언했다면 함수를 호출할 때 반드시 외부 매개변수명을 참조해야 한다.

```
let message = buildMessageFor(userName: "John", userCount: 100)
```

함수를 호출할 때 인자를 전달하기 위하여 외부 매개변수명이 사용됨에도 함수 내에서 매개변수를 참조할 때는 여전히 지역 매개변수명이 사용된다. 또한, 기억해야 할 점은 인자에 대한 외부 매개변수명을 사용하여 함수를 호출할 때는 함수를 선언했을 때와 동일한 순서로 인자를 넣어야 한다는 것이다.

9.8 함수에 디폴트 매개변수 선언하기

스위프트는 함수가 호출될 때 인자로 쓸 값이 들어오지 않은 경우에 사용할 디폴트 매개변수 값을 지정할 수 있다. 이것은 함수를 선언할 때 매개변수에 디폴트 값을 할당하면 된다. 디폴트 매개변수를 사용하도록 함수를 선언할 때 디폴트 값을 매개변수의 끝에 둔다. 이렇게 하여 컴파일러가 어떤 매개변수가 함수 호출 시에 생략된 건지를 혼동하지 않도록 한다. 또한, 스위프트는 함수를 호출하면 반드시 사용되는 디폴트 값을 설정한 매개변수에 대해 지역 매개변수명을 기반으로 한 디폴트 외부 매개변수명을 제공한다.

디폴트 매개변수에 대해 확인하기 위해, 인자로 고객 이름을 전달하지 않은 경우에 디폴트 값인 'Customer'라는 문자열이 사용되도록 buildMessageFor 함수를 수정할 것이다.

```
func buildMessageFor(_ name: String = "Customer", count: Int ) -> String {
    return "\(name), you are customer number \(count)"
}
```

이제 이 함수는 name 인자를 전달하지 않고 호출될 수 있다.

```
let message = buildMessageFor(count: 100)
print(message)
```

이렇게 실행하면, 앞의 함수는 콘솔 패널에 다음과 같이 출력할 것이다.

```
Customer, you are customer number 100
```

9.9 여러 결괏값 반환하기

결괏값들을 튜플로 래핑하면 여러 개의 결괏값을 함수가 반환할 수 있다. 다음의 함수는 길이에 대하여 인치(inch) 단위의 측정값을 매개변수로 받는다. 이 함수는 매개변수로 받은 값을 야드, 센티미터, 미터로 변환하고, 이들 값을 하나의 튜플 인스턴스에 넣어 반환한다.

```
func sizeConverter(_ length: Float) -> (yards: Float, centimeters: Float,
                                         meters: Float) {

    let yards = length * 0.0277778
```

```
    let centimeters = length * 2.54
    let meters = length * 0.0254

    return (yards, centimeters, meters)
}
```

이 함수의 반환 타입을 보면, 이 함수는 yards, centimeters, 그리고 meters라는 이름의
값 3개를 포함하는 튜플을 반환하며, 모두 Float 타입임을 나타낸다.

```
-> (yards: Float, centimeters: Float, meters: Float)
```

이 함수를 이용하여 변환을 해보면, 이 함수는 튜플 인스턴스를 생성하고 그것을 반환한다.
이 함수를 사용하는 방법은 다음과 같다.

```
let lengthTuple = sizeConverter(20)

print(lengthTuple.yards)
print(lengthTuple.centimeters)
print(lengthTuple.meters)
```

9.10 가변개수 매개변수

애플리케이션 코드 내에서 함수가 호출될 때 함수가 받게 될 매개변수가 몇 개인지 알 수 없
는 경우도 있다. 스위프트는 **가변개수 매개변수(variadic parameter)**를 사용하여 이러한 경우를
처리할 수 있게 한다. 함수가 지정된 데이터 타입의 매개변수 0개 또는 그 이상을 받는다는
것을 의미하는 점 세 개(…)를 이용하여 가변개수 매개변수를 선언한다. 함수 내에서 매개변
수는 배열 개체의 형태로 사용할 수 있다. 예를 들어, 다음의 함수는 문자열 값들을 매개변
수로 받아 콘솔 패널에 출력하는 함수다.

```
func displayStrings(_ strings: String…) {
    for string in strings {
        print(string)
    }
}

displayStrings("one", "two", "three", "four")
```

9.11 변수인 매개변수

함수가 받는 모든 매개변수는 기본적으로 상수로 취급된다. 즉, 함수의 코드 내에서 매개변수의 값이 변경되는 것을 막는다. 만약 함수 내에서 매개변수의 값을 변경하고 싶다면, 매개변수의 섀도 복사본(shadow copy)을 반드시 생성해야 한다. 예를 들어, 다음의 함수는 인치 단위의 길이와 너비를 매개변수로 전달받아 두 값에 대한 섀도 변수를 생성하고 각각의 값을 센티미터로 변환한 후에 면적을 계산하여 반환한다.

```
func calcuateArea(length: Float, width: Float) -> Float {

    var length = length
    var width = width

    length = length * 2.54
    width = width * 2.54
    return length * width
}

print(calcuateArea(length: 10, width: 20))
```

9.12 입출력 매개변수로 작업하기

어떤 변수가 매개변수로 함수에 전달되면 그 매개변수는 해당 함수 내에서 상수로 취급된다는 것을 배웠다. 또한, 앞 절에서 매개변수의 값을 변경하고 싶을 때는 섀도 복사본을 생성해야 한다는 것도 배웠다. 이것은 복사본이기 때문에 어떻게 변경한다고 해도 기본적으로는 원본 변수에 반영되지 않는다. 예를 들어, 다음의 코드를 보자.

```
var myValue = 10

func doubleValue(_ value: Int) -> Int {
    var value = value
    value += value
    return value
}

print("Before function call myValue = \(myValue)")

print("doubleValue call returns \(doubleValue(myValue))")

print("After function call myValue = \(myValue)")
```

이 코드는 myValue라는 이름의 변수에 10의 값으로 초기화하면서 시작한다. 그 다음에 새로운 함수를 선언하면서 정수형으로 하나의 매개변수를 받도록 선언하였다. 함수는 값에 대한 새도 복사본을 생성하고 값을 2배로 만들고 반환한다.

나머지 코드는 함수를 호출하기 전후의 myValue 변숫값을 출력한다. 이 코드를 실행하면 다음의 결과가 콘솔에 출력된다.

```
Before function call myValue = 10
doubleValue call returns 20
After function call myValue = 10
```

확실히 이 함수는 원본인 myValue 변수를 변경하지 않았다. 왜냐하면 myValue 변수가 아닌 복사본을 가지고 수학적 연산이 수행되었기 때문이다.

함수가 값을 반환한 뒤에도 매개변수에 대한 변경을 유지하려면, 함수 선언부 내에서 매개변수를 **입출력 매개변수(in-out parameter)**로 선언해야 한다. 이를 확인하기 위해서 다음과 같이 doubleValue 함수를 수정하여 inout 키워드를 추가하고 새도 복사본을 삭제한다.

```
func doubleValue (_ value: inout Int) -> Int {
    var value = value
    value += value
    return value
}
```

마지막으로, 함수를 호출할 때 입출력 매개변수 앞에 &를 붙여야 한다.

```
print("doubleValue call returned \(doubleValue(&myValue))")
```

이렇게 하고 코드를 실행해보면 원본인 myValue 변수에 값이 할당되도록 함수가 수정되었음을 알 수 있다.

```
Before function call myValue = 10
doubleValue call returns 20
After function call myValue = 20
```

9.13 매개변수인 함수

스위프트에서 재미있는 기능으로, 함수가 데이터 타입처럼 취급될 수 있다는 것이다. 예를 들어, 다음의 선언부처럼 함수를 상수나 변수에 할당하는 것도 가능하다.

```
func inchesToFeet (_ inches: Float) -> Float {

    return inches * 0.0833333
}

let toFeet = inchesToFeet
```

앞의 코드는 inchesToFeet이라는 이름의 새로운 함수를 선언하고 그 함수를 toFeet이라는 이름의 상수에 할당한다. 이렇게 할당을 했다면, 원래의 함수 이름이 아니라 상수 이름을 이용하여 함수를 호출할 수도 있다.

```
let result = toFeet(10)
```

겉보기에는 그렇게 매력적인 기능이 아닌 것처럼 보인다. 왜냐하면 상수나 변수 데이터 타입에 함수를 할당하지 않아도 우리는 이미 함수를 호출할 수 있기 때문에 큰 장점이 없어 보인다.

하지만, 상수나 변수에 할당된 함수는 여러 데이터 타입의 기능을 가질 수 있다는 점을 고려하면, 앞으로 이 기능은 많이 활용될 수 있을 것이다. 게다가, 이제 함수는 다른 함수의 인자로 전달될 수 있으며, 함수의 반환값으로 반환될 수도 있다.

어떤 함수와 다른 함수를 어떻게 연결하는지에 대해 살펴보기 전에 먼저 함수 데이터 타입의 개념을 알아보도록 하자. 함수의 데이터 타입은 받게 될 매개변수의 데이터 타입과 반환될 데이터 타입을 조합하여 결정된다. 앞의 예제에서 함수는 부동소수점 매개변수를 받고 부동소수점 결과를 반환하기 때문에 함수의 데이터 타입은 다음과 같이 결정된다.

```
(Float) -> Float
```

반면, Int와 Double을 매개변수로 받고 String 결과를 반환하는 함수는 다음의 데이터 타입을 갖게 된다.

```
(Int, Double) -> String
```

어떤 함수가 다른 함수를 매개변수로 받기 위해서는 매개변수로 받게 될 함수의 데이터 타입을 선언하면 된다. 예를 들어, 다음의 코드는 두 개의 단위 변환 함수를 상수에 할당한다.

```
func inchesToFeet (_ inches: Float) -> Float {

    return inches * 0.0833333
}

func inchesToYards (_ inches: Float) -> Float {

    return inches * 0.0277778
}

let toFeet = inchesToFeet
let toYards = inchesToYards
```

이제 이 예제 코드는 단위를 변환하고 콘솔 패널에 결과를 출력하는 함수가 필요하다. 새롭게 만들 함수는 다양한 종류의 측정 단위를 변환할 수 있게 만들어 최대한 보편적인 함수가 되게 한다. 매개변수로 함수를 어떻게 사용하는지 확인하기 위해 새롭게 만들 함수는 inchesToFeet 함수 타입과 inchesToYards 함수 타입 모두와 일치하는 함수 타입과 함께 변환할 값을 매개변수로 받을 것이다. 이들 함수의 데이터 타입은 (Float) -> Float와 같기 때문에 우리의 새로운 함수는 다음과 같이 된다.

```
func outputConversion(_ converterFunc: (Float) -> Float, value: Float) {

    let result = converterFunc(value)

    print("Result of conversion is \(result)")
}
```

outputConversion 함수가 호출될 때 미리 선언한 데이터 타입과 일치하는 함수가 전달되어야 한다. 이 함수는 변환을 수행하고 그 결과를 콘솔 패널에 출력한다. 이 말은 적절한 변환 함수를 매개변수로 전달하기만 하면 인치를 피트로 변환하거나 야드로 변환할 때 동일한 함수를 호출할 수 있다는 의미다. 다음의 예를 보자.

```
outputConversion(toYards, value: 10) // 야드로 변환하기
outputConversion(toFeet, value: 10) // 피트로 변환하기
```

또한, 함수의 타입을 반환 타입으로 선언하면 함수도 데이터 타입으로 반환될 수 있다. 다음

의 함수는 불리언 매개변수의 값에 따라 우리가 만든 toFeet 함수나 toYards 함수 타입을 반환하도록 구성되어 있다.

```
func decideFunction(_ feet: Bool) -> (Float) -> Float
{
    if feet {
        return toFeet
    } else {
        return toYards
    }
}
```

9.14 클로저 표현식

스위프트에서의 기본적인 함수에 대해 배웠으니 이제는 **클로저**(closure)와 **클로저 표현식** (**closure expression**)의 개념을 살펴보자. 이 두 가지 용어가 혼용되고 있지만, 몇 가지 큰 차이가 있다.

클로저 표현식은 독립적인 코드 블록이다. 예를 들어, 다음은 클로저 표현식을 선언하고 그것을 sayHello라는 이름의 상수를 할당한 다음에 상수 참조를 통해 함수를 호출한다.

```
let sayHello = { print("Hello") }
sayHello()
```

클로저 표현식은 매개변수를 받아 결괏값을 반환하도록 구성할 수도 있다. 다음의 구문을 살펴보자.

```
{(<매개변수 이름>: <매개변수 타입>, <매개변수 이름>: <매개변수 타입>, ... ) -> <반환 타입> in
    // 클로저 표현식 코드가 온다
}
```

예를 들어, 다음의 클로저 표현식은 두 개의 정수를 매개변수로 받아 하나의 정수를 결과로 반환한다.

```
let multiply = {(_ val1: Int, _ val2: Int) -> Int in
    return val1 * val2
}
let result = multiply(10, 20)
```

이 구문은 함수를 선언할 때 사용하는 것과 비슷하지만, 클로저 표현식은 이름을 갖지 않으며, 매개변수와 반환 타입은 괄호 안에 포함되고, 클로저 표현식 코드의 시작을 가리키기 위하여 in 키워드를 사용한다. 사실, 함수는 이름이 있는 클로저 표현식일 뿐이다.

클로저 표현식은 비동기 메서드 호출에 대한 완료 핸들러를 선언할 때 종종 사용된다. 다시 말해, iOS 애플리케이션을 개발할 때 어떤 작업을 백그라운드에서 작업하게 해서 애플리케이션이 다른 작업을 계속 할 수 있도록 운영체제에게 요청해야 하는 경우가 종종 생긴다. 이런 경우에는 보통 시스템이 애플리케이션에게 작업이 완료된 것을 알리고 작업(메서드)을 호출할 때 선언했던 완료 핸들러를 호출하여 결과를 반환한다. 완료 핸들러에 대한 코드는 주로 클로저 표현식의 형태로 구현된다. 이 책의 후반부에서 사용되는 다음의 예제 코드를 살펴보자.

```
eventstore.requestAccess(to: .reminder, completion: {(granted: Bool,
                    error: Error?) -> Void in
    if !granted {
        print(error!.localizedDescription)
    }
})
```

requestAccess(to:) 메서드 호출로 수행된 작업이 완료되면, completion: 매개변수로 선언된 클로저 표현식이 실행된다. 다음의 선언부와 같이 이 완료 핸들러는 불리언 값과 Error 객체를 매개변수로 받으며 아무런 결과도 반환하지 않는다.

```
{(granted: Bool, error: Error?) -> Void in
```

사실, 스위프트 컴파일러는 이 메서드 호출에 대한 완료 핸들러의 매개변수와 반환값에 대해 이미 알고 있기 때문에 클로저 표현식 내에서 선언되지 않은 정보를 유추할 수 있다. 따라서 클로저 표현식의 선언부를 다음과 같이 간략하게 할 수 있다.

```
eventstore.requestAccess(to: .reminder, completion: {(granted, error) in
    if !granted {
        print(error!.localizedDescription)
    }
})
```

9.15 스위프트의 클로저

컴퓨터 공학 용어에서의 **클로저**(closure)는 함수나 클로저 표현식과 같은 독립적인 코드 블록과 코드 블록 주변에 있는 하나 이상의 변수가 결합된 것을 말한다. 예를 들어, 다음의 스위프트 함수를 살펴보자.

```
func functionA() -> () -> Int {

    var counter = 0

    func functionB() -> Int {
        return counter + 10
    }
    return functionB
}

let myClosure = functionA()
let result = myClosure()
```

앞의 코드에서 functionA는 functionB라는 이름의 함수를 반환한다. 사실, functionB는 functionB의 내부 영역 밖에 선언된 counter 변수에 의존하기 때문에 functionA는 클로저를 반환하고 있다. 다시 말해, functionB는 counter 변수를 잡고 있다(captured). 또는 가두고 있다(closed over)라고 말할 수 있으므로 전통적인 컴퓨터 공학 용어인 클로저(closure)로 간주된다.

스위프트와 관련해서 **클로저**(closure)와 **클로저 표현식**(closure expression) 용어가 넓게 쓰이다 보니 혼용되기 시작했다. 어쨌거나 중요한 점은 스위프트는 둘 다 지원한다는 것이다.

9.16 요약

함수, 클로저, 그리고 클로저 표현식은 독립된 코드 블록으로 특정 작업을 수행하기 위하여 호출될 수 있으며, 코드를 구조화하고 재사용하는 메커니즘을 제공한다. 이번 장은 선언과 구현 관점에서 함수와 클로저의 개념을 설명하였다.

10

스위프트의 객체지향 프로그래밍 기초

스위프트는 객체지향 iOS 애플리케이션 개발을 광범위하게 지원한다. 하지만, 객체지향 프로그래밍이라는 주제는 너무 커서 그 내용만으로 책 한 권을 쓸 수 있다고 해도 과언이 아니다. 따라서 객체지향 소프트웨어 개발에 대한 자세한 내용은 이 책의 범위를 벗어난다. 그 대신에 우리는 객체지향 프로그래밍에 포함된 기본 개념을 살펴본 다음에 스위프트 애플리케이션 개발과 관련된 개념을 설명해 갈 것이다. 다시 한번 말하지만, 필자는 이번 장에서 여러분에게 필요한 기본적인 내용을 설명하곤 있지만, 자세히 공부할 분들에게는 애플의 《The Swift Programming Language》를 추천한다.

10.1 객체란 무엇인가?

객체(또는 인스턴스)는 소프트웨어 애플리케이션을 구축하는 블록으로 쉽게 사용하고 재사용할 수 있는 독립적인 기능 모듈이다.

작업을 수행하기 위한 객체나 인스턴스에서 접근되고 호출되는 속성(property, 프로퍼티)과 함수(method, 메서드)로 객체가 구성된다. 객체를 구성하는 데이터 변수와 함수를 포괄적으로 **클래스 멤버**(class member)라고 한다.

10.2 클래스란 무엇인가?

빌딩이 건축되면 어떤 모양일지를 정의하는 청사진이나 건축가의 도면처럼 클래스는 객체가 생성될 때의 모습을 정의한다. 예를 들어, 메서드들이 하게 될 일이 무엇이며 어떤 프로퍼티들이 존재할지 등을 정의한다.

10.3 스위프트 클래스 선언하기

객체를 인스턴스화하기 전에 먼저 객체에 대한 '청사진'인 클래스를 정의해야 한다. 이번 장에서는 은행 계좌에 대한 클래스를 생성하면서 스위프트 객체지향 프로그래밍의 기본 개념을 보여줄 것이다.

새로운 스위프트 클래스를 선언할 때 새롭게 만드는 클래스가 어떤 **부모 클래스**(parent class)에서 파생되었는지를 지정하고 클래스에 포함할 프로퍼티와 메서드를 정의한다. 새로운 클래스에 대한 기본 구문은 다음과 같다.

```
class 새로운 클래스 이름: 부모 클래스 {
    // 프로퍼티
    // 인스턴스 메서드
    // 타입 메서드
}
```

선언부의 **프로퍼티**(property) 부분은 이 클래스 내에 포함될 변수와 상수를 정의하며, 스위프트에서 변수나 상수를 선언할 때와 동일한 방법으로 선언된다.

인스턴스 메서드(instance method)와 **타입 메서드**(type method) 부분은 이 클래스에서 호출되는 메서드들과 클래스의 인스턴스들을 정의한다. 본질적으로 이것들은 특정 작업을 수행하는 클래스 고유의 함수다. 함수에 대해서는 나중에 더 자세히 설명할 것이다.

BankAccount 클래스를 만들기 위해서 다음과 같이 시작한다.

```
class BankAccount {

}
```

이제 우리 클래스의 외형이 생겼으니 다음 단계는 프로퍼티를 추가하도록 한다.

클래스 이름을 지을 때 규칙은 각 단어의 첫 번째 문자를 대문자로 선언한다는 것이다. 예를 들면, UpperCamelCase처럼 말이다. 이와 대조적으로 프로퍼티 이름과 함수의 이름은 lowerCamelCase처럼 첫 번째 문자를 소문자로 한다.

10.4 클래스에 인스턴스 프로퍼티 추가하기

객체지향 프로그래밍의 핵심 목적은 **데이터 캡슐화**(data encapsulation)라는 개념이다. 데이터 캡슐화의 기본 개념은 클래스에 저장되고 접근될 수 있는 데이터는 오직 해당 클래스 내에 정의된 메서드만을 통해서 된다는 것이다. 클래스 내의 캡슐화된 데이터를 **프로퍼티**(property) 또는 **인스턴스 변수**(instance variable)라고 한다.

BankAccount 클래스의 인스턴스는 은행 계좌 번호와 계좌에 남은 잔고 데이터를 저장하게 될 것이다. 프로퍼티는 스위프트에서 변수나 상수를 선언할 때와 동일한 방법으로 선언되므로 다음과 같이 변수들을 추가할 수 있다.

```
class BankAccount {
    var accountBalance: Float = 0
    var accountNumber: Int = 0
}
```

프로퍼티를 정의했으니 이제는 데이터 캡슐화 모델에 충실하면서도 우리가 만든 프로퍼티를 가지고 작업을 할 수 있는 클래스의 메서드를 정의하자.

10.5 메서드 정의하기

본질적으로 클래스의 메서드는 클래스의 성격에 맞는 특정 작업을 수행하기 위해 호출되는 코드 루틴이다.

메서드는 **타입 메서드**(type method)와 **인스턴스 메서드**(instance method)의 서로 다른 두 가지 형태로 나뉜다. 타입 메서드는 클래스 레벨에서 동작(예를 들어, 클래스의 새로운 인스턴스 생성하기)한다. 반면, 인스턴스 메서드는 클래스의 인스턴스에 대한 작업(예를 들어, 두 개의 프로퍼티 변수에 대한 산술 연산을 하고 결과를 반환하는 것)만 한다.

인스턴스 메서드는 자신이 속하게 될 클래스의 여는 괄호와 닫는 괄호 안에 선언되며, 표준 스위프트 함수 선언 구문을 사용하여 선언된다.

타입 메서드는 인스턴스 메서드와 동일한 방법으로 선언되지만, 선언부 앞에 class 키워드가 붙는다는 점이 다르다.

다음은 계좌 잔고를 표시하기 위한 메서드의 선언부다.

```
class BankAccount {

    var accountBalance: Float = 0
    var accountNumber: Int = 0

    func displayBalance() {
        print("Number \(accountNumber)")
        print("Current balance is \(accountBalance)")
    }
}
```

이 메서드는 **인스턴스 메서드**(instance method)이므로 class 키워드가 앞에 붙지 않았다.

BankAccount 클래스를 설계할 때 이 클래스에 저장할 수 있는 최대 금액을 알기 위하여 클래스 자신의 타입 메서드를 호출할 수 있다면 유용할 것이다. 이를 통해 애플리케이션이 클래스 인스턴스를 처음 생성하는 과정을 거치지 않아도 BankAccount 클래스가 새로운 고객의 정보를 저장할 수 있는지를 식별할 수 있게 해준다. 이 메서드의 이름을 getMaxBalance라고 할 것이며, 다음과 같이 구현된다.

```
class BankAccount {

    var accountBalance: Float = 0
    var accountNumber: Int = 0

    func displayBalance() {
        print("Number \(accountNumber)")
        print("Current balance is \(accountBalance)")
    }

    class func getMaxBalance() -> Float {
        return 100000.00
    }
}
```

10.6 클래스 인스턴스 선언하기와 초기화하기

지금까지 우리가 한 것은 클래스에 대한 구조를 정의한 것이다. 이 클래스를 가지고 어떤 작업을 하려면 클래스의 인스턴스를 생성해야 한다. 이 과정에서의 첫 번째 단계는 인스턴스에 대한 참조체를 저장할 변수를 선언하는 것이다. 다음과 같이 하여 인스턴스를 생성한다.

```
var account1: BankAccount = BankAccount()
```

이 코드를 실행하면 우리의 BankAccount 클래스의 인스턴스가 생성될 것이며, account1이라는 변수를 통해 접근할 수 있게 된다.

10.7 클래스 인스턴스 초기화하기와 소멸하기

클래스는 인스턴스를 생성하는 시점에 해야 할 초기화 작업이 있을 수 있다. 이 작업은 클래스의 init 메서드 안에 구현된다. BankAccount 클래스에서는 새로운 클래스 인스턴스가 생성될 때 계좌 번호와 잔액을 초기화할 것이다. 이를 위해 init 메서드를 다음과 같이 작성한다.

```
class BankAccount {

    var accountBalance: Float = 0
    var accountNumber: Int = 0

    init(number: Int, balance: Float) {
        accountNumber = number
        accountBalance = balance
    }

    func displayBalance() {
        print("Number \(accountNumber)")
        print("Current balance is \(accountBalance)")
    }
}
```

이제 클래스의 인스턴스를 생성할 때 다음과 같이 계좌 번호와 잔액으로 초기화할 수 있다.

```
var account1 = BankAccount(number: 12312312, balance: 400.54)
```

반대로, 스위프트 런타임 시스템에 의해 클래스 인스턴스가 없어지기 전에 해야 할 정리 작업은 클래스 안에 소멸자(deinitializer)를 구현하면 할 수 있다.

```swift
class BankAccount {

    var accountBalance: Float = 0
    var accountNumber: Int = 0

    init(number: Int, balance: Float) {
        accountNumber = number
        accountBalance = balance
    }

    deinit {
        // 필요한 정리 작업을 여기서 수행한다
    }

    func displayBalance() {
        print("Number \(accountNumber)")
        print("Current balance is \(accountBalance)")
    }
}
```

10.8 메서드 호출하기와 프로퍼티 접근하기

이쯤에서 지금까지 우리가 무엇을 했는지 돌이켜보자. 우리는 BankAccount라는 이름의 새로운 스위프트 클래스를 만들었다. 이 클래스에 은행 계좌 번호와 잔액을 담기 위한 프로퍼티들을 선언하였고, 현재의 잔액을 표시하기 위한 메서드도 선언하였다. 앞 절에서는 새로운 클래스의 인스턴스를 생성하고 초기화하는 데 필요한 작업을 설명하였다. 다음에 할 것은 우리가 만든 클래스에 있는 인스턴스 메서드를 어떻게 호출하며, 프로퍼티에는 어떻게 접근하는지를 배울 차례다. 이것은 **점 표기법**(dot notation)을 이용하면 정말로 쉽게 할 수 있다.

점 표기법은 클래스 인스턴스 다음에 점을 찍고 그 뒤에 프로퍼티나 메서드 이름을 써서 인스턴스 변수에 접근하거나 인스턴스 메서드를 호출하게 된다.

```
클래스인스턴스.프로퍼티명
클래스인스턴스.인스턴스메서드()
```

예를 들어, accountBalance 인스턴스 변수의 현재 값을 얻으려면 다음과 같이 한다.

```
var balance1 = account1.accountBalance
```

점 표기법을 사용하면 인스턴스 프로퍼티에 값을 설정할 수도 있다.

```
account1.accountBalance = 6789.98
```

클래스 인스턴스의 메서드를 호출할 때도 같은 방법을 사용한다. 예를 들어, BankAccount 클래스의 인스턴스에서 displayBalance 메서드를 호출하려면 다음과 같이 한다.

```
account1.displayBalance()
```

타입 메서드 역시 점 표기법을 이용하여 호출된다. 다만, 주의할 점은 클래스 인스턴스가 아니라 클래스에서 호출되어야 한다.

```
클래스이름.타입메서드()
```

예를 들어, 앞에서 선언한 타입 메서드 getMaxBalance를 호출한다면 BankAccount 클래스가 참조된다.

```
var maxAllowed = BankAccount.getMaxBalance()
```

10.9 저장 프로퍼티와 연산 프로퍼티

스위프트의 클래스 프로퍼티는 **저장 프로퍼티**(stored property)와 **연산 프로퍼티**(computed property)로 나뉜다. 저장 프로퍼티는 상수나 변수에 담기는 값이다. BankAccount 예제에서 계좌 이름과 번호 프로퍼티 모두는 저장 프로퍼티다.

반면, 연산 프로퍼티는 프로퍼티에 값을 설정하거나 가져오는 시점에서 어떤 계산이나 로직에 따라 처리된 값이다. 연산 프로퍼티는 게터(getter)를 생성하고 선택적으로 세터(setter) 메서드를 생성하며, 연산을 수행할 코드가 포함된다. 예를 들어, BankAccount 클래스에 은행 수수료를 뺀 현재 잔액을 담는 프로퍼티가 추가로 필요하다고 해보자. 저장 프로퍼티를 이용하는 대신에 값에 대한 요청이 있을 때마다 계산되는 연산 프로퍼티를 이용하는 것이 더 좋겠다.

이제 BankAccount 클래스는 다음과 같이 수정된다.

```
class BankAccount {
    var accountBalance: Float = 0
    var accountNumber: Int = 0
    let fees: Float = 25.00

    var balanceLessFees: Float {
        get {
            return accountBalance - fees
        }
    }

    init(number: Int, balance: Float) {
        accountNumber = number
        accountBalance = balance
    }
    .
    .
    .
}
```

앞의 코드에서는 현재의 잔액에서 수수료를 빼는 연산 프로퍼티를 반환하는 게터를 추가했다. 선택 사항인 세터 역시 거의 같은 방법으로 선언할 수 있다.

```
var balanceLessFees: Float {
    get {
        return accountBalance - fees
    }

    set(newBalance) {
        accountBalance = newBalance - fees
    }
}
```

새롭게 선언한 세터는 부동소수점 값을 매개변수로 받아서 수수료를 뺀 결과를 프로퍼티에 할당한다. 점 표시법을 이용하여 접근하는 저장 프로퍼티처럼 연산 프로퍼티도 같은 방법으로 접근할 수 있다. 다음은 현재의 잔액에서 수수료를 뺀 값을 얻는 코드와 새로운 값을 설정하는 코드다.

```
var balance1 = account1.balanceLessFees
account1.balanceLessFees = 12123.12
```

10.10 지연 저장 프로퍼티

프로퍼티를 초기화하는 여러 방법이 있는데, 가장 기본적인 방법은 다음과 같이 직접 할당하는 것이다.

```
var myProperty = 10
```

다른 방법으로는 초기화 작업에서 프로퍼티에 값을 할당하는 것이다.

```
class MyClass {
    let title: String

    init(title: String) {
        self.title = title
    }
}
```

조금 더 복잡한 방법으로는 클로저를 이용하여 프로퍼티를 초기화할 수도 있다.

```
class MyClass {

    var myProperty: String = {
        var result = resourceIntensiveTask()
        result = processData(data: result)
        return result
    }()
    .
    .
    .
}
```

복잡한 클로저의 경우는 초기화 작업이 리소스와 시간을 많이 사용하게 될 수 있다. 클로저를 이용하여 선언하면 해당 프로퍼티가 코드 내에서 실제로 사용되는지와는 상관없이 클래스의 인스턴스가 생성될 때마다 초기화 작업이 수행될 것이다. 예를 들어, 데이터베이스로부터 데이터를 가져오거나 사용자로부터 사용자 입력을 얻게 될 때, 실행 프로세스의 후반부 단계까지 프로퍼티에 값이 할당되었는지 모르게 되는 상황이 생길 수 있다. 이러한 상황에서의 훨씬 더 효율적인 방법은 프로퍼티를 최초로 접근할 때만 초기화 작업을 하는 것이다. 다행히도 이 작업은 다음과 같이 lazy로 프로퍼티를 선언하면 된다.

```
class MyClass {

    lazy var myProperty: String = {
        var result = resourceIntensiveTask()
        result = processData(data: result)
        return result
    }()
    .
    .
    .
}
```

프로퍼티를 lazy로 선언하면 프로퍼티가 최초로 접근될 때만 초기화된다. 따라서 리소스를 많이 사용하는 작업은 프로퍼티가 필요하게 될 때 프로퍼티 초기화가 끝날 때까지 해당 작업이 지연될 수 있다.

지연 프로퍼티는 반드시 변수(var)로 선언되어야 한다.

10.11 스위프트에서 self 사용하기

객체지향 프로그래밍 언어에 익숙한 프로그래머라면 현재의 클래스 인스턴스에 속한 메서드 나 프로퍼티를 가리킬 때 프로퍼티와 메서드 앞에 self를 붙이는 습관이 있을 것이다. 스위 프트 프로그래밍 언어 역시 그렇게 사용하기 위한 self 프로퍼티 타입을 제공한다. 따라서 다음은 완벽하게 유효한 코드다.

```
class MyClass {
    var myNumber = 1

    func addTen() {
        self.myNumber += 10
    }
}
```

앞의 코드에서 self는 MyClass 클래스 인스턴스에 속한 myNumber라는 이름의 프로퍼티를 참조한다는 것을 컴파일러에게 알려준다. 하지만, 대부분의 경우 스위프트로 프로그래밍할 때는 self를 사용할 필요가 없다. 왜냐하면 self는 프로퍼티와 메서드에 대한 참조를 디폴 트로 간주하기 때문이다. 애플이 출간한 《The Swift Programming Language》에 따르면, '사 실상 여러분의 코드에서 self를 그렇게 자주 쓸 필요가 없다.'고 적혀 있다. 따라서 위의 예제 에 있는 함수는 다음과 같이 self를 생략하여 쓸 수도 있다.

```
func addTen() {
    myNumber += 10
}
```

대부분의 경우는 스위프트에서 self는 선택적으로 사용된다. self를 사용해야 하는 상황은 프로퍼티나 메서드를 클로저 표현식 내에서 참조할 경우다. 예를 들어, 다음의 클로저 표현식에서는 반드시 self를 사용해야 한다.

```
document?.openWithCompletionHandler({(success: Bool) -> Void in
    if success {
        self.ubiquityURL = resultURL
    }
})
```

또한, 함수의 매개변수가 클래스 프로퍼티와 동일한 이름을 가질 경우와 같이 코드의 모호성을 해결하기 위하여 self를 사용해야 한다. 예를 들어, 다음 코드에서 첫 번째 print 구문은 myNumber 매개변수를 통해 함수에 전달된 값을 출력하겠지만, 두 번째 print 구문은 myNumber라는 클래스 프로퍼티에 할당된 값(여기서는 10)을 출력한다.

```
class MyClass {

    var myNumber = 10 // 클래스 프로퍼티

    func addTen(myNumber: Int) {
        print(myNumber) // 함수의 매개변수 값을 출력
        print(self.myNumber) // 클래스 프로퍼티 값을 출력
    }
}
```

self 사용 여부는 프로그래머의 취향에 달렸다. 프로퍼티나 메서드를 참조할 때 self를 사용하기 좋아하는 프로그래머들도 자신이 원하는 방식으로 스위프트 코딩을 계속해 갈 수 있다. 하지만, 스위프트로 프로그래밍할 때 self를 반드시 사용해야 하는 것은 아니다.

10.12 스위프트 프로토콜 이해하기

클래스가 구조적으로 올바르게 되기 위하여 스위프트 클래스가 반드시 따라야 할 특정 규칙은 기본적으로 없다. 하지만, 다른 클래스와 함께 작업을 해야 할 때는 특정 조건에 맞춰야 한

다. iOS SDK의 다양한 프레임워크와 함께 동작하는 클래스를 만들 때는 더욱 그러하다. 클래스가 충족해야 하는 최소한의 요구사항을 정의하는 규칙들의 집합을 **프로토콜**(protocol)이라고 한다. 프로토콜은 protocol 키워드를 이용하여 선언되며, 클래스가 반드시 포함해야 하는 메서드와 프로퍼티를 정의한다. 어떤 클래스가 프로토콜을 채택했으나 모든 프로토콜의 요구사항을 충족하지 않는다면, 그 클래스가 해당 프로토콜을 따르지 않는다는 에러가 발생하게 된다.

다음의 프로토콜 선언부를 살펴보자. 이 프로토콜을 채택하는 클래스는 이름의 읽을 수 있는 문자열 값에 대한 name이라는 프로퍼티와 매개변수를 받지 않고 문자열 값을 반환하는 buildMessage() 메서드를 반드시 포함해야 한다.

```
protocol MessageBuilder {

    var name: String { get }
    func buildMessage() -> String
}
```

다음은 MessageBuilder 프로토콜을 채용하는 클래스를 선언한 것이다.

```
class MyClass: MessageBuilder {

}
```

안타깝게도, 현재 구현된 상태의 MyClass는 컴파일 에러가 날 것이다. 왜냐하면 프로토콜이 요구하는 name 변수와 buildMessage() 메서드가 없기 때문이다. 프로토콜을 준수하기 위해서 클래스는 다음의 예제처럼 모든 조건을 충족해야 한다.

```
class MyClass: MessageBuilder {

    var name: String

    init(name: String) {
        self.name = name
    }

    func buildMessage() -> String {
        "Hello " + name
    }
}
```

10.13 불투명 반환 타입

프로토콜에 대한 설명을 했으니 **불투명 반환 타입**(opaque return type)의 개념에 대해 소개할
시간이다. 앞 장에서 봤듯이, 함수가 결과를 반환한다면 함수 선언부에 결과의 타입이 포함
되어야 한다. 예를 들어, 다음의 함수는 정수형 결과를 반환하도록 구성되어 있다.

```
func doubleFunc1(value: Int) -> Int {
    return value * 2
}
```

특정 반환 타입(**구체화된 타입**(concrete type)이라고 함)을 지정하는 대신, 불투명 반환 유형을 사
용하면 지정된 프로토콜을 따르는 모든 타입이 반환될 수 있게 한다. 불투명 반환 타입은 프
로토콜 이름 앞에 some 키워드를 붙여 선언된다. 예를 들어, 다음의 코드는 doubleFunc1()
함수가 Equatable 프로토콜을 따르는 모든 타입의 결과가 반환된다고 선언한다.

```
func doubleFunc1(value: Int) -> some Equatable {
    value * 2
}
```

스위프트가 제공하는 표준 프로토콜인 Equatable 프로토콜을 따르기 위해서는 값들이 서
로 동일한지 비교할 수 있어야 하지만, 불투명 반환 타입은 여러분이 만든 프로토콜을 포함
하여 모든 프로토콜에 사용될 수 있다.

Int와 String 타입 모두가 Equatable 프로토콜을 따른다면 문자열 결과를 반환하는 함수
또한 생성할 수 있다.

```
func doubleFunc2(value: String) -> some Equatable {
    value + value
}
```

두 개의 메서드 doubleFunc1()과 doubleFunc2()는 완전히 서로 다른 구체화된 타입을 반
환하지만, 이들 타입에 대해 알고 있는 유일한 것은 Equatable 프로토콜을 따른다는 것이다.
따라서 우리는 실제 반환 타입을 아는 게 아니라 반환 타입의 자격에 대해 아는 것이다.

사실, 우리는 함수의 소스 코드에 접근하기 때문에 예제에서 반환되는 구체화된 타입을 알고
있다. 이들 함수가 라이브러러나 API 프레임워크 내에 있어서 소스 코드를 볼 수 없다면, 정

확히 어떤 타입이 반환되는지 모를 것이다. 공개 API 내에서 사용되는 반환 타입을 숨기기 위해 의도적으로 이렇게 설계된다. 구체화된 타입을 감춤으로써 프로그래머는 특정 구체화된 타입을 반환하는 함수에 의존하지 않게 되거나 접근되지 않는 내부 객체에 접근하게 되는 위험이 없어진다. 또한, API 개발자가 다른 프로토콜과 호환되는 타입을 반환하도록 하는 변경을 포함하여 내부 구현체를 변경할 때 API를 사용하는 모든 코드의 의존성이 깨질까라는 염려를 하지 않아도 되는 장점도 있다.

여기서 불투명 반환 타입으로 작업할 때 올바르지 않은 추정으로 문제가 발생하지 않을까라는 의문이 든다. 다음의 예제는 doubleFunc1() 함수와 doubleFunc2() 함수의 결과가 서로 동일한지 비교한다.

```
let intOne = doubleFunc1(value: 10)
let stringOne = doubleFunc2(value: "Hello")

if (intOne == stringOne) {
    print("They match")
}
```

두 함수의 소스 코드에 접근할 수 없어서 앞의 코드가 유효한지를 알 수 없다는 전제로 예제 코드를 보자. 비록 우리는 이들 함수가 반환하는 구체화된 타입을 알 수 있는 방법은 없지만, 다행히도 스위프트 컴파일러는 숨겨진 정보에 접근할 수 있다. 따라서 앞의 코드는 유효하지 않은 코드를 실행하려고 하는 지점 앞에서 다음과 같은 구문 오류를 발생할 것이다.

```
Binary operator '==' cannot be applied to operands of type 'some Equatable' (result of
  'doubleFunc1(value:)') and 'some Equatable' (result of 'doubleFunc2(value:)')
```

불투명 반환 타입은 SwiftUI API의 기본 토대이며, SwiftUI로 앱을 개발할 때 널리 사용된다. 몇몇 키워드는 SwiftUI View 선언 시 자주 등장할 것이다. SwiftUI는 작고 재사용 가능한 빌딩 블록을 모으고 거대한 뷰 선언부를 작고 가벼운 하위 뷰들로 리팩토링하여 앱을 만들도록 한다. 각각의 빌딩 블록은 일반적으로 View 프로토콜을 따른다. 이들 빌딩 블록을 View 프로토콜을 따르는 불투명 타입을 반환하도록 선언함으로써 매우 유연하며 상호호환성 있는 빌딩 블록이 되며, 그 결과로 더 깔끔하고 재사용과 유지보수하기 쉬운 코드가 된다.

10.14 요약

스위프트와 같은 객체지향 프로그래밍 언어는 코드 재사용과 클래스 인스턴스 내의 데이터 캡슐화가 된 클래스를 생성하는 것을 장려한다. 이번 장에서는 스위프트에서의 클래스와 인스턴스에 대한 기본 개념과 함께 저장 프로퍼티와 연산 프로퍼티 그리고 인스턴스와 타입 메서드에 대해 다뤘다. 또한, 클래스가 반드시 따르는 템플릿 역할을 제공하는 프로토콜의 개념을 설명하였고, 불투명 반환 타입의 기본을 어떻게 구성하는지를 설명하였다.

11

스위프트의 서브클래싱과 익스텐션의 개요

10장에서 객체지향 프로그래밍의 개념과 스위프트를 이용하여 새로운 클래스를 생성하고 작업하는 예제를 살펴보았다. 예제로 만들었던 새로운 클래스는 어떠한 클래스도 상속받지 않았다. 즉, 부모 클래스 또는 상위 클래스로부터 어떠한 특성도 상속받지 않았다. 이번 장에서는 스위프트의 서브클래싱과 상속, 그리고 익스텐션의 개념을 살펴볼 것이다.

11.1 상속, 클래스, 그리고 하위 클래스

상속 개념은 현실 세계의 관점을 프로그래밍으로 가져왔다. 이것은 클래스에 어떤 특성(예를 들어, 메서드와 프로퍼티)을 정의할 수 있게 해주었고, 그 클래스를 상속받은 다른 클래스를 생성할 수 있게 해준다. 상속된 클래스는 부모 클래스의 모든 기능을 상속받으며 자신만의 기능을 추가하게 된다.

클래스 상속을 통하여 클래스 **계층 구조(class hierarchy)**를 만든다. 계층 구조의 최상위에 있는 클래스를 **베이스 클래스(base class)** 또는 **루트 클래스(root class)**라고 부르며, 상속받은 클래스들을 **하위 클래스(subclass)** 또는 **자식 클래스(child class)**라고 부른다. 하나의 클래스는 하위 클래스를 얼마든지 가질 수 있다. 하위 클래스가 상속받은 클래스를 **부모 클래스(parent class)** 또는 **상위 클래스(super class)**라고 부른다.

클래스는 루트 클래스를 상속받을 수도 있다. 그리고 하위 클래스는 또 다른 하위 클래스를 둘 수도 있어서 클래스 계층 구조를 크고 복잡하게 만들 수 있다.

스위프트의 하위 클래스는 반드시 단 한 개의 부모 클래스만 둘 수 있다. 이것은 **단일 상속** (single inheritance)이라는 개념이다.

11.2 스위프트 상속 예제

대부분의 프로그래밍 개념들이 그렇듯이, 스위프트의 상속은 아마도 예제로 설명하는 게 최선의 방법일 것이다. 스위프트의 객체지향 프로그래밍 기초에서 계좌 번호와 현재 잔고를 담기 위해 BankAccount라는 이름의 클래스를 생성하였다. BankAccount 클래스는 프로퍼티와 인스턴스 메서드를 모두 가지고 있었다. 이 클래스의 선언부를 간단하게 하면 다음과 같이 줄어들 것이다.

```swift
class BankAccount {

    var accountBalance: Float
    var accountNumber: Int

    init(number: Int, balance: Float) {
        accountNumber = number
        accountBalance = balance
    }

    func displayBalance() {
        print("Number \(accountNumber)")
        print("Current balance is \(accountBalance)")
    }
}
```

이것은 다소 단순한 클래스이지만, 계좌 번호와 잔고를 저장하는 것이 여러분이 하고자 하는 일의 전부라면 이것으로도 충분하다. 그런데 BankAccount 클래스뿐만 아니라 저축 계좌로 사용할 클래스가 필요하다고 가정해보자. 저축 계좌 역시 계좌 번호와 잔고를 저장해야 할 것이며, 이러한 데이터에 접근할 수 있는 메서드도 필요할 것이다. 이를 구현하기 위한 하나의 방법으로 BankAccount 클래스의 모든 기능을 복사하여 새로운 클래스를 만들고, 저축 계좌에 필요한 새로운 기능을 넣는 방법이 있다. 하지만, 좀 더 효율적인 방법은

BankAccount 클래스의 하위 클래스로 새로운 클래스를 만드는 것이다. 새로운 클래스는 BankAccount 클래스의 모든 기능을 상속받을 것이며, 저축 계좌에 필요한 기능들을 추가하여 확장될 수 있다.

SavingsAccount라고 불릴 BankAccount의 하위 클래스를 생성하기 위하여 새로운 클래스를 선언하고, 부모 클래스로 BankAccount를 지정하자.

```
class SavingsAccount: BankAccount {

}
```

아직은 어떠한 인스턴스 변수나 메서드를 추가하지 않았지만, 이 클래스는 부모인 BankAccount 클래스의 모든 메서드와 프로퍼티를 실제로 상속받았음을 알 수 있다. 이제 우리는 SavingsAccount 클래스의 인스턴스를 생성할 수 있으며, 앞의 예제에서 BankAccount 클래스로 했던 것과 동일한 방법으로 변수를 설정하고 메서드를 호출하는 것이 가능하다. 다시 말해, 클래스를 상속받지 않으면 이렇게 되지 않는다.

11.3 하위 클래스의 기능 확장하기

이제 우리는 부모 클래스의 모든 기능을 포함하는 하위 클래스를 만들 수 있게 되었다. 하지만, 실제로 어떻게 되는지 확인하기 위하여 저축 계좌 정보를 저장할 수 있도록 하위 클래스를 확장해보자. 원하는 프로퍼티와 메서드를 클래스에 생성했던 것처럼 몇 가지 새로운 프로퍼티와 메서드를 추가해보자.

```
class SavingsAccount: BankAccount {

    var interestRate: Float = 0.0

    func calculateInterest() -> Float {
        return interestRate * accountBalance
    }
}
```

11.4 상속받은 메서드 오버라이딩하기

상속을 사용할 경우 여러분에게 필요한 작업과 거의 비슷한 메서드를 부모 클래스에서 찾기란 어렵지 않을 것이다. 하지만, 여러분에게 필요한 정확한 기능을 제공하기 위해서는 수정이 필요하다. 이 말인즉슨, 여러분이 원하는 작업을 정확하게 표현하는 이름의 메서드를 상속받을 수 있겠지만 실제로는 여러분에게 필요한 동작이 아닐 수 있다는 의미다. 이러한 조건에서 할 수 있는 한 가지 방법은 상속된 메서드를 무시하고 완전히 새로운 이름의 메서드를 새롭게 만드는 것이다. 하지만, 좀 더 좋은 방법으로는 상속받은 메서드를 **오버라이드(override)**하여 하위 클래스 내에 새로운 버전의 메서드를 만드는 것이다.

예제를 진행하기에 앞서 메서드를 오버라이딩을 할 때 반드시 따라야 할 두 가지 규칙이 있다. 첫 번째는 하위 클래스의 오버라이딩 메서드는 오버라이딩되는 부모 클래스 메서드의 매개변수 개수와 타입이 정확하게 일치해야 한다. 두 번째는 새롭게 오버라이딩하는 메서드는 반드시 부모 클래스 메서드가 반환하는 타입과 일치해야 한다.

BankAccount 클래스에는 은행 계좌 번호와 현재 잔고를 표시하는 displayBalance라는 이름의 메서드가 있다. 여기에 더불어, 하위 클래스인 SavingsAccount에서는 계좌에 할당된 현재 이자율도 출력하고 싶다. 이를 위하여 override 키워드가 앞에 붙은 displayBalance 메서드의 새로운 버전을 SavingsAccount 클래스에 선언한다.

```
class SavingsAccount: BankAccount {

    var interestRate: Float

    func calculateInterest() -> Float {
        return interestRate * accountBalance
    }

    override func displayBalance() {
        print("Number \(accountNumber)")
        print("Current balance is \(accountBalance)")
        print("Prevailing interest rate is \(interestRate)")
    }
}
```

또한, 하위 클래스에서 오버라이드된 상위 클래스의 메서드를 호출할 수도 있다. 예를 들어, 상위 클래스의 displayBalance 메서드는 이자율을 표시하기 전에 계좌 번호와 잔고를 출력하도록 호출될 수 있으므로 코드의 중복을 없앨 수 있다.

```
override func displayBalance()
{
    super.displayBalance()
    print("Prevailing interest rate is \(interestRate)")
}
```

11.5 하위 클래스 초기화하기

현재 SavingsAccount 클래스는 다음과 같이 부모 클래스인 BankAccount의 초기화 메서드를 상속하고 있다.

```
init(number: Int, balance: Float) {
    accountNumber = number
    accountBalance = balance
}
```

이 메서드는 클래스의 계좌 번호와 잔고 모두를 초기화하는 데 필요한 과정을 진행한다. 하지만, SavingsAccount 클래스는 이자율에 대한 변수가 추가로 필요하다. 따라서 SavingsAccount 클래스의 인스턴스가 생성될 때 interestRate 프로퍼티가 초기화되도록 해야 한다. SavingsAccount의 init 메서드는 이자율을 초기화하는 작업을 한 다음, 부모 클래스의 init 메서드를 호출하여 모든 변수가 초기화되도록 한다.

```
class SavingsAccount: BankAccount {

    var interestRate: Float
    init(number: Int, balance: Float, rate: Float) {
        interestRate = rate
        super.init(number: number, balance: balance)
    }
    .
    .
    .
}
```

초기화 과정에서 발생할 수 있는 잠재적인 문제를 피하기 위해서 상위 클래스의 init 메서드는 항상 하위 클래스의 초기화 작업이 완료된 후에 호출되도록 해야 한다.

11.6 SavingsAccount 클래스 사용하기

이제 SavingsAccount 클래스에 대한 작업이 끝났으니 부모 클래스인 BankAccount를 사용했던 이전의 예제 코드처럼 SavingsAccount 클래스를 사용할 수 있다.

```
let savings1 = SavingsAccount(number: 12311, balance: 600.00, rate: 0.07)

print(savings1.calculateInterest())
savings1.displayBalance()
```

11.7 스위프트 클래스 익스텐션

스위프트 클래스에 새로운 기능을 추가하는 또 다른 방법은 **익스텐션(extension)**을 이용하는 것이다. 익스텐션은 하위 클래스를 생성하거나 참조하지 않고 기존 클래스에 메서드, 초기화(initializer), 그리고 연산 프로퍼티와 서브스크립트(subscript) 등의 기능을 추가하기 위하여 사용될 수 있다. 스위프트 언어와 iOS SDK 프레임워크에 내장된 클래스에 기능을 추가할 때 익스텐션을 이용하면 매우 효과적일 수 있다.

클래스는 다음의 구문을 이용하여 익스텐션된다.

```
extension ClassName {
    // 새로운 기능을 여기에 추가한다
}
```

이번 예제에서는 표준 Double 클래스에 제곱 값을 반환하는 프로퍼티와 세제곱 값을 반환하는 프로퍼티를 추가하고자 한다고 가정하자. 이 기능은 다음의 익스텐션 선언부를 이용하여 추가할 수 있다.

```
extension Double {

    var squared: Double {
        return self * self
    }

    var cubed: Double {
        return self * self * self
    }
}
```

Double 클래스에 두 개의 새로운 연산 프로퍼티를 갖도록 확장했으니 이제는 다음과 같이 이용할 수 있다.

```
let myValue: Double = 3.0
print(myValue.squared)
```

위의 코드를 실행하면 print문은 9.0의 값을 출력할 것이다. 여기서 주목해야 할 점은 myValue 상수를 선언할 때 Double형이 되도록 선언하고 익스텐션 프로퍼티를 사용했다는 것이다. 실제로 이 프로퍼티는 하위 클래스를 사용하는 것이 아니라 익스텐션으로 추가된 것이므로, 우리는 Double 값에서 이 프로퍼티에 직접 접근할 수 있다.

```
print(3.0.squared)
print(6.0.cubed)
```

익스텐션은 하위 클래스를 사용하지 않고 클래스의 기능을 확장할 수 있는 빠르고 편리한 방식을 제공한다. 하지만, 하위 클래스 역시 익스텐션보다 좋은 장점들을 가지고 있다. 예를 들어, 익스텐션을 이용해서는 클래스에 있는 기존의 기능을 오버라이드할 수 없으며, 익스텐션에는 저장 프로퍼티를 포함할 수도 없다.

11.8 요약

상속은 새로운 클래스가 기존의 클래스로부터 파생되어 새로운 기능이 추가되도록 하는 방법으로 객체지향 프로그래밍에서의 객체 재사용성 개념을 확장시켜 준다. 기존의 클래스가 프로그래머가 원하는 일부 기능을 제공하고 있을 경우, 상속은 기존 클래스를 새로운 하위 클래스의 기본형처럼 사용할 수 있게 해준다. 새로운 하위 클래스는 부모 클래스의 모든 기능을 상속받을 것이며, 부족한 기능을 추가하기 위해서 확장된다.

스위프트의 익스텐션은 하위 클래스를 생성하지 않고도 기존의 클래스에 기능을 추가할 수 있는 유용한 방법을 제공한다.

12

스위프트 구조체

이전 장들에서는 스위프트 클래스에 대해 설명했으니 이번 장은 스위프트에서 구조체를 사용하는 것에 대해 설명한다. 얼핏 보면 구조체와 클래스가 비슷해 보이지만, 어떤 것을 사용해야 할지를 결정할 때 이해해야 할 중요한 차이점들이 있다. 이번 장에서는 구조체를 어떻게 선언하고 사용하는지를 설명하고, 구조체와 클래스의 차이점에 대해 알아볼 것이다. 또한, 값 타입과 참조 타입에 대한 개념을 설명한다.

12.1 스위프트 구조체 개요

클래스처럼 구조체도 객체지향 프로그래밍의 기초를 형성하며 데이터와 기능을 재사용할 수 있는 객체로 캡슐화하는 방법을 제공한다. 구조체 선언은 클래스와 비슷하지만, class 키워드를 사용하는 대신에 struct 키워드를 사용한다는 점이 다르다. 예를 들어, 다음은 String 변수와 초기화(initializer), 메서드로 구성된 간단한 구조체를 선언하는 코드다.

```
struct SampleStruct {

    var name: String

    init(name: String) {
```

```
        self.name = name
    }

}
```

앞의 구조체 선언부와 동일한 클래스 선언부를 비교해보자.

```
class SampleClass {

    var name: String

    init(name: String) {
        self.name = name
    }
}
```

class 키워드 대신에 struct 키워드를 사용했다는 것을 제외하면 두 개의 선언부는 동일하다. 각각의 인스턴스를 생성할 때도 동일한 구문을 사용한다.

```
let myStruct = SampleStruct(name: "Mark")
let myClass = SampleClass(name: "Mark")
```

클래스와 마찬가지로 구조체도 확장될 수 있으며, 프로토콜을 채택하거나 초기화를 가질 수 있다.

클래스와 구조체의 공통점이 많기 때문에 서로가 어떻게 다른지를 이해하는 것이 중요하다. 가장 큰 차이점에 대해 알아보기 전에 값 타입과 참조 타입에 대한 개념을 이해하는 게 먼저다.

12.2 값 타입 vs. 참조 타입

겉으로 보기엔 구조체와 클래스는 비슷하지만, 구조체의 인스턴스와 클래스의 인스턴스가 복사되거나 메서드 또는 함수에 인자가 전달될 때 발생하는 동작의 큰 차이가 있다. 왜냐하면 구조체 인스턴스의 타입은 **값 타입**(value type)이고, 클래스의 인스턴스의 타입은 **참조 타입**(reference type)이기 때문이다.

구조체 인스턴스가 복사되거나 메서드에 전달될 때 인스턴스의 실제 복사본이 생성되면서 원본 객체가 가지고 있던 모든 데이터를 그대로 복사해서 갖게 된다. 즉, 복사본은 원본 구조체 인스턴스와는 별개인 자신만의 데이터를 가진다는 의미다. 실제로 실행 중인 앱 내의 구조체 인스턴스에 대한 복사본이 여러 개 존재할 수 있으며, 각각의 복사본은 자신만의 데이터를 가질 수 있다는 말이다. 따라서 어떤 하나의 인스턴스를 변경해도 다른 복사본들에 영향을 미치지 않는다.

이와는 반대로, 클래스 인스턴스가 복사되거나 인자로 전달되면 해당 클래스 인스턴스가 있는 메모리의 위치에 대한 참조체가 만들어지거나 전달된다. 참조체를 변경하면 원본 인스턴스에도 동일한 작업이 수행된다. 다시 말해, 단 하나의 클래스 인스턴스가 있고 그 인스턴스를 가리키는 여러 개의 참조체가 존재하는 것이다. 참조체들 중 하나를 이용하여 인스턴스 데이터를 변경하면 모든 참조체의 데이터가 변경된다.

다음은 참조 타입과 값 타입에 대한 실제 예를 보기 위한 코드다.

```swift
struct SampleStruct {

    var name: String

    init(name: String) {
        self.name = name
    }

}

let myStruct1 = SampleStruct(name: "Mark")
print(myStruct1.name)
```

앞의 코드를 실행하면 'Mark'라는 이름이 표시된다. 이제 코드를 수정하여 myStruct1 인스턴스의 복사본을 만들고 name 프로퍼티를 변경한 다음에 각각의 인스턴스를 출력해보자.

```swift
let myStruct1 = SampleStruct(name: "Mark")
var myStruct2 = myStruct1
myStruct2.name = "David"

print(myStruct1.name)
print(myStruct2.name)
```

앞의 코드를 실행하면 다음과 같이 출력된다.

```
Mark
David
```

myStruct2는 myStruct1의 복사본이기 때문에 그림 12-1과 같이 자신만의 데이터를 갖게 되므로 myStruct2의 name만 변경되었다.

그림 12-1

다음의 클래스 예제로 비교해보자.

```
class SampleClass {

    var name: String

    init(name: String) {
        self.name = name
    }

}

let myClass1 = SampleClass(name: "Mark")
var myClass2 = myClass1
myClass2.name = "David"

print(myClass1.name)
print(myClass2.name)
```

앞의 코드를 실행하면 다음과 같이 출력된다.

```
David
David
```

이번에는 name 프로퍼티를 변경한 것이 myClass1과 myClass2 모두에 영향을 미쳤다. 왜냐하면 동일한 클래스 인스턴스에 대한 참조체들이기 때문이다(그림 12-2 참고).

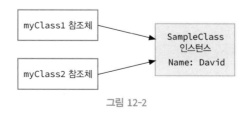

그림 12-2

지금까지 봤던 값 타입과 참조 타입에 대한 차이점뿐만 아니라 구조체는 클래스에 있던 상속이나 하위클래스를 지원하지 않는다. 다시 말해, 하나의 구조체가 다른 구조체에 상속될 수 없다는 뜻이다. 클래스와는 다르게 구조체는 소멸자 메서드(deinit)를 포함할 수 없다. 마지막으로, 런타임에서 클래스 인스턴스의 유형을 식별할 수 있지만 구조체는 그렇지 않다.

12.3 구조체와 클래스는 언제 사용하는가?

일반적으로 구조체가 클래스보다 효율적이고 멀티 스레드 코드를 사용하는 데 더 안정적이기 때문에 가능하다면 구조체를 권장한다. 하지만, 상속이 필요하거나 데이터가 캡슐화된 하나의 인스턴스가 필요할 때는 클래스를 사용해야 한다. 또는 인스턴스가 소멸될 때 리소스를 확보하기 위한 작업이 필요할 때도 클래스를 사용해야 한다.

12.4 요약

스위프트 구조체와 클래스 모두는 프로퍼티를 정의하고, 값을 저장하며, 메서드를 정의할 수 있는 객체 생성 메커니즘을 제공한다. 두 개의 메커니즘이 서로 비슷해 보이지만, 구조체 인스턴스와 클래스 인스턴스가 복사되거나 메서드에 전달될 때는 중요한 차이점을 보인다. 클래스는 참조 타입 객체로 구분되며, 구조체는 값 타입으로 구분된다. 구조체 인스턴스가 복사되거나 메서드로 전달되면 완전히 새로운 복사본이 생성되며, 복사본 자신의 데이터를 갖게 된다. 반면, 클래스 인스턴스가 복사되거나 메서드에 전달되면 원래의 클래스 인스턴스를 가리키는 참조체가 된다. 클래스만 갖는 고유한 기능은 상속과 소멸자를 지원한다는 것이며, 런타임에서 클래스 타입을 식별할 수 있다는 것이다. 클래스만의 기능이 필요하지 않다면 일반적으로는 클래스 대신에 구조체를 사용해야 한다.

13

스위프트 프로퍼티 래퍼

이전 장에서는 스위프트 클래스와 구조체에 대해 살펴보았다. 이번 장에서는 **프로퍼티 래퍼** (property wrapper) 형태에 대해 알아보자. 스위프트 5.1부터 나온 프로퍼티 래퍼는 클래스와 구조체 구현부에 게터(getter), 세터(setter), 연산 프로퍼티(computed property) 코드의 중복을 줄이는 방법을 제공한다.

13.1 프로퍼티 래퍼 이해하기

클래스나 구조체 인스턴스에 있는 프로퍼티에 값을 할당하거나 접근할 때 값을 저장하거나 읽어내기 전에 변환 작업이나 유효성 검사를 해야 할 경우가 종종 있다. 10장 '스위프트의 객체지향 프로그래밍 기초'에서 설명한 것처럼 이 작업은 연산 프로퍼티를 만들어서 구현할 수 있다. 그런데 여러 클래스나 구조체에 생성한 연산 프로퍼티들이 유사한 패턴을 갖는 경우가 빈번하게 발생한다. 스위프트 5.1 이전에는 연산 프로퍼티 로직을 공유하는 유일한 방법이 해당 코드를 복사하여 각각의 클래스 구현부나 구조체 구현부에 포함시키는 것뿐이었다. 이것은 비효율적일 뿐만 아니라, 계산 방법이 수정되는 일이 생기면 각각의 클래스나 구조체에 복사해둔 연산 프로퍼티를 일일이 찾아 직접 수정해야 했다.

이러한 단점을 개선하기 위해서 스위프트 5.1은 **프로퍼티 래퍼**(property wrapper)라는 기능을 도입하였다. 프로퍼티 래퍼는 기본적으로 연산 프로퍼티의 기능을 개별 클래스와 구조체와 분리할 수 있게 하며, 앱 코드에서 재사용할 수 있게 한다.

13.2 간단한 프로퍼티 래퍼 예제

프로퍼티 래퍼를 이해하는 가장 좋은 방법은 매우 간단한 예제를 살펴보는 것이다. 다음과 같이 도시 이름을 저장하는 String 프로퍼티를 가진 구조체가 있다고 하자.

```
struct Address {
    var city: String
}
```

사용자가 도시 이름을 어떻게 입력했지와는 상관없이 대문자로 저장되어야 한다면 다음과 같이 연산 프로퍼티를 구조체에 추가할 수 있다.

```
struct Address {

    private var cityname: String = ""

    var city: String {
        get { cityname }
        set { cityname = newValue.uppercased() }
    }
}
```

도시 이름이 프로퍼티에 할당되면 연산 프로퍼티의 세터(setter)가 private cityname 변수에 값을 저장하기 전에 대문자로 변환하게 된다. 지금 만든 구조체를 테스트하기 위해서 다음과 같이 코딩하자.

```
var address = Address()

address.city = "London"
print(address.city)
```

앞의 코드를 실행하면 다음과 같이 출력된다.

연산 프로퍼티는 도시 이름의 문자열을 대문자로 변환하였다. 만약 이와 동일한 작업이 다른 구조체나 클래스에 필요하다면 지금의 코드를 복사해서 필요한 곳에 붙여넣는 방법도 있을 수 있다. 하지만, 지금의 예제는 코드의 양이 적어서 그렇지 많은 양의 코드와 복잡한 연산이 있는 경우에는 적절하지 않을 것이다.

연산 프로퍼티를 사용하는 대신에 이 로직을 프로퍼티 래퍼로 구현할 수 있다. 예를 들어, 다음의 선언부는 문자열을 대문자로 변환하도록 설계된 FixCase라는 프로퍼티 래퍼를 구현한다.

```
@propertyWrapper
struct FixCase {
    private(set) var value: String = ""

    var wrappedValue: String {
        get { value }
        set { value = newValue.uppercased() }
    }

    init(wrappedValue initialValue: String) {
        self.wrappedValue = initialValue
    }
}
```

프로퍼티 래퍼는 @propertyWrapper 지시자를 이용하여 선언되며, 클래스나 구조체 안에 구현된다. 모든 프로퍼티 래퍼는 값을 변경하거나 유효성을 검사하는 게터와 세터 코드가 포함된 wrappedValue 프로퍼티를 가져야 한다. 초깃값이 전달되는 초기화 메서드는 선택 사항으로 포함될 수도 있다. 앞의 코드에서는 초깃값을 문자열을 대문자로 변환하고 private 변수에 저장하는 wrappedValue 프로퍼티에 할당한다.

이제 프로퍼티 래퍼에 대한 정의가 끝났으니 이와 동일한 동작이 필요한 다른 프로퍼티 변수에 적용하여 재사용할 수 있다. 프로퍼티 래퍼를 사용하기 위해서는 이 동작이 필요한 클래스나 구조체의 선언부에 있는 프로퍼티 선언 앞에 @FixCase 지시자를 붙이면 된다.

```
struct Contact {
    @FixCase var name: String
    @FixCase var city: String
    @FixCase var country: String
}
```

```
var contact = Contact(name: "John Smith", city: "London", country: "United Kingdom")
print("\(contact.name), \(contact.city), \(contact.country)")
```

앞의 코드를 실행하면 다음과 같은 결과가 나온다.

```
JOHN SMITH, LONDON, UNITED KINGDOM
```

13.3 여러 변수와 타입 지원하기

앞의 예제에서 프로퍼티 래퍼는 래핑되는 프로퍼티에 할당되는 값의 형태로 단 하나의 값을 받았다. 어떤 작업을 수행할 때 사용될 여러 값을 받도록 좀 더 복잡한 프로퍼티 래퍼를 구현할 수도 있다. 추가되는 값들은 프로퍼티 래퍼 이름 다음의 괄호 안에 둔다. 지정된 값으로 사용하도록 설계된 프로퍼티 래퍼는 다음의 형태와 같다.

```
struct Demo {
    @MinMaxVal(min: 10, max: 150) var value: Int = 100
}
```

다음은 앞의 MinMaxVal 프로퍼티 래퍼를 구현하는 코드다.

```
@propertyWrapper
struct MinMaxVal {
    var value: Int
    let max: Int
    let min: Int

    init(wrappedValue: Int, min: Int, max: Int) {
        value = wrappedValue
        self.min = min
        self.max = max
    }

    var wrappedValue: Int {
        get { return value }
        set {
            if newValue > max {
                value = max
            } else if newValue < min {
                value = min
```

```
            } else {
                value = newValue
            }
        }
    }
}
```

init() 메서드는 래퍼 값에 추가된 min과 max 값을 받아서 구현된다. wrappedValue 세터는 값이 특정 범위 안에 있는지를 검사하여 그 값을 min 또는 max에 할당한다.

앞의 프로퍼티 래퍼는 다음의 코드로 테스트할 수 있다.

```
struct Demo {
    @MinMaxVal(min: 100, max: 200) var value: Int = 100
}

var demo = Demo()
demo.value = 150
print(demo.value)

demo.value = 250
print(demo.value)
```

이 코드를 실행하면 첫 번째 print 구문은 150을 출력한다. 왜냐하면 150은 허용 범위 안에 들어오기 때문이다. 반면, 두 번째 print 구문은 200을 출력한다. 왜냐하면 래퍼가 값을 최 댓값(여기서는 200)으로 제한하기 때문이다.

현재 구현된 프로퍼티 래퍼는 정수형(Int) 값만 가지고 작업한다. 만약 동일한 타입의 다 른 값과 비교할 수 있는 모든 변수 타입과 함께 사용할 수 있다면 더 유용하게 될 것이다. 다행히도 프로퍼티 래퍼는 특정 프로토콜을 따르는 모든 타입과 작업하도록 구현할 수 있 다. 프로퍼티 래퍼의 목적은 비교 작업을 하는 것이므로, **Foundation** 프레임워크에 포함된 Comparable 프로토콜을 따르는 모든 데이터 타입을 지원하도록 수정해야 한다. Comparable 프로토콜을 따르는 타입은 값이 같은지, 더 큰지, 더 작은지를 비교하는 데 사용될 수 있다. String, Int, Date, DateInterval, 그리고 Character 같은 다양한 타입이 이 프로토콜을 따른다.

Comparable 프로토콜을 따르는 모든 타입에 사용될 수 있도록 프로퍼티 래퍼를 구현하기 위 해서는 선언부를 다음과 같이 수정해야 한다.

```
@propertyWrapper
struct MinMaxVal<V: Comparable> {
    var value: V
    let max: V
    let min: V

    init(wrappedValue: V, min: V, max: V) {
        value = wrappedValue
        self.min = min
        self.max = max
    }

    var wrappedValue: V {
        get { return value }
        set {
            if newValue > max {
                value = max
            } else if newValue < min {
                value = min
            } else {
                value = newValue
            }
        }
    }
}
```

이렇게 수정된 래퍼는 앞에서 했던 것처럼 Int 값으로도 동작하며, Comparable 프로토콜을
따르는 다른 모든 타입에도 사용할 수가 있다. 다음의 예제는 문자열 값이 알파벳 관점에서
최솟값과 최댓값 범위 안에 들어오는지를 판단하는 것이다.

```
struct Demo {
    @MinMaxVal(min: "Apple", max: "Orange") var value: String = ""
}

var demo = Demo()
demo.value = "Banana"
print(demo.value)
// Banana <--- 이 값은 주어진 알파벳 범위 내에 있어서 저장된다

demo.value = "Pear"
print(demo.value)
// Orange <--- 이 값은 주어진 알파벳 범위 밖이므로 지정한 최댓값으로 대체된다
```

마찬가지로, 이 래퍼는 Date 객체로도 동작을 한다. 다음의 예제는 현재 날짜와 한 달 후 날
짜 사이의 데이터로 제한하고 있다.

```
struct DateDemo {
    @MinMaxVal(min: Date(), max: Calendar.current.date(byAdding: .month, value: 1, to:
Date())! ) var value: Date = Date()
}
```

다음의 코드와 결과는 우리가 만든 래퍼가 Date 값을 가지고도 동작하는 것을 보여준다.

```
var dateDemo = DateDemo()

print(dateDemo.value)
// 2019-08-23 20:05:13 +0000. <--- 디폴트로 현재 날짜가 프로퍼티에 설정되었다

dateDemo.value = Calendar.current.date(byAdding: .day, value: 10, to: Date())! // <---
프로퍼티에 10일 후의 날짜를 설정한다.
print(dateDemo.value)
// 2019-09-02 20:05:13 +0000 <--- 유효 범위 내에 있으므로 프로퍼티에 저장된다

dateDemo.value = Calendar.current.date(byAdding: .month, value: 2, to: Date())! // <---
프로퍼티에 2달 후의 날짜를 설정한다
print(dateDemo.value)
// 2019-09-23 20:08:54 +0000 <--- 유효 범위 밖이므로 프로퍼티에는 최댓값(1달)이 저장된다
```

13.4 요약

스위프트 5.1에서 도입된 프로퍼티 래퍼는 클래스 및 구조 선언 내에서 코드의 중복을 피하면서 앱 프로젝트의 코드를 통해 재사용되는 프로퍼티의 게터와 세터 구현체를 사용할 수 있게 한다. 프로퍼티 래퍼는 @propertyWrapper 지시자를 이용하여 구조체 형태로 선언된다.

프로퍼티 래퍼는 강력한 스위프트 기능으로 여러분이 만든 동작(작업)을 스위프트 코드에 추가할 수 있게 해준다. 여러분이 만든 고유한 프로퍼티 래퍼 외에도 iOS SDK로 작업하다 보면 이러한 프로퍼티 래퍼를 접하게 될 것이다. 실제로, 미리 정의된 프로퍼티 래퍼는 나중에 설명할 SwiftUI 작업을 할 때 광범위하게 사용된다.

14

스위프트의 배열과 딕셔너리 컬렉션으로 작업하기

스위프트의 배열(array)과 딕셔너리(dictionary)는 다른 객체들의 집합을 담을 수 있는 객체다. 이번 장에서는 스위프트의 배열과 딕셔너리로 작업하는 기본적인 방법에 대해 다루도록 하겠다.

14.1 가변형 컬렉션과 불변형 컬렉션

스위프트에서의 컬렉션은 **가변형(mutable)**과 **불변형(immutable)**이 있다. 불변형 컬렉션 인스턴스에 속한 것은 객체가 초기화된 이후에 변경될 수 없다. 불변형 컬렉션을 만들고 싶다면 컬렉션을 생성할 때 **상수(constant)**에 할당한다. 반면, **변수(variable)**에 할당했다면 가변형이 된다.

14.2 스위프트 배열 초기화

배열은 하나의 순서 있는 컬렉션에 여러 값을 담기 위하여 특별하게 설계된 데이터 타입이다. 예를 들어, String 값들을 저장하기 위해 배열을 생성할 수 있다. 엄밀히 말하자면, 하나의 스위프트 배열은 동일한 타입의 값들만 저장할 수 있다. 따라서 String 값을 포함하도록 선언된 배열에 Int 값을 포함할 수 없다. 그러나 이번 장의 후반부에서도 다루지만, 여러 타입이 혼합된 배열을 생성할 수도 있다. 배열의 타입은 **타입 어노테이션**(type annotation)을 사용하여 구체적으로 지정할 수도 있고, **타입 추론**(type inference)을 이용하여 컴파일러가 식별하게 할 수도 있다.

다음 구문을 이용하면 배열을 생성할 때 값들을 갖도록 초기화할 수 있다. 이것을 **배열 리터럴**(array literal)이라고 부른다.

```
var 변수명: [타입] = [값1, 값2, 값3, ....... ]
```

다음 코드는 세 개의 문자열 값으로 초기화되어 생성된 새로운 배열을 변수에 할당한다.

```
var treeArray = ["Pine", "Oak", "Yew"]
```

다른 방법으로, 동일한 배열을 상수에 할당하여 불변형으로 생성할 수도 있다.

```
let treeArray = ["Pine", "Oak", "Yew"]
```

이 인스턴스에서 스위프트 컴파일러는 타입 추론을 이용하여 배열이 String 타입의 값을 담고 있다고 판단하며, 애플리케이션 코드 어디에서든 다른 타입의 값이 배열에 추가되지 않도록 막을 것이다.

다른 방법으로, 동일한 배열을 가지고 타입 어노테이션을 이용하여 선언할 수 있다.

```
var treeArray: [String] = ["Pine", "Oak", "Yew"]
```

배열을 생성할 때 반드시 값을 할당해야 할 필요는 없다. 다음 구문은 빈 배열을 생성할 때 사용되는 것이다.

```
var 변수명 = [타입]()
```

예를 들어, 다음의 코드는 부동소수점 값을 저장하도록 설계한 빈 배열을 생성하고 priceArray라는 이름의 변수에 할당한다.

```
var priceArray = [Float]()
```

또 다른 유용한 초기화 기술로는 배열의 각 항목마다 지정된 디폴트 값으로 미리 설정하여 배열이 특정 크기로 초기화되도록 할 수 있다.

```
var nameArray = [String](repeating: "My String", count: 10)
```

앞의 코드를 컴파일하고 실행하면 'My String'이라는 문자열로 배열의 각 항목이 초기화되어 10개의 항목을 가진 배열이 생성된다.

마지막으로, 기존의 배열 두 개를 합하여(배열 모두가 동일한 타입의 값을 포함하고 있다고 가정) 새로운 배열을 생성할 수도 있다.

```
let firstArray = ["Red", "Green", "Blue"]
let secondArray = ["Indigo", "Violet"]

let thirdArray = firstArray + secondArray
```

14.3 스위프트 배열로 작업하기

배열을 생성했다면 스위프트 코드 내에서 배열의 항목을 가지고 작업하거나 조작할 수 있도록 제공된 메서드와 프로퍼티가 많이 있다. 이에 대해 몇 가지를 살펴보자.

14.3.1 배열 항목 개수

하나의 배열에 들어 있는 항목들의 개수는 배열의 count 프로퍼티에 접근하여 얻을 수 있다.

```
var treeArray = ["Pine", "Oak", "Yew"]
var itemCount = treeArray.count

print(itemCount)
```

다음과 같이 불리언 타입인 isEmpty 프로퍼티를 이용하면 배열이 비었는지 알 수 있다.

```
var treeArray = ["Pine", "Oak", "Yew"]

if treeArray.isEmpty {
```

```
    // 배열이 비어 있다
}
```

14.3.2 배열 항목 접근하기

인덱스 첨자(index subscripting)라 불리는 기술을 이용하여 배열 인덱스(배열의 첫 번째 항목의 인덱스 위치는 0이다)의 항목 위치를 참조하여 배열의 특정 항목에 접근하거나 수정할 수 있다. 다음의 코드는 배열의 인덱스 위치 2에 포함된 문자열 값(여기서는 문자열 값 'Yew')을 print 호출로 출력한다.

```
var treeArray = ["Pine", "Oak", "Yew"]

print(treeArray[2])
```

이러한 방법은 특정 인덱스 위치에 있는 값을 교체하는 데 사용될 수도 있다.

```
treeArray[1] = "Redwood"
```

앞의 코드는 인덱스 위치 1에 있는 현재의 값을 'Redwood'라는 새로운 String 값으로 교체한다.

14.4 배열 항목 섞기와 무작위로 가져오기

배열 객체의 shuffled() 메서드를 호출하면 항목의 순서가 무작위로 섞인 새로운 버전의 배열이 반환된다.

```
let shuffledTrees = treeArray.shuffled()
```

배열의 항목을 무작위로 선택하여 접근하려면 randomElement() 메서드를 호출하면 된다.

```
let randomTree = treeArray.randomElement()
```

14.5 배열에 항목 추가하기

배열의 항목은 append 메서드 또는 +나 += 연산자를 이용하여 배열에 추가될 수 있다. 다음의 예제는 배열에 항목을 추가할 수 있는 방법으로 유효한 기술이다.

```
treeArray.append("Redwood")
treeArray += ["Redwood"]
treeArray += ["Redwood", "Maple", "Birch"]
```

14.5.1 항목 삽입하기와 삭제하기

배열에 삽입될 새로운 항목은 insert(at:) 메서드를 호출하여 특정 인덱스 위치에 삽입할 수 있다. 삽입은 배열 내에 있는 기존의 모든 항목을 보호하므로, 새롭게 삽입된 항목을 배열 내에 두기 위하여 새로운 항목이 삽입되는 인덱스 위치를 포함하여 그 뒤에 있던 기존 항목들은 오른쪽으로 한 칸씩 이동하게 된다.

```
treeArray.insert("Maple", at: 0)
```

마찬가지로, 배열의 특정 인덱스 위치에 있는 항목은 remove(at:) 메서드를 호출하여 제거할 수 있다.

```
treeArray.remove(at: 2)
```

배열의 마지막 항목을 삭제하려면 다음과 같이 removeLast 메서드를 호출하면 된다.

```
treeArray.removeLast()
```

14.6 배열 반복하기

배열의 항목을 반복하는 가장 쉬운 방법은 for-in 반복문을 이용하는 것이다. 예를 들어, 다음의 코드는 String 배열에 있는 모든 항목을 반복하여 각각을 콘솔에 출력하는 것이다.

```
let treeArray = ["Pine", "Oak", "Yew", "Maple", "Birch", "Myrtle"]
```

```
for tree in treeArray {
    print(tree)
}
```

이 코드를 실행하면 다음과 같은 결과가 콘솔에 출력될 것이다.

```
Pine
Oak
Yew
Maple
Birch
Myrtle
```

14.7 타입이 혼합된 배열 생성하기

타입이 혼합된 배열은 서로 다른 클래스 타입의 항목들을 담을 수 있는 배열이다. 물론, String 타입을 받도록 선언된 배열이라면 String 클래스 객체가 아닌 인스턴스를 담을 수는 없다. 하지만, 스위프트에는 Any 타입이 있기 때문에 흥미로운 방법이 생긴다. 스위프트의 Any는 특별한 타입으로, 지정된 클래스 타입이 아닌 객체를 참조하는 데 사용된다. 따라서 Any 객체 타입을 포함하도록 선언된 배열은 여러 타입의 항목을 담을 수 있게 된다. 예를 들면, 다음의 코드는 배열을 생성하고 String과 Int, 그리고 Double형의 항목들을 포함하도록 초기화하고 있다.

```
let mixedArray: [Any] = ["A String", 432, 34.989]
```

Any 타입은 주의해서 사용해야 한다. 왜냐하면 Any를 사용할 경우 스위프트는 올바른 타입의 요소들이 배열에 포함되었다고 간주하게 되므로 코드상에서의 프로그래머 실수로 인한 오류가 발생할 수 있기 때문이다. Any 배열을 사용하게 된다면 배열에 있는 요소를 가지고 코드에서 사용하기 전에 각 요소에 대한 올바른 타입으로의 형 변환을 직접 해야 하는 경우가 종종 생길 것이다. 배열에 있는 어떤 요소에 대해 올바르지 않은 타입으로 형 변환을 할 경우, 컴파일 오류는 발생하지 않겠지만 런타임에서 충돌이 발생할 것이다. 예를 들어, 다음과 같은 배열이 있다고 가정해보자.

```
let mixedArray: [Any] = [1, 2, 45, "Hello"]
```

이와 같이 배열을 초기화한 다음, 배열의 정수형 요소에 10을 곱하는 반복문을 해야 한다면 다음과 같은 코드를 생각할 수 있다.

```
for object in mixedArray {
    print(object * 10)
}
```

하지만 이 코드를 Xcode에 입력하면 Any 타입과 Int 타입의 곱셈 연산이 불가능하다는 구문 오류가 발생할 것이다. 이 오류를 없애려면 배열의 요소를 Int 타입으로 **다운캐스팅**(downcast) 해야 한다.

```
for object in mixedArray {
    print(object as! Int * 10)
}
```

이 코드는 아무런 오류 없이 컴파일되며, 기대한 것처럼 동작하다가 배열의 마지막인 String 요소에 다다랐을 때 다음과 같은 에러 메시지와 함께 충돌이 발생하게 된다.

```
Could not cast value of type 'Swift.String' to 'Swift.Int'
```

따라서 이 코드는 배열에 있는 각 항목의 특정 타입을 식별하도록 수정되어야 한다. 분명한 것은 스위프트에서 Any 배열을 이용할 때는 장점과 단점이 모두 존재한다는 점이다.

14.8 스위프트 딕셔너리 컬렉션

딕셔너리는 **키-값**(key-value) 쌍의 형태로 데이터를 저장하고 관리할 수 있게 해준다. 딕셔너리는 배열과 비슷한 목적의 작업을 실시하지만, 딕셔너리에 저장된 각 항목은 연관된 값을 참조하고 접근하는 데 사용되는 유일한 키(정확하게 말하자면, 키는 특정 딕셔너리 객체에서 유일하다)와 연결되어 있다는 점이 다르다. 현재는 String, Int, Double, 그리고 Bool 데이터 타입만 스위프트 딕셔너리에 키로 사용할 수 있다.

14.9 스위프트 딕셔너리 초기화

딕셔너리는 순서가 없는 단일 컬렉션에 여러 값을 담기 위해 설계된 특별한 데이터 타입이다. 딕셔너리에 있는 각 항목은 **키**(key)와 그와 연관된 **값**(value)으로 구성된다. 키의 데이터 타입 과 값 항목 타입은 **타입 어노테이션**(type annotation)을 이용하여 구체적으로 지정되거나 **타입 추론**(type inference)을 이용하여 컴파일러가 식별하게 한다.

새로운 딕셔너리는 다음 구문을 이용하여 생성 시에 값들의 컬렉션으로 초기화할 수 있다(이 것을 **딕셔너리 리터럴**(dictionary literal)이라고 한다).

```
var 변수명: [키 타입: 값 타입] = [키1: 값1, 키2: 값2 .... ]
```

다음 코드는 ISBN 번호와 그에 해당하는 책 제목의 형태로 네 개의 키-값 쌍으로 초기화된 변수에 할당된 새로운 딕셔너리를 생성한다.

```
var bookDict = ["100-432112" : "Wind in the Willows",
                "200-532874" : "Tale of Two Cities",
                "202-546549" : "Sense and Sensibility",
                "104-109834" : "Shutter Island"]
```

앞의 인스턴스에서 스위프트 컴파일러는 딕셔너리의 키와 값 항목이 String 타입임을 결정하고 다른 타입의 키 또는 값이 삽입되지 않도록 막기 위해 타입 추론을 이용할 것이다.

다른 방법으로, 타입 어노테이션을 이용하여 동일한 배열을 선언할 수도 있다.

```
var bookDict: [String: String] =
            ["100-432112" : "Wind in the Willows",
             "200-532874" : "Tale of Two Cities",
             "202-546549" : "Sense and Sensibility",
             "104-109834" : "Shutter Island"]
```

배열처럼 빈 딕셔너리를 생성할 수도 있다. 다음 구문을 살펴보자.

```
var 변수명 = [키 타입: 값 타입]()
```

다음 코드는 정수형 키와 문자열 값을 저장하기 위하여 설계된 빈 딕셔너리를 생성한다.

```
var myDictionary = [Int: String]()
```

14.10 시퀀스 기반의 딕셔너리 초기화

딕셔너리는 키들과 값들을 나타내는 시퀀스를 이용하여 초기화될 수도 있다. 이것은 키들과 값들을 스위프트의 zip() 함수에 전달하면 된다. 다음의 예제는 두 개의 배열을 이용하여 딕셔너리를 생성한다.

```
let keys = ["100-432112", "200-532874", "202-546549", "104-109834"]
let values = ["Wind in the Willows", "Tale of Two Cities", "Sense and Sensibility",
"Shutter Island"]

let bookDict = Dictionary(uniqueKeysWithValues: zip(keys, values))
```

이 방법은 키들과 값들을 프로그램적으로 생성되게 해준다. 다음의 예제는 미리 정의된 키들의 배열을 이용하는 것이 아니라 1부터 시작하는 숫자를 키로 지정한다.

```
let values = ["Wind in the Willows", "Tale of Two Cities", "Sense and Sensibility",
"Shutter Island"]

var bookDict = Dictionary(uniqueKeysWithValues: zip(1..., values))
```

다음의 코드는 앞의 코드와 동일한 작업을 수행하지만, 훨씬 깔끔하게 정리되었다.

```
var bookDict = [1 : "Wind in the Willows",
                2 : "Tale of Two Cities",
                3 : "Sense and Sensibility",
                4 : "Shutter Island"]
```

14.11 딕셔너리 항목 개수

딕셔너리의 항목 개수는 count 프로퍼티에 접근하여 얻을 수 있다.

```
print(bookDict.count)
```

14.12 딕셔너리 항목 접근하기와 갱신하기

특정 값은 해당 키를 참조하기 위하여 키 첨자 구문을 이용하면 접근되거나 수정될 수 있다. 다음의 코드는 bookDict 딕셔너리에 있는 키를 참조하며 해당 값을 출력한다(이 예제에서는 'Tale of Two Cities'다).

```
print(bookDict["200-532874"])
```

이와 같이 딕셔너리 항목에 접근할 때도 지정된 키에 해당하는 값이 없는 경우에 사용될 디폴트 값을 선언할 수 있다.

```
print(bookDict["999-546547", default: "Book not found"])
```

우리가 만든 딕셔너리에는 지정된 키에 대한 항목이 없기 때문에 앞의 코드는 'Book not found'라는 텍스트를 출력할 것이다.

마찬가지 방법으로, 특정 키와 연결된 값을 갱신할 수도 있다. 예를 들어, 다음과 같이 'Tale of Two Cities'라는 제목을 'Sense and Sensibility'로 바꿀 수 있다.

```
bookDict["200-532874"] = "Sense and Sensibility"
```

변경될 값과 해당 키를 전달하여 updateValue(forKey:) 메서드를 호출해도 같은 동작을 한다.

```
bookDict.updateValue("The Ruins", forKey: "200-532874")
```

14.13 딕셔너리 항목 추가하기와 제거하기

다음의 키 첨자 구문을 이용하면 딕셔너리에 항목을 추가할 수 있다.

```
딕셔너리 변수[키] = 값
```

예를 들어, 다음과 같이 책 딕셔너리에 새로운 키-값 쌍을 추가할 수 있다.

```
bookDict["300-898871"] = "The Overlook"
```

어떤 키-값 쌍을 딕셔너리에서 제거할 때는 해당 항목에 nil 값을 할당하거나 딕셔너리 인스턴스의 removeValue(forKey:) 메서드를 호출하면 된다. 다음 코드 두 줄은 모두 책 딕셔너리에서 특정 항목을 삭제하는 같은 결과를 만든다.

```
bookDict["300-898871"] = nil
bookDict.removeValue(forKey: "300-898871")
```

14.14 딕셔너리 반복

배열과 마찬가지로 for-in 반복문을 이용하면 딕셔너리의 항목들을 반복할 수 있다. 예를 들어, 다음 코드는 책 딕셔너리에 있는 모든 항목을 가져다가 각각의 키와 값을 출력한다.

```
for (bookid, title) in bookDict {
    print("Book ID: \(bookid) Title: \(title)")
}
```

이 코드를 실행하면 다음과 같이 출력된다.

```
Book ID: 100-432112 Title: Wind in the Willows
Book ID: 200-532874 Title: The Ruins
Book ID: 104-109834 Title: Shutter Island
Book ID: 202-546549 Title: Sense and Sensibility
```

14.15 요약

스위프트의 컬렉션은 딕셔너리(Dictionary), 세트(Set) 또는 배열(Array)의 형태를 취한다. 두 가지 모두 하나의 객체에 여러 항목을 담을 수 있는 방법을 제공한다. 또한, 배열은 항목들을 순서대로 담을 수 있는 방법을 제공하여 배열에 담긴 항목 위치에 해당하는 인덱스 값으로 항목에 접근할 수 있도록 한다. 딕셔너리는 키-값 쌍으로 저장하는 플랫폼을 제공하며, 키는 저장된 값에 접근하는 데 사용된다. 스위프트 컬렉션의 항목들은 for-in 반복문을 이용하여 반복할 수 있다.

15

스위프트의 에러 핸들링 이해하기

완벽한 세상에서라면 실행 중인 iOS 앱에 에러가 발생하는 일은 절대 없을 것이다. 하지만, 현실에서는 앱 실행 중 몇몇 지점에서 어떠한 형태의 에러도 발생하지 않으리라고 보장하는 것은 불가능에 가깝다. 따라서 발생할 수 있는 모든 에러에 대해 멋지게 처리하도록 앱의 코드를 구현하는 것이 필수다. 스위프트 2가 나오면서 iOS 앱 개발자들에게는 에러 핸들링 작업이 훨씬 더 쉬워졌다.

이번 장은 스위프트를 이용한 에러 핸들링에 대해 설명할 것이며, **에러 타입**(error type), **스로잉 메서드**(throwing method)와 **함수**(function), guard와 defer 구문, 그리고 do-catch 구문 등의 주제에 대해 설명할 것이다.

15.1 에러 핸들링 이해하기

스위프트 코드를 아무리 신중하게 설계하고 구현했다 해도 앱을 통제할 수 없는 상황은 언제든지 발생할 것이다. 예를 들어, 활성화된 인터넷 연결을 기반으로 동작하는 앱은 아이폰 디바이스가 네트워크 신호를 잃는 것을 제어할 수 없으며, 사용자가 비행기 모드(airplane mode)를 활성화하는 것도 막을 수 없다. 앱이 해낼 수 있는 것은 그러한 에러를 확실하게 처리하도록 구현하는 것이다. 예를 들어, 앱을 계속 사용하려면 활성화된 인터넷 연결이 필요하다는 것을 사용자가 알 수 있도록 메시지를 표시하는 것이다.

스위프트에서 에러를 처리하는 데는 두 가지 단계가 있다. 첫 번째는 iOS 앱의 메서드 내에서 원하는 결과가 나오지 않을 경우에 에러를 발생(즉, 스로잉(throwing))하는 것이고, 두 번째는 메서드가 던진(throwing) 에러를 잡아서 처리하는 것이다.

에러를 던질 경우, 해당 에러는 에러의 특성을 식별하여 취할 수 있는 가장 적절한 동작을 결정하는 데 사용되는 특정 에러 타입 중 하나가 될 것이다. 에러 타입 값은 Error 프로토콜을 따르는 모든 값이 될 수 있다.

앱 내의 메서드에서 에러를 던지도록(throw) 구현하는 것도 중요하지만, iOS SDK의 많은 API 메서드(특히, 파일 처리와 관련된 메서드)도 앱의 코드 내에서 처리되어야 할 에러를 던진다는 것도 알아두어야 한다.

15.2 에러 타입 선언하기

예를 들어, 원격 서버에 파일을 전송하는 메서드가 있다고 하자. 이 메서드는 여러 원인(예를 들면, 네트워크 연결이 없다거나, 네트워크 속도가 너무 느리다거나, 또는 전송할 파일을 찾지 못한다거나 등)으로 인하여 파일 전송에 실패할 가능성이 있다. 이러한 모든 에러는 다음과 같이 Error 프로토콜을 따르는 열거형 내에서 표현되도록 할 수 있다.

```
enum FileTransferError: Error {
    case noConnection
    case lowBandwidth
    case fileNotFound
}
```

에러 타입(error type)을 선언했으니 에러가 발생했을 때 사용할 수 있다.

15.3 에러 던지기

메서드나 함수가 에러를 던질 수 있다는 것을 선언할 때는 다음의 예제와 같이 throws 키워드를 이용한다.

```
func transferFile() throws {
}
```

결과를 반환하는 메서드나 함수의 경우, throws 키워드는 다음과 같이 반환 타입 앞에 위치
하게 된다.

```
func transferFile() throws -> Bool {
}
```

에러를 던질 수 있도록 메서드를 선언했으니 오류가 발생할 때 에러를 던지는 코드를 추가할
수 있다. 이것은 throw 구문과 guard 구문을 결합하여 사용하게 된다. 다음의 코드는 상태
값으로 제공되는 상수들을 선언한 다음, 메서드에 대한 guard 동작과 throw 동작을 구현하
였다.

```
let connectionOK = true
let connectionSpeed = 30.00
let fileFound = false

enum FileTransferError: Error {
    case noConnection
    case lowBandwidth
    case fileNotFound
}

func fileTransfer() throws {

    guard connectionOK else {
        throw FileTransferError.noConnection
    }

    guard connectionSpeed > 30 else {
        throw FileTransferError.lowBandwidth
    }

    guard fileFound else {
        throw FileTransferError.fileNotFound
    }
}
```

메서드 내에 있는 각각의 guard 구문은 각 조건이 참인지 거짓인지를 검사한다. 만약 거
짓이라면 else 구문에 포함된 코드가 실행된다. 위의 코드에서는 throw 구문을 사용하여
FileTransferError 열거형에 있는 에러 값들 중 하나를 던지고 있다.

15.4 에러를 던지는 메서드와 함수 호출하기

메서드 또는 함수가 에러를 던지도록 선언했다면 일반적인 방법으로는 호출할 수 없다. 이러한 메서드를 호출할 때는 다음과 같이 앞에 try 구문을 붙여야 한다.

```
try fileTransfer()
```

try 구문을 이용하는 방법 외에도 던져진 모든 에러를 잡아서 처리하는 do-catch 구문 내에서 호출하는 방법도 있다. 예를 들어, fileTransfer 메서드를 sendFile이라는 이름의 메서드 내에서 호출해야 한다고 가정해보자. 이 경우에는 다음과 같이 구현할 수 있다.

```swift
func sendFile() -> String {

    do {
        try fileTransfer()
    } catch FileTransferError.noConnection {
        return "No Network Connection"
    } catch FileTransferError.lowBandwidth {
        return "File Transfer Speed too Low"
    } catch FileTransferError.fileNotFound {
        return "File not Found"
    } catch {
        return "Unknown error"
    }

    return "Successful transfer"
}
```

이 메서드는 세 가지의 에러 조건에 대한 catch를 포함하고 있는 do-catch 구문 내에서 fileTransfer 메서드를 호출한다. 이 메서드는 여러 에러에 대하여 해당 에러에 대한 설명을 담고 있는 문자열 값을 반환한다. 아무런 에러도 발생하지 않는다면 파일 전송에 성공했다는 문자열 값을 반환한다. 네 번째 catch 절은 에러에 대한 패턴 매칭이 이뤄지지 않은 상태에 대한 것이다. 이것은 'catch all' 구문으로, 앞선 catch 구문과 일치하지 않은 모든 에러를 처리할 수 있도록 해준다. 이것은 반드시 필요한데, do-catch 구문은 가능한 모든 에러에 대해 처리할 수 있도록 구성되어야 하기 때문이다.

15.5 에러 객체에 접근하기

메서드 호출이 실패하면 반드시 실패한 원인을 구별할 수 있는 NSError 객체가 반환될 것이다. catch 구문에서 가장 필요한 것은 이 객체에 대해 접근하여 앱 코드 내에서 취할 수 있는 가장 적절한 동작을 실시하는 것이다. 다음 코드는 새로운 파일 시스템 디렉터리를 생성하고자 할 때 catch 구문 내에서 에러 객체에 접근하는 방법을 보여준다.

```
do {
    try filemgr.createDirectory(atPath: newDir,
                                withIntermediateDirectories: true,
                                attributes: nil)
    } catch let error {
        print("Error: \(error.localizedDescription)")
}
```

15.6 에러 캐칭 비활성화하기

다음과 같이 try! 구문을 사용하면 do-catch 구문 내에서 메서드가 호출되도록 감싸지 않아도 스로잉 메서드가 강제로 실행된다.

```
try! fileTransfer
```

이러한 방법을 사용하는 것은 컴파일러에게 이 메서드 호출은 어떠한 에러도 발생하지 않을 것이라고 알려주는 것과 동일하다. 이러한 방법을 사용했는데도 에러가 발생한다면 런타임 에러가 될 것이다. 그러므로 이러한 방법은 가급적 사용하지 않도록 하자.

15.7 defer 구문 사용하기

앞에서 구현한 sendFile 메서드는 에러를 처리하는 일반적인 시나리오를 보여준다. do-catch 구문에 있는 각각의 catch 절은 호출하는 메서드에게 제어권을 반환하기 위하여 return 구문을 포함하였다. 하지만, 에러의 종류와는 상관없이 제어권을 반환하기 전에 어떠한 별도의 작업을 수행하는 게 더 효과적인 경우가 있을 수 있다. 예를 들어, sendFile 메서드에서는 제어권을 반환하기 전에 임시 파일들을 지워야 할 경우가 발생할 수 있다. 이것은 defer 구문을 이용하면 가능하다.

defer 구문은 메서드가 결과를 반환하기 직전에 실행되어야 하는 일련의 코드를 지정할 수 있게 해준다. 다음의 코드는 defer 구문이 포함되도록 sendFile 메서드를 수정한 것이다.

```
func sendFile() -> String {

    defer {
        removeTmpFiles()
        closeConnection()
    }

    do {
        try fileTransfer()
    } catch FileTransferError.NoConnection {
        return "No Network Connection"
    } catch FileTransferError.LowBandwidth {
        return "File Transfer Speed too Low"
    } catch FileTransferError.FileNotFound {
        return "File not Found"
    } catch {
        return "Unknown error"
    }

    return "Successful transfer"
}
```

이제 defer 구문을 추가했으니 이 메서드가 어떠한 반환을 하든지 제어권을 반환하기 전에 removeTmpFiles 메서드와 closeConnection 메서드가 항상 호출될 것이다.

15.8 요약

에러 핸들링은 강력하고 안정적인 iOS 앱을 만드는 가장 기본적인 파트다. 스위프트 2의 등장 덕분에 이제는 에러를 처리하는 작업이 훨씬 쉬워졌다. 에러 타입들은 Error 프로토콜을 따르는 값들을 이용하여 생성되며, 열거형처럼 구현되는 것이 가장 일반적이다. 에러를 던지는 메서드와 함수는 throws 키워드를 이용하여 선언된다. guard와 throw 구문은 에러 타입을 기반으로 한 에러들을 던지기 위하여 메서드나 함수 코드 내에서 사용된다

에러를 던질 수 있는 메서드나 함수는 try 구문을 이용하여 호출되며, 반드시 do-catch 구문으로 감싸여야 한다. do-catch 구문은 철저하게 나열된 catch 패턴으로 구성되며, 각각의 catch 구문은 특정 에러에 실행될 코드를 담는다. 메서드가 반환할 때 실행될 정리(cleanup) 작업은 defer 구문을 이용하여 정의할 수 있다.

16

SwiftUI 개요

지금까지 우리는 Xcode를 설치하였고 스위프트 프로그래밍 언어의 기초에 관해 배웠다. 이제는 SwiftUI에 관한 이야기를 시작할 시간이다.

2019년 애플의 WorldWide Developers Conference(WWDC)에서 처음 소개된 SwiftUI는 모든 애플 운영체제용 앱을 개발하는 데 있어서 완전히 새로운 방법을 제공하였다. SwiftUI의 기본적인 목적은 앱 개발을 더 쉽고 빠르게 함과 동시에 소프트웨어를 개발할 때 일반적으로 발생하는 버그들을 줄이는 것이다. 이러한 요소들은 SwiftUI와 함께 Xcode에 추가된 특별한 기능들과 결합되어, 개발 과정에서도 앱의 **라이브 프리뷰**(live preview) 기능을 이용하여 SwiftUI 프로젝트를 실시간으로 테스트할 수 있게 한다.

스위프트의 수많은 장점은 **선언적 구문**(declarative syntax)과 **데이터 주도**(data driven) 기반에서 비롯되며, 이는 이번 장에서 설명할 핵심 주제다.

이번 장에서는 SwiftUI에 관한 개괄적인 내용을 다룰 것이며, 프로젝트 내에서의 구현에 대한 실질적인 예제는 이후에 다루게 될 것이다.

16.1 UIKit과 인터페이스 빌더

스위프트의 선언적 구문(declarative syntax)에 대한 의미와 장점을 이해하려면 사용자 인터페이스 레이아웃이 SwiftUI 이전에는 어떻게 설계되었는지를 먼저 알아보는 것이 좋다. SwiftUI 도입 이전에는 iOS 소프트웨어 개발 키트(Software Development Kit, SDK)를 구성하는 여러 프레임워크와 함께 UIKit을 이용하여 iOS 앱을 만들었다.

앱 화면을 구성하는 사용자 인터페이스 레이아웃을 설계할 수 있도록 Xcode에는 인터페이스 빌더라는 도구(Interface Builder)가 포함되어 있다. 인터페이스 빌더는 강력한 도구로, 앱을 구성하는 각각의 화면을 담은 스토리보드를 생성할 수 있게 해준다.

한 화면을 구성하는 사용자 인터페이스 레이아웃은 인터페이스 빌더 안에서 구축되며, 라이브러리 패널에서 버튼, 레이블, 텍스트 필드, 슬라이더 등의 컴포넌트를 드래그하여 화면 캔버스의 원하는 위치에 두는 식이었다. 화면에 배치한 컴포넌트를 선택하면 인스펙터 패널(inspector panels)을 통해 컴포넌트의 속성을 바꿀 수도 있다.

화면의 레이아웃이 디바이스 화면 크기에 따라 어떻게 달라지는지, 그리고 디바이스의 방향(가로 모드/세로 모드)에 따라서는 어떻게 변하는지는 각 컴포넌트가 화면 크기와 다른 컴포넌트와의 관계에 따라 어느 크기로 어디에 둬야 하는지를 관장하는 컨스트레인트로 결정된다.

마지막으로, 버튼이나 슬라이더처럼 사용자 이벤트에 응답해야 하는 컴포넌트는 해당 이벤트를 처리하는 앱 소스 코드의 메서드와 연결된다.

이러한 개발 과정의 다양한 단계에서는 모든 것이 예상대로 잘 작동하는지를 확인하기 위해 시뮬레이터나 디바이스에서 앱을 컴파일하고 실행해야 하기도 한다.

16.2 SwiftUI의 선언적 구문

UIKit과 인터페이스 빌더를 사용하여 사용자 인터페이스 레이아웃을 설계하고 필요한 동작을 구현하는 것과는 완전히 다른 방법인 **선언적 구문**(declarative syntax)이 SwiftUI에 도입되었다. 화면을 구성하는 컴포넌트들의 레이아웃과 모양에 대한 복잡한 세부 사항을 직접 설계하는 대신, SwiftUI는 단순하면서도 직관적인 구문을 이용하여 화면을 기술할 수 있게 해준다. 다시 말해, SwiftUI를 사용하면 레이아웃이 실제로 구축되는 방식의 복잡함에 대해 고민할 필요 없이 사용자 인터페이스가 어떤 모양이어야 하는지를 선언하는 방식으로 레이아웃을 생성할 수 있다.

이 과정에는 기본적으로 레이아웃에 포함될 컴포넌트들을 선언하고, 그것들이 포함될 레이아웃 매니저 종류(VStack, HStack, Form, List 등)를 명시하고, 속성(버튼의 텍스트, 레이블의 포그라운드 색상, 또는 탭 제스처 이벤트 시 호출될 메서드 등)을 설정하기 위하여 **수정자(modifier)**를 사용한다. 이렇게 선언하고 나면 레이아웃의 위치와 컨스트레인트 그리고 렌더링 방법에 대한 모든 복잡한 세부 사항은 SwiftUI가 자동으로 처리한다.

SwiftUI 선언은 계층적으로 구조화되어 있다. 따라서 작고 재사용이 가능한 사용자 정의 하위 뷰와 함께 구성하면 복잡한 뷰를 쉽게 생성할 수도 있다.

뷰 레이아웃이 선언되고 테스트되는 동안 Xcode에서 제공하는 **프리뷰 캔버스(preview canvas)**를 통해 실시간으로 변경되는 레이아웃을 확인할 수 있다. 또한, Xcode는 **라이브 프리뷰(live preview)** 모드를 가지고 있어서 시뮬레이터나 디바이스에 빌드하고 실행하지 않아도 프리뷰 캔버스 내에서 앱을 실행하고 테스트할 수 있게 해준다.

SwiftUI의 선언적 구문에 대해서는 19장 'SwiftUI로 커스텀 뷰 생성하기'에서부터 시작할 것이다.

16.3 SwiftUI는 데이터 주도적이다

SwiftUI가 데이터 주도적이라고 말했지만, 그렇다고 사용자에 의해 생성되는 이벤트(다시 말해, 사용자와 앱의 사용자 인터페이스 간의 상호작용)를 더이상 처리할 필요가 없다는 말은 아니다. 예를 들어, 사용자가 버튼을 눌렀을 때를 알아야 하며 어떤 반응을 하도록 하는 것은 여전히 필요하다. 데이터 주도라는 것은 앱 데이터와 앱의 사용자 인터페이스 및 로직 사이의 관계에 대한 의미다.

SwiftUI 이전에는 앱 내에 있는 데이터의 현재 값을 검사하려면 그에 대한 코드를 앱에 포함해야 했다. 시간이 지남에 따라 데이터가 변한다면 사용자 인터페이스가 데이터의 최신 상태를 항상 반영하도록 하는 코드도 작성해야 할 것이다. 어쩌면 데이터가 변경되었는지를 주기적으로 검사하는 코드를 작성하거나 데이터 업데이트를 사용자가 요청하는 갱신 메뉴를 제공해야 할지도 모르겠다. 사용자 인터페이스 상태를 일관되게 유지하거나 토글 버튼 설정이 적절하게 저장되었는지와 같은 문제를 확인할 때도 비슷한 문제가 발생한다. 동일한 데이터 소스를 앱의 여러 영역에서 사용할 경우에는 소스 코드의 복잡도가 증가할 수 있다.

SwiftUI는 앱의 데이터 모델과 사용자 인터페이스 컴포넌트, 그리고 기능을 제공하는 로직을 **바인딩**(binding)하는 여러 방법으로 이러한 복잡도를 해결한다.

데이터 주도로 구현하면 데이터 모델은 앱의 다른 부분에서 **구독**(subscribe)할 수 있는 데이터 변수를 **게시**(publish)하게 된다. 이러한 방법을 통해 데이터가 변경되었다는 사실을 모든 구독자에게 자동으로 알릴 수 있다. 만약 사용자 인터페이스 컴포넌트와 데이터 모델 간에 바인딩이 된다면, 추가적인 코드를 작성하지 않아도 모든 데이터의 변경 사항을 SwiftUI가 사용자 인터페이스에 자동으로 반영할 것이다.

16.4 SwiftUI vs. UIKit

이제는 UIKit과 SwiftUI를 사용할 수 있는 선택권이 생겼다. 여기서 생기는 질문은 '어떤 것이 최고인가?' 하는 것이다. 결정하기 전에 SwiftUI와 UIKit은 상호 배타적이지 않다는 점을 이해하는 것이 중요하다. 사실, UIView와 SwiftUI를 함께 사용할 수 있는 방법은 다양하게 존재한다. 이 주제는 32장 'UIView와 SwiftUI 통합하기'에서 다룬다.

어떤 것을 고를지를 결정하는 과정에서 고려해야 할 첫 번째 요소는 SwiftUI 기반 코드를 포함하고 있는 앱은 오직 iOS 13 또는 그 이후 버전이 실행되는 디바이스에서만 동작한다는 점이다. 이 말인즉슨, SwiftUI로 만든 앱은 다음의 아이폰 모델을 가진 사용자들만 사용할 수 있게 될 것이라는 의미다.

- Phone 11
- iPhone 11 Pro
- iPhone 11 Pro Max
- iPhone Xs
- iPhone Xs Max
- iPhone XR
- iPhone X

- iPhone 8

- iPhone 8 Plus

- iPhone 7

- iPhone 7 Plus

- iPhone 6s

- iPhone 6s Plus

- iPhone SE

2020년 1월 27일에 애플이 앱 스토어를 측정한 보고에 따르면, 모든 아이폰 디바이스의 약 70%가 iOS 13을 사용하고 있으며 그 비율은 시간이 지남에 따라 계속 증가할 것이라고 한다.

이전 버전의 iOS를 사용하는 디바이스 타깃의 프로젝트가 아니라면 가능한 한 SwiftUI를 사용하는 게 좋다. SwiftUI는 빠르고 효율적인 앱 개발 환경을 제공할 뿐만 아니라 코드를 크게 변경하지 않아도 다양한 애플 플랫폼(iOS, iPadOS, macOS, watchOS, 그리고 tvOS)에서 동일한 앱을 사용할 수 있게 한다.

만약 여러분이 기존에 UIKit으로 개발된 앱을 가지고 있으며 그 코드를 SwiftUI로 변환하는 게 쉽지 않은 상황이라면 계속해서 UIKit을 사용하는 게 아마 맞을 것이다. UIKit은 앱 개발 도구 중에 중요한 부분으로 계속해서 존재할 것이며, 가까운 미래에 애플이 확장하고 지원하며 향상시킬 것이다. 하지만 기존 프로젝트에 새로운 기능을 추가할 경우에는 SwiftUI를 이용하여 기존의 UIKit 코드에 통합할 것을 추천한다.

새로운 프로젝트에 SwiftUI를 쓰기로 했다고 해도 UIKit을 전혀 사용하지 않는 것은 아마도 불가능할 것이다. SwiftUI는 다양한 종류의 사용자 인터페이스 컴포넌트가 있지만, 지도라든가 웹 뷰를 통합해야 하는 식의 특정 기능은 여전히 UIKit을 사용해야 한다.

게다가, 매우 복잡한 사용자 인터페이스 레이아웃을 설계하는 경우에 SwiftUI 레이아웃 컨테이너 뷰 사용이 만족스럽지 않은 상황에서는 인터페이스 빌더를 사용해야 할 수도 있다.

16.4 요약

SwiftUI는 UIKit과 인터페이스 빌더가 제공하는 앱 개발 방식과는 다른 방법을 도입하였다. SwiftUI는 사용자 인터페이스의 렌더링을 직접적으로 구현하는 방식이 아니라, 선언적 구문으로 사용자 인터페이스를 선언하고 앱이 실행될 때 렌더링을 수행하는 최선의 방법을 결정하기 위한 모든 작업을 한다.

또한, SwiftUI는 데이터의 변화가 앱의 동작과 모양을 주도한다는 점에서 데이터 주도적이다. 이것은 **게시자**(publisher)와 **구독자**(subscriber) 모델을 통해 이뤄진다.

이번 장에서는 SwiftUI의 개요에 대해 설명했다. 이 책의 나머지에서는 SwiftUI에 대해 더 깊이 파고들 것이다.

17

SwiftUI 모드로 Xcode 이용하기

이제 새로운 프로젝트를 생성하면 Xcode는 프로젝트에서 사용할 사용자 인터페이스를 스토리보드 기반으로 생성할지, 아니면 SwiftUI 기반으로 생성할지에 대한 선택권을 제공한다. SwiftUI 프로젝트를 생성하면 Xcode는 UIKit 스토리보드 모드와는 전혀 다른 방식의 사용자 인터페이스 설계 환경을 제공한다.

SwiftUI 모드로 작업하면 앱 개발자인 여러분의 시간 대부분을 코드 에디터와 프리뷰 캔버스에 쓰게 될 것이며, 코드 에디터와 프리뷰 캔버스에 대해서는 이번 장을 통해 자세히 알아볼 것이다.

17.1 Xcode 11 시작하기

이 책의 모든 iOS 예제는 Xcode 11 개발 환경에서 개발된 예제들이다. 최신 iOS SDK가 포함된 Xcode를 설치하지 않았다면 3장 'Xcode 11과 iOS 13 SDK 설치하기'를 참고하기 바란다. Xcode를 설치했다면 독(dock)에 있는 Xcode 아이콘을 클릭하거나 macOS 파인더(Finder)를 이용하여 여러분 시스템의 응용 프로그램(Applications) 폴더에 있는 Xcode를 실행하자.

Xcode를 처음 실행했다면, 그리고 'Show this window when Xcode launches'를 끄지 않았다면 그림 17-1과 같은 화면이 나타난다.

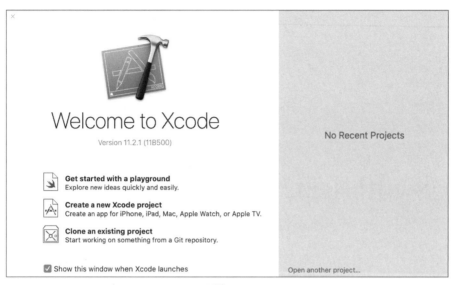

그림 17-1

이 화면이 보이지 않는다면 Window ➡ Welcome to Xcode 메뉴를 선택하여 표시한다. 이 화면에서 Create a new Xcode project 메뉴를 클릭하자.

17.2 SwiftUI 프로젝트 생성하기

새로운 프로젝트를 iOS 탭의 Single View App으로 생성하여 나타난 프로젝트 옵션 선택 화면에는 사용자 인터페이스를 어떻게 구현할 것인지를 선택하는 옵션이 있다. SwiftUI를 사용하기 위해 그림 17-2와 같이 변경하고 프로젝트 이름을 'DemoProject'라고 입력하자.

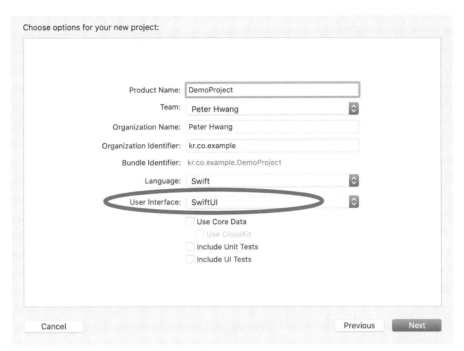

그림 17-2

SwiftUI를 선택한 상태로 새로운 프로젝트를 생성하면 메인 Xcode 패널에는 SwiftUI 개발을 위한 디폴트 레이아웃이 표시될 것이다.

17.3 SwiftUI 모드의 Xcode

SwiftUI 사용자 인터페이스 작업을 시작하기 전에 SwiftUI 모드에서 Xcode가 동작하는 방법에 익숙해지려면 약간의 시간이 걸린다. 새롭게 생성된 프로젝트는 **ContentView.swift**라는 이름의 단 하나의 SwiftUI View 파일이 포함되어 있다. 프로젝트 내비게이션 패널에서 선택하면 그림 17-3과 같이 Xcode에 나타난다.

그림 17-3

프로젝트 내비게이터(Ⓐ) 오른쪽에는 코드 에디터(Ⓑ)가 있다. 그 오른쪽에는 SwiftUI 레이아웃 선언을 변경했을 때 실시간으로 표시되는 프리뷰 캔버스(Ⓒ)가 있다.

캔버스 안에 있는 뷰[1]를 선택하면 코드 에디터에 해당하는 부분이 자동으로 선택되며 강조 형태로 표시된다. 반대로, 코드 에디터에 있는 코드를 선택하면 프리뷰 캔버스에 있는 뷰가 선택된다. 현재 선택된 항목의 속성은 애트리뷰트 인스펙터 패널(Ⓓ)에 표시된다.

디버깅 중이라면 디버그 패널(Ⓔ)에 iOS 프레임워크와 여러분이 코드에 포함시킨 print 구문의 내용이 출력된다.

세 개의 패널(Ⓐ, Ⓓ, Ⓔ)은 Xcode의 우측 상단에 있는 세 개의 버튼(그림 17-4 참고)을 이용하여 표시하거나 감출 수 있다.

그림 17-4

---

1 옮긴이 'Hello, World' 텍스트

17.4 프리뷰 캔버스

프리뷰 캔버스(preview canvas)는 사용자 인터페이스 설계에 대한 시각적 표시와 함께 레이아웃 내에 뷰를 추가하거나 수정할 수 있는 도구를 제공한다. 또한, 캔버스는 iOS 시뮬레이터를 실행하지 않고도 앱을 테스트할 수 있게 해준다. 그림 17-5는 새롭게 생성된 프로젝트의 일반적인 프리뷰 캔버스다.

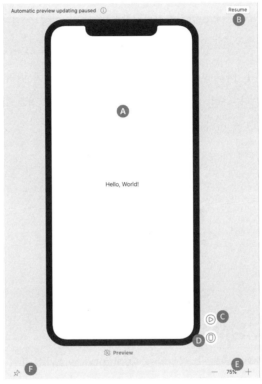

그림 17-5

만약 캔버스 화면이 표시되지 않는다면 Xcode 메뉴인 **Editor** ➡ **Canvas** 메뉴를 선택하면 표시될 것이다.

메인 캔버스 영역(ⓐ)은 실제 디바이스에서 실행될 때 표시되는 현재의 뷰를 나타낸다. 코드 에디터에서 코드를 수정하면 변경된 사항이 프리뷰 캔버스에 반영될 것이다. 캔버스가 지속적으로 업데이트하지 않도록 하기 위해서 코드가 변경될 때마다 프리뷰는 실시간 업데이트를 일시 중지할 것이다. 이렇게 되면 Resume 버튼(ⓑ)이 나타나며, 버튼을 클릭하면 다시 프리뷰를 업데이트하기 시작한다.

디폴트로, 프리뷰는 사용자 인터페이스의 정적 상태를 표시한다. 실행되는 앱에서의 사용자 인터페이스를 테스트하려면 **라이브 프리뷰**(Live Preview) 버튼(**Ⓒ**)을 클릭하면 된다. 버튼을 클릭하면 Xcode는 앱을 빌드하고 프리뷰 캔버스 내에서 실행시키며, 시뮬레이터나 실제 디바이스에서처럼 프리뷰 캔버스 내에서 상호작용할 수 있다. 라이브 프리뷰 모드가 실행되면 이 버튼은 라이브 모드를 종료하기 위한 정지 버튼으로 바뀐다.

Preview on Device 버튼(**Ⓓ**)을 클릭하면 현재 상태의 앱을 실제 디바이스에서도 미리보기가 가능하다. 프리뷰 캔버스에서와 마찬가지로 디바이스에서 실행 중인 앱도 코드 에디터에서 코드를 변경하면 동적으로 업데이트될 것이다.

Live Preview 버튼 또는 **Preview on Device** 버튼을 우클릭하면 디버그 모드에서 실행하는 메뉴(그림 17-6 참고)가 나타나며, 메뉴를 클릭하면 프로세스를 디버거에 연결하고 디버그 영역에 진단 결과가 표시되도록 한다.

그림 17-6

17.5 프리뷰 고정하기

Xcode로 앱을 만들 때 디폴트로 생성되는 **ContentView.swift** 파일 외에도 여러 SwiftUI View 파일로 프로젝트를 구성할 수 있다. 프로젝트 내비게이터 패널에서 SwiftUI View 파일을 선택하면 코드 에디터와 프리뷰 캔버스가 현재 선택한 파일의 내용으로 변경될 것이다. 그런데 종종 다른 SwiftUI 파일의 코드를 수정하는 동안에도 특정 SwiftUI 파일의 사용자 인터페이스 레이아웃이 표시되고 있기를 원할 때가 있다. 특히, 종속관계의 레이아웃이거나 다른 뷰에 포함된 레이아웃인 경우에 그러하다. **pin** 버튼(그림 17-5의 **Ⓕ**)은 다른 뷰 파일을 선택해도 현재의 프리뷰를 캔버스에 고정하여 표시되게 한다. 핀 버튼으로 현재의 프리뷰를 고정한 후에 다른 뷰 파일을 선택하게 되면 새롭게 선택한 뷰 파일의 프리뷰는 캔버스에 고정된 뷰 아래에 나타나게 된다.

마지막으로, **size** 버튼(**Ⓔ**)은 캔버스를 확대/축소할 때 사용된다.

17.6 화면 설계 수정하기

SwiftUI 작업에는 기본적으로 다른 뷰를 추가하기, 수정자(modifier)를 이용하여 뷰들을 수정하기, 로직을 추가하고 상태와 다른 데이터 객체를 바인딩하기 등이 포함된다. 이러한 작업 모두는 코드 에디터에서 구조체를 수정하는 방식으로 진행된다. 예를 들어, 'Hello World' 텍스트 뷰를 표현하는 폰트는 에디터 내에 적절한 수정자를 추가하여 변경할 수 있다.

```
Text("Hello World")
    .font(.largeTitle)
```

다른 방법으로는 라이브러리(Library) 패널에서 원하는 항목을 찾아 SwiftUI View로 드래그 앤 드롭하여 변경하는 것이다. 라이브러리 패널은 그림 17-7의 툴바 버튼을 클릭하면 나타난다.

그림 17-7

라이브러리 패널은 그림 17-8과 같이 나타날 것이다.

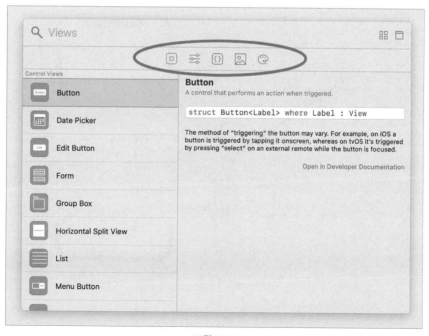

그림 17-8

이 방법을 사용하게 되면 라이브러리 패널이 잠깐 표시되는 것이므로 항목을 하나 선택하거나 패널 밖을 클릭하면 라이브러리 패널이 사라지게 된다. 이 패널을 계속 표시되게 하려면 키보드의 옵션(option) 키를 누르고 있는 상태에서 라이브러리 버튼을 클릭하자.

라이브러리 패널을 열면 사용자 인터페이스 설계에 포함될 수 있는 뷰들이 표시된다. 목록을 스크롤하여 찾아보거나 검색 기능을 이용하여 특정 뷰로 목록을 좁힐 수도 있다. 그림 17-8에 표시된 툴바는 수정자(modifier), 일반적으로 사용되는 스니펫(snippet), 이미지와 컬러 리소스 등의 카테고리로 전환하는 데 사용된다.

라이브러리 내에 있는 항목들은 여러 가지 방법으로 사용자 인터페이스 설계에 적용될 수 있다. font 수정자를 'Hello World' Text 뷰에 적용하려면 코드 에디터나 프리뷰 캔버스에서 해당 뷰를 선택하고, 라이브러리 패널에서 font 수정자를 찾아 더블 클릭한다. 그러면 Xcode는 자동으로 font 수정자를 적용한다.

다른 방법으로는 라이브러리 패널에 있는 항목을 찾아 코드 에디터나 프리뷰 캔버스의 원하는 위치로 드래그 앤 드롭한다. 예를 들어, 그림 17-9는 font 수정자를 에디터의 Text 뷰로 드래그 앤 드롭하고 있다.

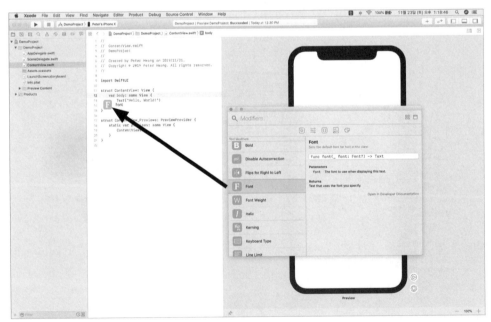

그림 17-9

라이브러리에서 프리뷰 캔버스로 항목을 드래그 앤 드롭을 해도 같은 결과가 된다. 그림 17-10은 버튼 뷰를 기존의 Text 뷰 아래로 추가하고 있다.

그림 17-10

이 예제에서 드래그하던 Button 뷰를 Text 뷰 아래에 두려고 하면 프리뷰 Button 뷰와 기존의 Text 뷰는 자동적으로 버티컬 스택(Vertical Stack) 컨테이너 뷰에 추가될 것이라는 알림이 표시될 것이다. 스택에 대해서는 20장 'SwiftUI 스택과 프레임'에서 설명한다.

뷰 또는 수정자를 SwiftUI View 파일에 추가했다면 포그라운드(foreground) 색상 수정자를 사용하여 색상을 지정해보자. 간단하게 할 수 있는 방법은 당연히 에디터에서 다음과 같이 코드를 수정하는 것이다.

```
Text("Hello World")
    .font(.largeTitle)
    .foregroundColor(.red)
```

다른 방법으로는 에디터 또는 프리뷰 패널에서 해당 뷰를 선택한 다음에 애트리뷰트 인스펙터(Attributes inspector) 패널에서 포그라운드 색상을 변경하는 것이다.

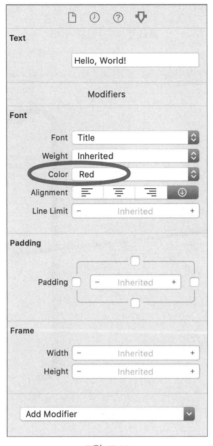

그림 17-11

애트리뷰트 인스펙터는 뷰에 이미 적용된 수정자에 대한 변경도 할 수 있게 한다.

다음 주제로 넘어가기 전에, 애트리뷰트 인스펙터는 패널 하단에 있는 **Add Modifier** 메뉴를 통해 수정자를 뷰에 추가할 수 있게 해준다. 이 메뉴를 클릭하면 현재 뷰 타입에 사용할 수 있는 수정자들이 표시될 것이며, 메뉴에서 하나를 선택하면 해당 수정자가 적용된다. 새롭게 추가된 수정자는 필요한 프로퍼티를 구성할 수 있도록 인스펙터 화면에 표시될 것이다.

17.7 에디터 콘텍스트 메뉴

키보드의 Command 키를 누른 상태로 코드 에디터의 항목을 클릭하면 그림 17-12와 같이 나타난다.

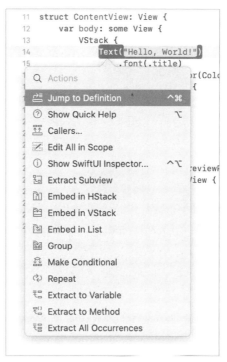

그림 17-12

이 메뉴는 선택한 항목의 타입에 따라 달라지는 메뉴들을 제공한다. 일반적으로는 현재 뷰에 대한 애트리뷰트 인스펙터(Attributes inspector)의 팝업 버전으로 바로가기 옵션과 함께 스택이나 리스트 컨테이너에 있는 현재 뷰를 포함하는 옵션들이 포함된다. 이 메뉴는 자신에게 속한 하위 뷰에 있는 뷰를 추출하는 데에도 유용하다. 하위 뷰를 생성하는 것은 재사용성을 높이며, 성능을 개선하고, 복잡한 설계 구조를 깔끔하게 정리하기 위하여 매우 권장된다.

17.8 여러 디바이스에서 미리보기

새롭게 생성된 모든 SwiftUI View 파일은 파일 하단에 다음과 같은 선언부가 포함되어 있다.

```
struct ContentView_Previews: PreviewProvider {
    static var previews: some View {
        ContentView()
    }
}
```

PreviewProvider 프로토콜을 따르는 이 구조체는 파일에서 기본이 되는 뷰의 인스턴스를 반환한다. 이것은 Xcode가 프리뷰 캔버스에 해당 뷰의 미리보기를 표시하도록 지시하는 것이며, 이러한 선언이 없다면 캔버스에는 아무것도 나타나지 않을 것이다.

디폴트로, 프리뷰 캔버스는 Xcode 툴바에 실행/정지 버튼 우측에 있는 타깃 메뉴에서 현재 선택된 단일 디바이스 기반의 사용자 인터페이스를 보여준다. 다른 디바이스 모델에서 프리뷰를 보려면 타깃 메뉴에서 원하는 타깃 디바이스로 변경하고 프리뷰 캔버스가 변경될 때까지 기다리면 된다.

하지만, 더 좋은 방법으로는 디바이스가 지정되도록 프리뷰 구조체를 수정하는 것이다. 다음의 예제는 iPhone SE의 캔버스 프리뷰에서 사용자 인터페이스가 보이도록 한다.

```
struct ContentView_Previews: PreviewProvider {
    static var previews: some View {
        ContentView()
            .previewDevice(PreviewDevice(rawValue: "iPhone SE"))
            .previewDisplayName("iPhone SE")
    }
}
```

다음과 같이 Group 뷰로 그루핑(grouping)하여 이 기술을 사용하면 여러 디바이스 타입에서 동시에 미리보기할 수 있다.

```
struct ContentView_Previews: PreviewProvider {
    static var previews: some View {

        Group {
            ContentView()
                .previewDevice(PreviewDevice(rawValue: "iPhone SE"))
                .previewDisplayName("iPhone SE")

            ContentView()
                .previewDevice(PreviewDevice(rawValue: "iPhone 11"))
                .previewDisplayName("iPhone 11")
        }
    }
}
```

여러 디바이스에서의 미리보기를 하면 그림 17-13과 같이 프리뷰 캔버스 내에 스크롤할 수 있게 나열된다.

그림 17-13

environment 수정자는 다른 구성으로의 레이아웃을 미리보기하는 데도 사용될 수 있다. 예를 들어, 다음은 다크 모드에서의 미리보기를 위한 코드다.

```
ContentView()
    .previewDevice(PreviewDevice(rawValue: "iPhone SE"))
    .previewDisplayName("iPhone SE")
        .environment(\.colorScheme, .dark)
```

미리보기 구조체는 프리뷰 캔버스에 있는 뷰로 샘플 데이터를 전달하여 테스트해보는 데도 유용하다. 이 기술은 이 책의 후반부에서 사용될 것이다.

```
struct ContentView_Previews: PreviewProvider {
    static var previews: some View {
        ContentView(sampleData: mySampleData)
    }
}
```

17.9 시뮬레이터에서 앱 실행하기

프리뷰 캔버스를 이용하여 할 수 있는 것도 많지만, 실제 디바이스와 시뮬레이터에서 앱을 테스트하는 것만한 건 없다.

Xcode 프로젝트 윈도우에서 좌측 상단에 있는 메뉴(그림 17-14에서 **C**)는 타깃 시뮬레이터를 선택하는 데 사용된다. 이 메뉴에는 개발 시스템과 연결된 실제 디바이스들과 Xcode에 구성된 모든 시뮬레이터가 포함되어 있다.

그림 17-14

툴바의 **실행**(Run) 버튼(**A**)을 클릭하면 코드가 컴파일되고 선택된 타깃에서 앱이 실행된다. Xcode 툴바의 중앙에 있는 작은 패널(**D**)은 빌드 과정의 진행 상황을 표시하며 빌드 과정에서 발생한 문제나 오류를 표시한다. 앱이 빌드되면 시뮬레이터가 시작되고 앱이 실행된다. **정지**(Stop) 버튼(**B**)을 클릭하면 실행되던 앱이 종료된다.

시뮬레이터는 라이브 프리뷰에서 할 수 없는 다양한 테스트 옵션을 제공한다. 예를 들어, 시뮬레이터의 **Hardware** 메뉴와 **Debug** 메뉴에는 시뮬레이터를 가로/세로 방향으로 회전시키는 메뉴와 페이스 아이디(Face ID) 인증, 그리고 내비게이션과 지도 기반 앱을 위하여 지리적 위치를 변경하는 메뉴가 있다.

17.10 실제 iOS 디바이스에서 앱 실행하기

시뮬레이터 환경은 다양한 종류의 iOS 디바이스 모델에서 앱을 테스트할 수 있는 유용한 환경이지만, 실제 iOS 디바이스에서 테스트하는 것 역시 중요하다.

만약 여러분이 2장 '애플 개발자 프로그램 가입하기'에서 설명한 것처럼 Xcode의 환경설정 (Preferences) 화면에 Apple ID를 입력했고 프로젝트에 대하여 개발 팀을 선택했다면, 개발용 맥 시스템과 USB 케이블로 연결된 실제 디바이스에서 앱을 실행해볼 수 있다.

개발 시스템과 디바이스를 연결한 상태로 애플리케이션이 테스트할 준비가 되었다면 Xcode 툴바에 위치한 디바이스 메뉴를 이용한다. 어쩌면 iOS 시뮬레이터 구성들 중 하나가 디폴트로 설정되어 있을 수 있다. 이 메뉴를 선택하여 그림 17-15와 같이 실제 디바이스로 전환하여 변경하자.

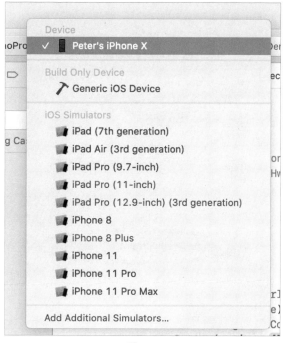

그림 17-15

타깃 디바이스를 선택하고 해당 디바이스의 잠금 상태가 풀려 있는지 확인하고 실행 버튼을 클릭하면 Xcode는 디바이스에 앱을 설치하고 실행한다. 만약 애플 개발자 프로그램에 가입되어 있지 않다면 다음의 다이얼로그처럼 여러분의 디바이스가 앱을 빌드하는 데 사용되는 개발자 인증서를 신뢰하도록 구성해야 한다는 메시지가 표시된다.

그림 17-16

다이얼로그에서 지시한 사항을 따라하기 위하여 아이폰의 설정(Settings) 앱을 열고 **일반**
(General) ➡ **프로파일 및 기기 관리(Profiles and Device Management)** 메뉴로 이동하여 나타난
화면에서 개발자 인증서를 선택한다.

그림 17-17

다음으로 나타난 화면에서 **신뢰(Trust)** 버튼을 터치한다.

그림 17-18

인증서가 신뢰되면 디바이스에 앱을 설치하고 실행할 수 있게 된다.

이번 장 후반부에서 설명하겠지만, 실제 디바이스는 네트워크 테스트를 위한 구성도 할 수 있
다. 이 경우에는 USB 케이블로 디바이스와 개발 시스템을 연결할 필요 없이 네트워크 연결을
통해 디바이스에 앱을 설치하고 테스트할 수 있다.

17.11 디바이스와 시뮬레이터 관리하기

현재 연결된 iOS 디바이스와 Xcode에서 사용하도록 구성된 시뮬레이터는 Xcode의 디바이스 화면(Window ➡ Devices and Simulator 메뉴)에 표시되고 관리될 수 있다. 그림 17-19는 아이폰의 연결을 감지한 시스템에서의 일반적인 디바이스 화면을 보여준다.

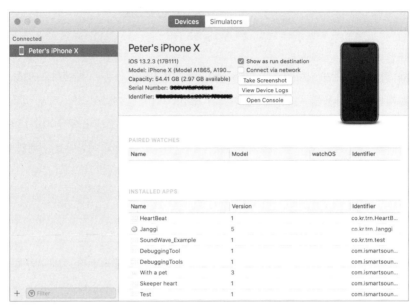

그림 17-19

Xcode에는 디폴트로 다양한 시뮬레이터 구성이 설정되어 있으며, 다이얼로그 상단의 **Simulators** 탭을 선택하면 볼 수 있다. 다른 시뮬레이터 구성을 추가하려면 화면의 좌측 하단에 있는 + 버튼을 클릭하여 추가할 수 있다. 이 버튼을 클릭하면 시뮬레이터 이름과 디바이스 종류, 그리고 iOS 버전을 구성할 수 있는 화면이 나타난다.

17.12 네트워크 테스트 활성화하기

USB 케이블을 통해 개발 시스템과 연결된 실제 디바이스에서 앱을 테스트하는 것뿐만 아니라, Xcode는 네트워크 연결을 통한 테스트도 지원한다. 이 기능은 앞 절에서 설명한 디바이스와 시뮬레이터 다이얼로그 내에서 각각의 디바이스별로 활성화할 수 있다. 디바이스를 USB 케이블로 연결한 상태에서 이 다이얼로그를 열고 목록에서 해당 디바이스를 선택한 다음, 그림 17-20과 같이 **Connect via network** 옵션을 활성화한다.

그림 17-20

이 설정을 활성화했다면 디바이스는 USB 케이블로 연결되지 않은 상태에서도 앱을 실행할 타깃으로 계속해서 사용될 수 있다. 단 하나의 조건이 있다면 디바이스와 개발 컴퓨터가 동일한 와이파이 네트워크에 연결되어 있어야 한다는 것이다. 이 조건이 맞았다면 디바이스를 선택한 상태에서 실행 버튼을 클릭한다. 네트워크 연결을 통해 앱이 설치되고 실행될 것이다.

17.13 빌드 에러 처리하기

어떠한 이유로 빌드가 실패했다면 Xcode 툴바의 상태 화면[2]에 에러와 경고 개수와 함께 감지된 에러가 표시될 것이다. 또한, Xcode 화면 왼쪽 패널에 에러 목록이 나타난다. 목록에서 에러를 선택하면 수정이 필요한 코드 위치로 이동한다.

17.14 애플리케이션 성능 모니터링

Xcode의 또 하나의 유용한 기능은 디바이스나 시뮬레이터, 심지어 라이브 프리뷰 캔버스에서 실행 중인 애플리케이션의 성능을 모니터링할 수 있다는 것이다. 이 정보는 **디버그 내비게이터(Debug Navigator)**를 통해 볼 수 있다.

Xcode를 실행하면 디폴트로 프로젝트 내비게이터가 왼쪽 패널에 표시된다. 이 패널 상단은 다양한 다른 옵션을 가지고 있다. 왼쪽에서 일곱 번째 옵션은 그림 17-21과 같이 디버그 내비게이터다. 이 화면은 현재 실행 중인 애플리케이션의 성능(예를 들어, 메모리, CPU 사용률, 디스크 접근, 에너지 효율, 네트워크 활동, 그리고 아이클라우드 저장소 접근 등)과 관련된 실시간 통계를 표시한다.

2 　**옮긴이**　그림 17-14에서 **D**

그림 17-21

이들 카테고리 중 하나를 선택하면 선택된 애플리케이션의 성능에 대한 추가 정보가 제공되도록 메인 패널이 그림 17-22와 같이 업데이트된다.

그림 17-22

패널의 우측 상단에 있는 **Profile in Instruments** 버튼을 클릭하면 더 많은 정보를 얻을 수 있다.

17.15 사용자 인터페이스 레이아웃 계층구조 살펴보기

Xcode는 사용자 인터페이스 레이아웃을 회전하여 볼 수 있는 3차원 뷰로 분리하는 기능을 제공한다. 이 3차원 뷰를 통하여 사용자 인터페이스의 뷰 계층구조가 어떻게 구축되었는지를 확인할 수 있다. 이것은 어떤 뷰 객체 위에 다른 객체가 위치하여 뷰를 가리고 있는지, 또는 레이아웃이 의도한 대로 나타나지 않는 상황에서 특히 유용하다. 또한, 우리가 해야 할 일을 SwiftUI가 얼마나 많이 해주는지 확인하거나, SwiftUI가 SwiftUI 레이아웃을 구축하기 위하여 뒤에서 어떻게 동작하는지를 배우는 데도 유용한다.

이 모드로 뷰 계층구조에 접근하려면 먼저 그림 17-6과 같이 디버그 모드로 미리보기를 시작한다. 이렇게 했다면 그림 17-23과 같이 **Debug View Hierarchy** 버튼을 클릭한다.

그림 17-23

활성화가 되면 레이아웃의 3차원 뷰가 나타난다. 뷰를 클릭한 상태에서 드래그하면 계층구조가 회전되어 사용자 인터페이스를 구성하는 뷰의 레이아웃을 살펴볼 수 있게 해준다.

그림 17-24

패널의 좌측 하단에 있는 슬라이더를 조정하면 계층구조 내에 있는 뷰들 간의 간격을 조절하게 된다. 슬라이더에 있는 두 개의 마커를 이용하면 렌더링에서 볼 수 있는 뷰의 범위를 좁힐 수 있다(그림 17-25 참고). 예를 들어, 계층구조 중간에 있는 뷰들에 초점을 맞추고 싶을 경우에 유용할 수 있다.

그림 17-25

계층구조를 디버깅하는 동안 왼쪽 패널에는 그림 17-26과 같이 레이아웃에 대한 전체의 뷰 계층구조가 표시된다.

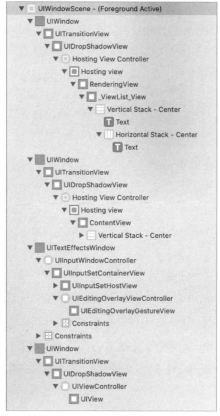

그림 17-26

계층구조에 있는 객체를 선택하면 해당 항목이 3차원 렌더링에서 강조되며, 반대로도 그렇다. 맨 오른쪽 패널은 선택된 객체의 속성을 표시한다. 만약 가장 오른쪽 패널이 표시되지 않는다면 그림 17-27의 툴바 버튼을 클릭하여 표시할 수 있다.

그림 17-27

예를 들어, 그림 17-28은 뷰 계층구조에서 텍스트 뷰를 선택했을 때의 인스펙터 패널을 보여준다.

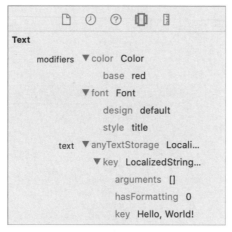

그림 17-28

17.16 요약

새로운 프로젝트를 생성하면 Xcode는 앱의 사용자 인터페이스를 만들 때 UIKit 스토리보드를 이용할 것인지, 아니면 SwiftUI를 이용할 것인지를 결정할 수 있는 옵션을 준다. SwiftUI 모드에서는 앱 개발과 관련된 대부분의 작업은 코드 에디터와 프리뷰 캔버스에서 이뤄진다. 새로운 뷰에 사용자 인터페이스 레이아웃을 추가하고 구성하는 방법으로는 코드 에디터에 직접 타이핑하거나, 라이브러리에서 원하는 항목을 에디터나 프리뷰 캔버스로 드래그 앤 드롭하는 방법이 있다.

프리뷰 캔버스는 코드 에디터에서 변경된 코드가 실시간으로 반영되도록 화면을 업데이트할 것이다. 하지만 큰 변경에 대해서는 업데이트가 종종 일시정지된다. 일시정지된 상태가 되면 Resume 버튼을 클릭하여 업데이트를 다시 시작할 수 있다. 애트리뷰트 인스펙터는 선택된 뷰의 프로퍼티를 변경하며 새로운 수정자를 추가할 수 있게 한다. 키보드의 Command 키를 누른 상태에서 에디터나 캔버스에 있는 뷰를 클릭하면 다양한 콘텍스트 메뉴가 표시된다.

SwiftUI View 파일의 끝에 있는 미리보기 구조체는 서로 다른 환경 설정의 여러 디바이스 모델에서 동시에 미리보기를 수행할 수 있게 한다.

18

기본 SwiftUI 프로젝트 분석

Xcode에서 **Single View App** 템플릿을 이용하여 새로운 SwiftUI 프로젝트를 생성하면 Xcode는 최종 앱으로 구축될 프로젝트의 기본을 형성하기 위하여 여러 파일과 폴더를 생성한다.

SwiftUI 개발을 처음 시작하는 단계에서 이들 파일이 각각 어떤 목적인지에 상세하게 알 필요는 없지만, 더 복잡한 애플리케이션을 개발할 때를 위해 알아두면 유용할 것이다.

이번 장의 목적은 기본 프로젝트 구조의 각 요소에 대해 간략하게 알아보는 것이다.

18.1 예제 프로젝트 생성하기

이번 장을 진행하는 동안에 살펴볼 샘플 프로젝트를 생성하는 게 도움이 될 것이다. 이를 위하여 Xcode를 실행하고 환영 화면에서 새로운 프로젝트를 생성하는 옵션을 선택한다. 그 다음에 나오는 템플릿 선택 패널에서 **Single View App** 옵션을 선택하고 다음 화면으로 이동한다. 프로젝트 옵션 화면에서 프로젝트 이름을 ProjectDemo라고 하고 사용자 인터페이스를 **SwiftUI**로 변경한다. **Next** 버튼을 클릭하여 마지막 화면으로 진행하고, 프로젝트를 저장할 적당한 위치를 선택한 다음에 **Create** 버튼을 클릭한다.

18.2 UIKit과 SwiftUI

앞에서 설명했듯이, SwiftUI가 도입되기 전에는 UIKit을 이용하여 iOS 앱을 개발하였다. 이러한 현실을 감안하여 애플은 SwiftUI와 UIKit 코드가 동일한 프로젝트 내에 통합되도록 하는 여러 방법을 제공한다.

처음에는 잘 모를 수 있지만, 새로운 SwiftUI 기반의 프로젝트를 생성하면 실제로 Xcode는 궁극적으로 SwiftUI 뷰들이 앱을 만드는 주체가 되도록 하기 위하여 통합 기술을 사용하는 UIKit 기반의 앱을 생성한다. 따라서 이번 장에서 살펴볼 몇몇의 파일은 UIKit 기반이며, UI라는 접두사가 붙어 있는 모든 클래스는 UIKit 클래스다.

18.3 AppDelegate.swift 파일

모든 iOS 앱은 이벤트 처리와 사용자 인터페이스를 표시하기 위하여 앱에 의해 사용될 서로 다른 UIWindow 객체를 관리하는 UIApplication 클래스의 인스턴스 하나를 갖는다. UIWindow 인스턴스는 사용자에게 보이지 않지만 사용자 인터페이스를 구성하는 시각적 객체를 담기 위한 컨테이너를 제공한다.

UIApplication 인스턴스는 앱의 생명 주기와 관련된 중요한 이벤트(예를 들어, 앱 실행, 알림 수신, 디바이스 메모리 부족, 앱 종료 보류, 앱 내에 새로운 화면 생성 등)에 대한 메서드 호출을 통하여 알림을 주는 델리게이트와 연결된다.

Xcode에 의해 디폴트로 생성되는 **AppDelegate.swift** 파일은 AppDelegate 프로토콜을 따르는 필수 메서드들만 포함하지만, 다른 종류의 앱 생명 주기 이벤트의 알림을 받기 위하여 관련된 메서드를 추가할 수도 있다. 이러한 메서드들은 네트워크 연결 구축하거나 데이터베이스 접근 설정과 같이 앱 초기에 해야 할 초기화 작업을 구현하는 데 유용하다. didFinishLaunchingWithOptions 메서드는 초기화 코드를 추가하는 데 특히 유용하다. 왜냐하면 앱이 실행된 후에 첫 번째로 호출되는 메서드이기 때문이다.

18.4 SceneDelegate.swift 파일

앱의 사용자 인터페이스 전부는 UIWindow의 자식인 UIWindowScene 객체의 형태인 화면 (scene)으로 표시된다. 앱 사용자 인터페이스 내에 단일 화면만 나타내는 **UIKit 스토리보드 화면(Storyboard scene)**과 혼동하지 않는 것이 중요하다. 디폴트로, 앱은 단 하나의 화면만 갖겠지만 iOS 13에서 다중 윈도우가 지원되면서 여러 개의 사용자 인터페이스 인스턴스로 앱을 구성할 수 있게 되었다. 아이폰에서 사용자는 앱 스위처(app switcher)를 이용하여 사용자 인터페이스 복사본들 간의 전환을 하며, 아이패드에서도 사용자 인터페이스의 복사본이 나란히 표시된다.

여러 화면 모두는 동일한 UIApplication 객체를 공유하지만, 다중 윈도우 구성에서의 각 UIWindowScene 인스턴스는 자신만의 화면 델리게이트 인스턴스를 갖는다.

SceneDelegate 클래스 파일은 UIWindowSceneDelegate 프로토콜을 구현하며, 현재 세션과 연결되는 새로운 화면 객체, 백그라운드와 포그라운드 간의 화면 전환, 또는 앱에서 연결이 끊긴 화면과 같은 이벤트를 처리하는 메서드를 포함한다.

SceneDelegate의 모든 메시드는 앱의 생명 주기 동안 초기화와 초기화 해제 작업을 수행하는 데 유용하다. 하지만, 이 파일에서 가장 중요한 델리게이트 메서드는 새로운 화면 객체가 앱에 추가될 때마다 호출되는 willConnectTo 메서드다.

디폴트로, Xcode에 의해 구현되는 willConnectTo 델리게이트 메서드는 **ContentView. swift** 파일에 선언된 ContentView 뷰의 인스턴스를 생성하고 사용자에게 보이도록 한다. 이 메서드 내에서 UIKit 아키텍처와 SwiftUI 간의 간격이 해소된다.

UIKit 프로젝트 내에 SwiftUI 뷰가 포함되기 위해서 SwiftUI 뷰는 UIHostingController 인스턴스에 포함된다. 이에 대한 내용은 32장 'UIView와 SwiftUI 통합하기'에서 다룬다. 이 작업을 하기 위하여 willConnectTo 델리게이트 메서드는 다음과 같은 작업을 수행한다.

1. ContentView 인스턴스 생성

2. 새로운 UIWindow 객체 생성

3. UIHostingController 인스턴스에 ContentView 객체 포함

4. UIHostingController를 새롭게 생성된 UIWindow 객체의 최상위 뷰 컨트롤러(root view controller)로 할당

5. 화면의 현재 UIWindow 인스턴스를 새로운 인스턴스로 치환

6. 사용자에게 윈도우 표시

그림 18-1은 단일 윈도우 앱의 계층구조를 보여준다.

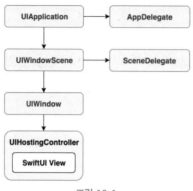

그림 18-1

반면, 다중 윈도우 앱 계층구조는 그림 18-2와 같이 될 수 있다. AppDelegate는 단 하나만 있지만 각각의 화면은 자신만의 SceneDelegate 인스턴스를 갖는다는 점을 주목하자.

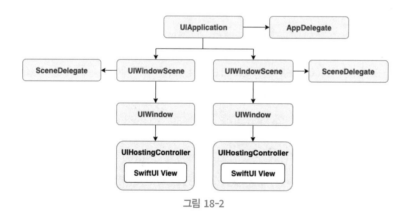

그림 18-2

18.5 ContentView.swift 파일

이것은 SwiftUI View 파일로 앱이 시작할 때 나타날 첫 화면의 내용을 담는다. 이런 파일들은 SwiftUI로 앱을 개발할 때 대부분의 작업이 수행되는 곳이다. 이 파일은 디폴트로 하나의 Text 뷰를 가지고 있으며, 'Hello, World!'를 표시한다.

18.6 Assets.xcassets

Assets.xcassets 폴더는 에셋이 포함되며, 이미지, 아이콘, 색상 등 앱에서 사용되는 리소스를 저장하기 위하여 사용된다.

18.7 Info.plist

이것은 정보 프로퍼티 리스트 파일로, 앱을 구성하는 데 사용되는 키-값 쌍으로 된 XML 파일이다. 예를 들어, 다중 윈도우 지원을 활성화하기 위한 설정은 이 파일에 포함된다.

18.8 LaunchScreen.storyboard

앱이 실행될 때 사용자에게 표시되는 화면의 사용자 인터페이스 레이아웃을 담는 스토리보드 파일이다. 이것은 UIKit Storyboard 화면이므로 SwiftUI가 아닌 인터페이스 빌더를 이용하여 설계된다.

18.9 요약

Xcode에서 **Single View App** 템플릿을 사용하여 새로운 SwiftUI 프로젝트가 생성되면 Xcode는 앱에 필요한 파일들을 자동으로 생성한다. 이들 파일과 폴더는 리소스 추가, 초기화와 초기화 해제 작업 수행, 앱의 사용자 인터페이스와 로직 구축 등의 기능이 앱에 추가되도록 하기 위해 수정될 수 있다. 이번 장에서는 SwiftUI 기반 iOS 앱의 내부 아키텍처에 대한 개요와 함께 각 파일에 대한 개요를 살펴보았다.

CHAPTER

19

SwiftUI로 커스텀 뷰 생성하기

SwiftUI를 이용하여 앱 개발을 배우는 과정 중에서 중요한 한 가지는 내장된 SwiftUI 뷰를 사용함과 동시에 자신만의 커스텀 뷰를 만들어 자신이 원하는 사용자 인터페이스 레이아웃을 어떻게 선언하는지를 배우는 것이다. 이번 장에서는 SwiftUI 뷰의 기본 개념을 소개하며, 사용자 인터페이스 레이아웃을 선언하고 뷰의 모양과 동작을 수정하는 데 사용되는 구문에 대해 알아보는 것이다.

19.1 SwiftUI 뷰

사용자 인터페이스 레이아웃은 뷰 사용과 생성, 그리고 결합을 통해 SwiftUI로 구성된다. 가장 먼저 살펴봐야 할 중요한 단계는 '뷰(view)'라는 용어의 의미를 이해하는 것이다. SwiftUI에서 뷰는 View 프로토콜을 따르는 구조체로 선언된다. View 프로토콜을 따르도록 하기 위해서 구조체는 body 프로퍼티를 가지고 있어야 하며, 이 body 프로퍼티 안에 뷰가 선언되어야 한다.

SwitUI에는 사용자 인터페이스를 구축할 때 사용될 수 있는 다양한 뷰(예를 들어, 텍스트 레이블, 텍스트 필드, 메뉴, 토글, 레이아웃 매니저 뷰 등)가 내장되어 있다. 각각의 뷰는 View 프로토콜을 따르는 독립적인 객체다. SwiftUI로 앱을 만들게 되면 여러분만의 사용자 인터페이스 모양과 동작을 하는 커스텀 뷰를 생성하기 위해서 이들 뷰를 사용하게 될 것이다.

재사용 가능한 뷰 컴포넌트를 캡슐화하는 하위 뷰(예를 들어, 여러분 앱 화면에서 로그인을 위한 보안 테스트 필드와 버튼)부터 전체 화면에 대한 사용자 인터페이스를 캡슐화한 뷰까지 다양한 영역에 걸쳐 커스텀 뷰를 만들 수 있다. 커스텀 뷰의 크기와 복잡성 또는 커스텀 뷰에 캡슐화된 자식 뷰의 개수와는 관계없이, 하나의 커스텀 뷰는 사용자 인터페이스 모양과 동작을 정의하는 하나의 객체일 뿐이다.

19.2 기본 뷰 생성하기

Xcode에서 커스텀 뷰는 SwiftUI View 파일에 포함된다. 새로운 SwiftUI 프로젝트를 생성하면 Xcode는 Text 뷰 컴포넌트 하나로 구성된 하나의 커스텀 뷰를 가진 단일 SwiftUI View 파일을 생성할 것이다. 또 다른 뷰 파일은 File ➡ New ➡ File... 메뉴를 선택하고 템플릿 화면에서 SwiftUI View 파일 항목을 선택하여 프로젝트에 추가할 수 있다.

디폴트 SwiftUI View 파일은 **ContentView.swift**라는 이름으로 만들어지며, 다음과 같은 코드가 포함되어 있다.

```
import SwiftUI

struct ContentView: View {
    var body: some View {
        Text("Hello, World!")
    }
}

struct ContentView_Previews: PreviewProvider {
    static var previews: some View {
        ContentView()
    }
}
```

ContentView라는 이름의 뷰는 View 프로토콜을 따르도록 선언되어 있다. 또한, 필수 요소인 body 프로퍼티도 가지며, 'Hello, World!'라는 문자열로 초기화된 내장 컴포넌트인 Text 뷰의 인스턴스가 body 프로퍼티에 포함되어 있다.

이 파일의 두 번째 구조체는 ContentView의 인스턴스를 생성하기 위해 필요하며, 프리뷰 캔버스에 나타나게 한다. 이에 대한 내용은 뒤에서 자세히 다룰 것이다.

19.3 뷰 추가하기

body 프로퍼티에 원하는 뷰를 배치하여 다른 뷰가 추가될 수 있다. 하지만, body 프로퍼티는 단 하나의 뷰를 반환하도록 구성되어 있어서 다음의 예제와 같이 뷰를 추가하면 구문 오류가 발생한다.

```
struct ContentView: View {
    var body: some View {
        Text("Hello, World!")
        Text("Goodbye World") // 유효하지 않은 구조
    }
}
```

뷰를 추가하기 위해서는 스택(stack)이나 폼(form) 같은 컨테이너 뷰에 뷰들을 배치해야 한다. 따라서 앞의 예제는 수직 스택(VStack)에 두 개의 Text 뷰가 배치되도록 수정할 수 있다. '수직 스택'이라는 이름에서 짐작할 수 있듯이 안에 포함되는 뷰들이 수직 방향으로 배치된다.

```
struct ContentView: View {
    var body: some View {
        VStack {
            Text("Hello, World!")
            Text("Goodbye World")
        }
    }
}
```

SwiftUI 뷰는 기본적으로 부모 뷰와 자식 뷰 형태의 계층구조가 된다. 이것은 여러 계층의 뷰들이 복잡한 사용자 인터페이스를 생성할 수 있게 한다. 예를 들어, 다음의 뷰 계층구조 다이어그램을 살펴보자.

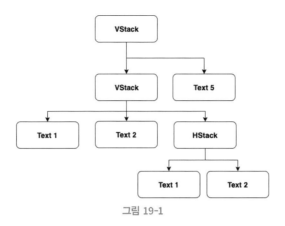

그림 19-1

이 그림에 대한 뷰 선언부는 다음과 같다.

```
struct ContentView: View {
    var body: some View {
        VStack {
            VStack {
                Text("Text 1")
                Text("Text 2")
                HStack {
                    Text("Text 3")
                    Text("Text 4")
                }
            }
            Text("Text 5")
        }
    }
}
```

우리가 주목해야 할 예외사항은 컨테이너에 포함된 여러 뷰를 서로 연결하면 하나의 뷰처럼 간주된다는 것이다. 따라서 다음의 코드도 유효한 뷰 선언부다.

```
struct ContentView: View {
    var body: some View {

        Text("Hello, ") + Text("how ") + Text("are you?")
    }
}
```

앞의 예제에서 body 프로퍼티의 **클로저**(closure)는 반환 구문이 없다. 왜냐하면 단일 표현식으로 되어 있기 때문이다(암묵적 반환에 대해서는 9장 '스위프트 5의 함수, 메서드, 클로저 개요'에서 설명하였다). 하지만, 다음의 예제와 같이 클로저에 별도의 표현식이 추가되면 return 구문을 추가해야 한다.

```
struct ContentView: View {
    var body: some View {

        var myString: String = "Welcome to SwiftUI"

        return VStack {
            Text("Hello, World!")
            Text("Goodbye World")
        }
    }
}
```

19.4 하위 뷰로 작업하기

애플은 최대한 뷰를 작고 가볍게 하라고 권장한다. 이것은 재사용할 수 있는 컴포넌트 생성을 권장하고, 뷰 선언부를 더 쉽게 관리하도록 하며, 레이아웃이 더 효율적으로 렌더링되도록 한다.

만약 여러분이 만든 커스텀 뷰의 선언부가 크고 복잡하다면 하위 뷰로 나눌 수 있는 부분을 찾아야 한다. 매우 간단한 예제로, 이전의 코드에서 HStack 뷰를 다음과 같이 MyHStackView라는 이름의 하위 뷰로 나눌 수 있다.

```
struct ContentView: View {
    var body: some View {
        VStack {
            VStack {
                Text("Text 1")
                Text("Text 2")
                MyHStackView()
            }
            Text("Text 5")
        }
    }
}

struct MyHStackView: View {
    var body: some View {
        HStack {
```

```
            Text("Text 3")
            Text("Text 4")
        }
    }
}
```

19.5 프로퍼티로서의 뷰

하위 뷰를 생성하는 것 외에도 복잡한 뷰 계층구조를 구성하는 방법으로 프로퍼티를 뷰에
할당할 수도 있을 것이다.

```
struct ContentView: View {

    var body: some View {

        VStack {
            Text("Main Title")
                .font(.largeTitle)
            HStack {
                Text("Car Image")
                Image(systemName: "car.fill")
            }
        }
    }
}
```

앞의 선언부 중 일부는 프로퍼티 값으로 이동하고 이름으로 참조될 수 있다. 다음의 선언부
는 HStack을 carStack이라는 이름의 프로퍼티에 할당하고 VStack 레이아웃에서 참조한다.

```
struct ContentView: View {

    let carStack = HStack {
        Text("Car Image")
        Image(systemName: "car.fill")
    }

    var body: some View {
        VStack {
            Text("Main Title")
                .font(.largeTitle)
            carStack
        }
    }
}
```

19.6 뷰 변경하기

SwiftUI와 함께 제공되는 모든 뷰는 커스터마이징이 필요 없을 정도로 완전히 정확하게 우리가 원하는 모양과 동작을 하는 건 아니기 때문에 **수정자**(modifier)를 뷰에 적용하여 변경할 수 있다.

모든 SwiftUI 뷰에는 뷰의 모양과 동작을 변경하는 데 사용될 수 있는 수정자들이 있다. 이들 수정자는 뷰의 인스턴스에서 호출되는 메서드 형태를 취하며 원래의 뷰를 다른 뷰로 감싸는 방식으로 필요한 변경을 한다. 이 말은 동일한 뷰에 여러 가지를 변경하기 위하여 수정자들이 연결될 수 있다는 의미다. 예를 들어, 다음은 Text 뷰의 폰트와 포그라운드 색상을 변경한다.

```
Text("Text 1")
    .font(.headline)
    .foregroundColor(.red)
```

마찬가지로, 다음의 예제는 Image 뷰가 허용하는 공간 안에 이미지를 정비율로 표현하도록 구성하는 수정자를 사용한다.

```
Image(systemName: "car.fill")
    .resizable()
    .aspectRatio(contentMode: .fit)
```

수정자는 커스텀 하위 뷰에도 적용할 수 있다. 다음의 예제는 앞에서 선언했던 MyHStackView 커스텀 뷰의 Text 뷰들의 폰트를 largeTitle 폰트 스타일로 변경한다.

```
MyHStackView()
    .font(.largeTitle)
```

19.7 텍스트 스타일로 작업하기

앞의 예제에서 뷰에 텍스트를 표시하기 위해 사용된 폰트는 내장된 텍스트 스타일을 이용하여 선언(앞의 예제에서는 largeTitle 사용)하였다.

iOS는 애플리케이션이 텍스트를 표시할 때의 텍스트 크기를 사용자가 선택할 수 있게 한다. 설정 앱(Settings) ➡ 디스플레이 및 밝기(Display & Brightness) ➡ 텍스트 크기(Text Size) 화면

에서 디바이스의 현재의 텍스트 크기를 그림 19-2와 같이 하단의 슬라이더를 조절하여 구성
할 수 있게 한다.

그림 19-2

만약 텍스트 스타일을 이용하여 뷰의 폰트를 선언했다면 텍스트 크기는 사용자가 지정한 폰
트 크기에 따라 동적으로 맞춰진다. 거의 예외 없이, 내장된 iOS 앱들은 사용자에 의해 선택
된 폰트 크기 설정을 따라 텍스트를 표시하며, 다른 앱들도 사용자가 선택한 텍스트 크기를
따르라고 애플은 권장한다. 다음의 텍스트 스타일은 현재 사용할 수 있는 옵션들이다.

- headline
- subheadline
- body
- callout
- footnote
- caption

여러분에게 맞는 텍스트 스타일이 없다면 폰트 종류와 크기를 선언하여 커스텀 폰트를 적용할 수도 있다. 하지만, 이렇게 하면 사용자가 선택한 텍스트 크기와는 상관없이 고정된 크기로 표시될 것이다.

```
Text("Sample Text")
    .font(.custom("Copperplate", size: 70))
```

앞의 커스텀 폰트는 다음과 같이 Text 뷰를 렌더링할 것이다.

SAMPLE TEXT

그림 19-3

19.8 수정자 순서

수정자들을 연결할 때 수정자들이 적용되는 순서가 중요하다는 점을 알아야 한다. 다음은 Text 뷰에 border와 padding을 적용하고 있다.

```
Text("Sample Text")
    .border(Color.black)
    .padding()
```

border 수정자는 뷰 주변에 검정색 경계선을 그리며, padding 수정자는 뷰 주변의 여백을 추가한다. 앞의 코드는 그림 19-4와 같이 렌더링된다.

그림 19-4

텍스트에 패딩을 적용시켰으니 텍스트와 경계선 사이에 간격이 있을 것으로 기대했다. 그런데 실제로는 원본 Text 뷰에만 적용되었고, 패딩은 보더 수정자가 반환한 수정된 뷰에 적용되었다. 패딩은 뷰에 적용되었지만 경계선 바깥에 적용된 것이다. 패딩을 경계선 안쪽에 적용하기 위해서는 수정자의 순서를 바꿔야 한다. 즉, 패딩 수정자가 반환한 뷰에 경계선을 그리는 것이다.

```
Text("Sample Text")
    .padding()
    .border(Color.black)
```

수정자의 순서를 바꾸면 뷰는 다음과 같이 렌더링된다.

Sample Text

그림 19-5

만약 수정자를 연결해서 작업했는데 기대한 효과가 나타나지 않는다면 뷰에 적용되는 순서 때문일 수 있음을 기억하자.

19.9 커스텀 수정자

SwiftUI는 여러분만의 커스텀 수정자를 생성할 수 있게도 해준다. 이것은 뷰에 자주 적용되는 대표적인 수정자들을 갖고자 할 때 특히 유용하다. 다음의 수정자는 뷰 선언부에 공통으로 필요한 수정자라고 가정해보자.

```
Text("Text 1")
    .font(.largeTitle)
    .background(Color.white)
    .border(Color.gray, width: 0.2)
    .shadow(color: Color.black, radius: 5, x: 0, y: 5)
```

이와 같은 모양으로 표시해야 할 텍스트가 나올 때마다 4개의 수정자를 계속 적용하는 것보다 더 좋은 해결 방법은 이것들을 커스텀 수정자로 묶어서 필요할 때마다 참조하는 것이다. 커스텀 수정자는 ViewModifier 프로토콜을 따르는 구조체로 선언되며, 다음과 같이 구현된다.

```
struct StandardTitle: ViewModifier {
    func body(content: Content) -> some View {
        content
            .font(.largeTitle)
            .background(Color.white)
            .border(Color.gray, width: 0.2)
            .shadow(color: Color.black, radius: 5, x: 0, y: 5)
```

```
        }
    }
```

필요한 곳에서 `modifier()` 메서드를 통해 커스텀 수정자를 전달하여 적용한다.

```
Text("Text 1")
    .modifier(StandardTitle())
Text("Text 2")
    .modifier(StandardTitle())
```

커스텀 수정자를 구현했으니 StandardTitle 구현체를 수정하면 이 수정자를 사용하는 모든 뷰에 자동으로 적용될 것이다. 이렇게 하면 여러 뷰에 적용한 수정자를 수동으로 수정할 필요가 없어진다.

19.10 기본적인 이벤트 처리

SwiftUI가 데이터 주도적(data-driven)이라고는 했지만, 사용자 인터페이스인 뷰를 사용자가 조작할 때 발생하는 이벤트 처리는 여전히 필요하다. Button 뷰와 같은 몇몇 뷰는 사용자의 상호작용을 유도하기 위한 목적으로만 제공된다. 사실, Button 뷰는 여러 다른 뷰를 클릭할 수 있는 버튼으로 바꾸기 위해 사용되기도 한다. Button 뷰는 버튼 내용과 함께 클릭이 감지될 때 호출될 메서드로 선언되어야 한다. 예를 들어, 뷰 전체를 하나의 버튼으로 지정할 수도 있다. 하지만 대부분의 경우에 Text 뷰는 보통 Button의 콘텐트로 사용될 것이다. 다음의 구현체는 Text 뷰를 감싸는 Button 뷰로, 클릭하면 buttonPressed()라는 메서드가 호출된다.

```
struct ContentView: View {
    var body: some View {
        Button(action: buttonPressed) {
            Text("Click Me")
        }
    }

    func buttonPressed() {
        // 동작할 코드가 온다
    }
}
```

액션 함수를 지정하는 대신, 버튼이 클릭되었을 때 실행될 코드를 클로저로 지정할 수도 있다.

```
Button(action: {
    // 동작할 코드가 온다
}) {
    Text("Click Me")
}
```

Image 뷰를 버튼으로 만들어야 하는 경우도 있다.

```
Button(action: { print("hello")
}) {
    Image(systemName: "square.and.arrow.down")
}
```

19.11 onAppear 메서드와 onDisappear 메서드

레이아웃 안에 뷰가 나타나거나 사라질 때 초기화 작업과 초기화 해제 작업을 수행하기 위하여 지정된 뷰에 액션 메서드들을 선언하기도 한다. 바로 onAppear와 onDisappear 인스턴스 메서드다.

```
Text("Hello World")
    .onAppear(perform: {
        // 뷰가 나타날 때 수행되는 코드
    })
    .onDisappear(perform: {
        // 뷰가 사라질 때 수행되는 코드
    })
```

19.12 커스텀 컨테이너 뷰 만들기

이번 장 앞에서 언급했던 것처럼 하위 뷰는 뷰 선언부를 작고 가벼우며 재사용할 수 있는 블록으로 나누는 유용한 방법을 제공한다. 하지만 하위 뷰의 한 가지 한계는 컨테이너 뷰의 콘텐트가 정적(static)이라는 점이다. 다시 말해, 하위 뷰가 레이아웃에 포함되는 시점에 하위 뷰에 포함될 뷰를 동적으로 지정할 수 없다. 하위 뷰에 포함되는 뷰들은 최초 선언부에 지정된 하위 뷰들뿐이다.

3개의 텍스트 뷰가 VStack 안에 포함되고 임의의 간격과 폰트 설정으로 구성된 하위 뷰가 다음과 같이 있다고 하자.

```
struct MyVStack: View {
    var body: some View {
        VStack(spacing: 10) {
            Text("Text Item 1")
            Text("Text Item 2")
            Text("Text Item 3")
        }
        .font(.largeTitle)
    }
}
```

선언부에 MyVStack 인스턴스를 포함시키려면 다음과 같이 참조할 것이다.

```
MyVStack()
```

하지만, 간격이 10이며 largeTitle 폰트 수정자를 가진 VStack이 프로젝트 내에서 자주 필요하지만, 사용할 곳마다 서로 다른 뷰들이 여기에 담겨야 한다고 가정하자. 하위 뷰를 사용해서는 이러한 유연성을 갖지 못하지만, 커스텀 컨테이너 뷰를 생성할 때 SwiftUI의 ViewBuilder 클로저 속성을 이용하면 가능하다.

ViewBuilder는 스위프트 클로저 형태를 취하며 여러 하위 뷰로 구성된 커스텀 뷰를 만드는 데 사용될 수 있으며, 이 뷰가 레이아웃 선언부 내에 사용될 때까지 내용을 선언할 필요가 없다. ViewBuilder 클로저는 콘텐트 뷰들을 받아서 동적으로 만들어진 단일 뷰로 반환한다.

다음은 우리의 MyVStack 뷰를 구현하기 위하여 ViewBuilder 속성을 사용하는 예제다.

```
struct MyVStack<Content: View>: View {
    let content: () -> Content
    init(@ViewBuilder content: @escaping () -> Content) {
        self.content = content
    }

    var body: some View {
        VStack(spacing: 10) {
            content()
        }
        .font(.largeTitle)
    }
}
```

이 선언부는 View 프로토콜을 따르며, body에는 VStack 선언부를 포함한다. 하지만 스택에 정적 뷰를 포함하는 대신에 하위 뷰들은 초기화 메서드에 전달되며, ViewBuilder에 의해 처리되어 VStack에 하위 뷰들로 포함될 것이다. 이제 커스텀 MyVStack 뷰는 레이아웃 내에 사용될 서로 다른 하위 뷰들로 초기화될 수 있다.

```
MyVStack {
    Text("Text 1")
    Text("Text 2")
    HStack {
        Image(systemName: "star.fill")
        Image(systemName: "star.fill")
        Image(systemName: "star")
    }
}
```

19.13 요약

SwiftUI의 사용자 인터페이스는 SwiftUI View 파일에 선언되며, View 프로토콜을 따르는 컴포넌트들로 구성된다. View 프로토콜을 따르도록 하기 위해서 구조체는 View 자신인 body라는 이름의 프로퍼티를 포함해야 한다.

SwiftUI는 사용자 인터페이스 레이아웃을 설계하는 데 사용되는 내장 컴포넌트들의 라이브러리를 제공한다. 뷰의 모양과 동작은 수정자(modifier)를 적용하여 구성할 수 있으며, 커스텀 뷰와 하위 뷰를 생성하기 위하여 수정되거나 그루핑될 수 있다. 마찬가지로, 커스텀 컨테이너 뷰는 ViewBuilder 클로저 프로퍼티를 이용하여 생성될 수 있다.

수정자를 뷰에 적용하면 새롭게 변경된 뷰가 반환되며, 그 다음에 오는 수정자가 다시 적용된다. 뷰에 수정자를 적용하는 순서가 중요한 영향을 주게 된다.

20

SwiftUI 스택과 프레임

사용자 인터페이스 설계를 크게 보면 적절한 인터페이스 컴포넌트를 선택하고 뷰를 어떻게 배치할지 결정한 다음, 서로 다른 화면과 뷰들 간의 이동을 구현하는 것이다.

SwiftUI는 버튼, 레이블, 슬라이더, 토글 뷰처럼 앱을 개발할 때 사용될 다양한 종류의 사용자 인터페이스 컴포넌트를 가지고 있다. 또한, SwiftUI는 사용자 인터페이스의 구성 방법과 화면의 방향과 크기에 따라 대응하는 방법을 정의하는 레이아웃 뷰를 제공한다.

이번 장은 SwiftUI에 포함된 Stack 컨테이너 뷰를 설명하며, 사용자 인터페이스 설계를 비교적으로 쉽게 하는 방법을 설명한다.

스택 뷰에 대한 설명이 끝나면 유연한 프레임의 개념을 다루며, 어떻게 하면 레이아웃에서 뷰의 크기를 조정할 수 있는지를 설명할 것이다.

20.1 SwiftUI 스택

SwiftUI는 VStack(수직), HStack(수평), ZStack(중첩되게 배치하는 뷰) 형태인 3개의 스택 레이아웃 뷰를 제공한다.

스택은 SwiftUI View 파일 내에 하위 뷰들이 스택 뷰에 포함되도록 선언된다. 예를 들어, 다음은 3개의 이미지 뷰가 HStack에 포함되는 코드다.

```
struct ContentView: View {
    var body: some View {
        HStack {
            Image(systemName: "goforward.10")
            Image(systemName: "goforward.15")
            Image(systemName: "goforward.30")
        }
    }
}
```

앞의 코드는 그림 20-1과 같이 프리뷰 캔버스 내에 나타난다.

그림 20-1

마찬가지로, VStack을 이용하면 수직으로 쌓인 이미지들이 나타난다.

```
VStack {
    Image(systemName: "goforward.10")
    Image(systemName: "goforward.15")
    Image(systemName: "goforward.30")
}
```

기존의 컴포넌트를 스택에 포함시키려면 컴포넌트를 스택 선언부 안에 직접 넣거나 코드 에디터에 있는 컴포넌트 위에 마우스 포인터를 올리고 키보드의 Command 키를 누른 상태에서 컴포넌트를 클릭하여 할 수 있다. 이렇게 클릭하면 그림 20-2와 같은 메뉴가 나오며, 원하는 옵션을 선택하면 된다.

그림 20-2

예를 들어, 다른 스택 안에 스택을 포함시켜서 상당히 복잡한 레이아웃을 간단하게 설계할 수 있다.

```
VStack {
    Text("Financial Results")
        .font(.title)

    HStack {
        Text("Q1 Sales")
            .font(.headline)

        VStack {
            Text("January")
            Text("February")
            Text("March")
        }

        VStack {
            Text("$1000")
            Text("$200")
            Text("$3000")
        }
    }
}
```

앞의 레이아웃은 그림 20-3과 같이 나타난다.

```
                    Financial Results
                        January  $1000
            Q1 Sales   February  $200
                          March   $3000
```
그림 20-3

현재 구성된 레이아웃은 정렬과 간격 관련된 작업이 필요하다. 정렬 설정과 Spacer 컴포넌트
그리고 패딩 수정자를 혼합하여 사용하면 레이아웃을 개선할 수 있다.

20.2 Spacer, alignment, 그리고 padding

SwiftUI는 뷰 사이에 공간을 추가하기 위한 Spacer 컴포넌트를 가지고 있다. Spacer를 스택
안에서 사용하면 Spacer는 배치된 뷰들의 간격을 제공하기 위하여 스택의 방향(즉, 수평 또는
수직)에 따라 유연하게 확장/축소된다.

```
HStack(alignment: .top) {


    Text("Q1 Sales")
        .font(.headline)
    Spacer()
    VStack(alignment: .leading) {
        Text("January")
        Text("February")
        Text("March")
    }
    Spacer()
.
.
```

스택의 정렬은 스택이 선언될 때 정렬 값을 지정하면 된다.

```
VStack(alignment: .center) {
    Text("Financial Results")
        .font(.title)
```

또한, 간격(spacing) 값을 지정할 수도 있다.

```
VStack(alignment: .center, spacing: 15) {
    Text("Financial Results")
        .font(.title)
```

뷰 주변의 간격은 padding() 수정자를 이용하여 구현할 수 있다. 매개변수 없이 호출하면 SwiftUI는 레이아웃, 콘텐트, 그리고 화면 크기에 대한 최적의 간격을 자동으로 사용한다. 다음의 예제는 Text 뷰의 네 방향에 패딩을 설정한다.

```
Text("Hello World!")
    .padding()
```

다른 방법으로, 수정자의 매개변수로 값을 전달하여 간격을 지정할 수 있다.

```
Text("Hello World!")
    .padding(10)
```

또한, 지정된 값이 있던 없던 뷰의 특정 방향에만 적용할 수도 있다. 다음의 예제는 지정된 간격을 Text 뷰의 상단에 적용한다.

```
Text("Hello World!")
    .padding(.top, 10)
```

앞에서 만든 예제를 이 세 가지 방법을 사용하여 다음과 같이 수정할 수 있다.

```
VStack(alignment: .center, spacing: 15) {
    Text("Financial Results")
        .font(.title)

    HStack(alignment: .top) {
        Text("Q1 Sales")
            .font(.headline)
        Spacer()
        VStack(alignment: .leading) {
            Text("January")
            Text("February")
            Text("March")
        }
        Spacer()
        VStack(alignment: .leading) {
            Text("$10000")
            Text("$200")
            Text("$3000")
        }
        .padding(5)
    }
    .padding(5)
```

```
    }
    .padding(5)
```

alignment, spacer, 그리고 padding 수정자를 추가하였으니 이제 레이아웃은 그림 20-4와 같이 된다.

Financial Results

Q1 Sales	January	$10000
	February	$200
	March	$3000

그림 20-4

스택 정렬에 대한 고급 주제는 24장 'SwiftUI 스택 정렬과 정렬 가이드'에서 다룰 것이다.

20.3 컨테이너의 자식 뷰 제한

컨테이너 뷰는 직접적인 하위 뷰를 10개로 제한한다. 만약 스택 컨테이너가 10개 이상의 자식 뷰를 담으면 다음과 같은 구문 오류가 표시된다.

```
Argument passed to call that takes no argument
```

만약 스택에 포함된 직접적인 자식 뷰가 10개를 넘어야 한다면 뷰들은 여러 컨테이너로 나눠서 담겨야 할 것이다. 물론, 하위 뷰로 스택을 추가하여 할 수도 있지만 Group 뷰라는 또 다른 유용한 컨테이너가 있다. 다음의 예제는 12개의 Text 뷰가 Group 컨테이너로 나눠져서 VStack에는 단 2개의 직접적인 자식 뷰만 포함하게 한다.

```
VStack {

    Group {
        Text("Sample Text")
        Text("Sample Text")
        Text("Sample Text")
        Text("Sample Text")
        Text("Sample Text")
        Text("Sample Text")
    }
```

```
    Group {
        Text("Sample Text")
        Text("Sample Text")
        Text("Sample Text")
        Text("Sample Text")
        Text("Sample Text")
        Text("Sample Text")
    }
}
```

이것은 10개의 하위 뷰 제한을 피하게 할 뿐만 아니라, Group은 여러 뷰에서 작업을 수행할 때에도 유용하다. 예를 들어, Group에 뷰들을 포함시키고 숨기는 명령을 주면 하나의 명령으로 모든 뷰를 숨길 수 있다.

20.4 텍스트 줄 제한과 레이아웃 우선순위

디폴트로, HStack은 Text 뷰를 한 줄로 보여준다. 예를 들어, 다음의 HStack 선언부는 하나의 Image 뷰와 두 개의 Text 뷰를 가진다.

```
HStack {
    Image(systemName: "airplane")
    Text("Flight times:")
    Text("London")
}
.font(.largeTitle)
```

스택이 충분한 공간을 가지고 있다면 레이아웃은 다음과 같이 나타날 것이다.

✈ Flight times: London

그림 20-5

예를 들어, 스택의 크기가 제한되어 있거나 다른 뷰들과 공간을 나눠서 사용해야 하는 상황처럼, 스택이 충분한 공간을 가지고 있지 않다면 텍스트는 자동으로 여러 줄로 표시될 것이다.

그림 20-6

하지만, 개발하다 보면 텍스트가 단 한 줄로 표시되어야 하는 경우도 생길 수 있다. 텍스트를 몇 줄로 표현할지는 lineLimit() 수정자를 사용하면 정할 수 있다. 다음의 예제는 HStack 이 한 줄의 텍스트로 표시되도록 한다.

```
HStack {
    Image(systemName: "airplane")
    Text("Flight times:")
    Text("London")
}
.font(.largeTitle)
.lineLimit(1)
```

HStack이 텍스트 전체를 표시할 공간이 충분하지 않고 텍스트 역시 표현할 줄이 충분하지 않은 상황이라면, 뷰는 그림 20-7과 같이 텍스트가 잘려서 표현될 것이다.

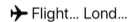

그림 20-7

우선순위에 대한 가이드가 없으면 스택 뷰는 안에 포함된 뷰들의 길이와 여유 공간을 기반으로 Text 뷰를 어떻게 자를지 결정하게 된다. 텍스트 뷰 선언부에 우선순위 정보가 없다면 스택은 어떤 뷰의 텍스트가 더 중요한지 알 방법이 없다. 우선순위는 layoutPriority() 수정자를 사용해서 줄 수 있다. 이 수정자는 스택에 있는 뷰에 추가될 수 있으며, 해당 뷰의 우선순위 레벨을 가리키는 값을 전달할 수 있다. 높은 숫자가 더 큰 우선순위를 갖게 되어 잘리는 현상이 사라질 것이다.

앞의 예제에서 'Flight times:' 텍스트보다 목적지 이름이 더 중요하다고 가정하면 다음과 같이 수정될 수 있다.

```
HStack {
    Image(systemName: "airplane")
    Text("Flight times:")
    Text("London").layoutPriority(1)
}
.font(.largeTitle)
.lineLimit(1)
```

도시명에 더 높은 우선순위가 할당되었으므로(우선순위를 지정하지 않으면 우선순위 값은 디폴트로 0이다) 레이아웃은 그림 20-8과 같이 나타난다.

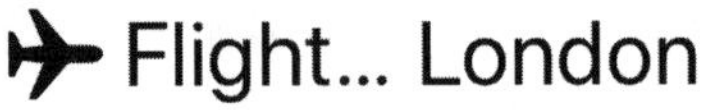

✈ Flight... London

그림 20-8

20.5 SwiftUI 프레임

디폴트로, 뷰는 자신의 콘텐트와 자신이 속한 레이아웃에 따라 자동으로 크기가 조절된다. 대부분은 뷰의 크기와 위치는 스택 레이아웃을 사용하여 조절할 수 있지만, 때로는 뷰 자체가 특정 크기나 영역에 맞아야 하기도 한다. 이를 위해 SwiftUI는 조절 가능한 frame 수정자를 제공한다.

다음의 경계선이 있는 Text 뷰를 살펴보자.

```
Text("Hello World")
    .font(.largeTitle)
    .border(Color.black)
```

앞의 코드는 프리뷰 캔버스에서 다음과 같이 나타날 것이다.

그림 20-9

frame 수정자가 없으면 텍스트 뷰는 콘텐트에 맞게 크기가 조절된다. 하지만, 만약 Text 뷰의 높이와 폭을 100으로 하려면 frame 수정자는 다음과 같이 사용될 수 있다.

```
Text("Hello World")
    .font(.largeTitle)
    .border(Color.black)
    .frame(width: 100, height: 100, alignment: .center)
```

이제 Text 뷰에는 프레임 크기가 추가되었고, 뷰는 다음과 같이 나타난다.

그림 20-10

대부분의 경우, 고정된 영역은 상황에 맞는 동작을 하게 될 것이다. 뷰의 내용이 동적으로 변경되는 경우에 문제가 발생할 수 있다. 예를 들어, 텍스트가 길어지면 잘리는 현상이 발생한다.

그림 20-11

이런 문제는 frame 내에서 최대 영역과 최소 영역을 지정하면 해결할 수 있다.

```
Text("Hello World, how are you?")
    .font(.largeTitle)
    .border(Color.black)
    .frame(minWidth: 100, maxWidth: 300, minHeight: 100,
        maxHeight: 100, alignment: .center)
```

이제 프레임은 약간 유연해졌으며, 뷰는 지정한 최대 영역과 최소 영역 안에 콘텐트를 담기 위하여 크기가 조절될 것이다. 텍스트가 짧으면 그림 20-10과 같이 나타나지만, 긴 텍스트라면 다음과 같이 표시될 것이다.

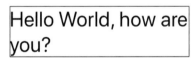

그림 20-12

또한, 최솟값과 최댓값을 각각 0과 무한대로 설정하여 사용 가능한 모든 영역을 차지하도록 구성할 수도 있다.

```
.frame(minWidth: 0, maxWidth: .infinity, minHeight: 0, maxHeight: .infinity)
```

여러 수정자가 연결되면 뷰의 모양에 영향을 미치곤 한다는 점을 기억하자. 우리의 예제 코드에서 사용 가능한 영역의 경계선을 그리고자 한다면 다음처럼 코드를 수정할 수 있다.

```
Text("Hello World, how are you?")
    .font(.largeTitle)
    .frame(minWidth: 0, maxWidth: .infinity, minHeight: 0,
        maxHeight: .infinity)
    .border(Color.black, width: 5)
```

디폴트로, frame은 화면을 채울 때 화면의 **안전 영역**(safe area)을 준수한다. 안전 영역 밖에 있다고 판단하는 영역으로는 아이폰 X 이상의 모델에 있는 카메라 노치(camera notch)가 차지하는 부분과 시간, 와이파이, 셀룰러 신호 강도 아이콘을 표시하는 화면 상단이 포함된다. 안전 영역 밖에까지 확장되도록 frame을 구성하려면 edgesIgnoringSafeArea() 수정자를 사용하면 안전 영역을 무시하게 된다.

```
.edgesIgnoringSafeArea(.all)
```

20.6 frame과 GeometryReader

프레임은 뷰들을 담고 있는 컨테이너의 크기에 따라 조절되도록 구현할 수도 있다. 이 작업은 GeometryReader로 뷰를 감싸고 컨테이너의 크기를 식별하기 위한 리더(reader)를 이용하여 할 수 있다. 이 리더는 프레임의 크기를 계산하는 데 사용된다. 다음의 예제는 두 개의 Text 뷰를 포함하고 있는 VStack의 크기를 기준으로 Text 뷰의 크기를 설정한다.

```
GeometryReader { geometry in
    VStack {
        Text("Hello World, how are you?")
            .font(.largeTitle)
            .frame(width: geometry.size.width / 2,
                   height: (geometry.size.height / 4) * 3)
        Text("Goodbye World")
            .font(.largeTitle)
            .frame(width: geometry.size.width / 3,
                   height: geometry.size.height / 4)
    }
}
```

상단에 있는 Text 뷰는 VStack의 1/2의 폭과 3/4의 높이를 차지하고, 하단에 있는 Text 뷰는 VStack의 1/3의 폭과 1/4의 높이를 차지하기 위한 설정이다.

20.7 요약

사용자 인터페이스를 설계한다는 것은 컴포넌트들을 가져다가 직관적인 사용자 경험을 제공하도록 화면에 배치하는 것이다. 사용자 인터페이스 레이아웃은 화면 크기, 디바이스의 방향에 관계없이 모든 디바이스에서 올바르게 표시되도록 해야 한다. 사용자 인터페이스 레이아웃 설계의 과정을 쉽게 하기 위해 SwiftUI는 몇 가지 레이아웃 뷰와 컴포넌트를 제공한다. 이번 장에서는 레이아웃 스택 뷰와 유연한 프레임을 살펴보았다.

기본적으로, 뷰는 콘텐트와 뷰를 포함하고 있는 컨테이너에 적용된 제한에 따라 크기가 정해진다. 뷰가 사용할 수 있는 공간이 충분하지 않은 경우 뷰의 크기가 제한적이므로 콘텐트가 잘리게 된다. 우선순위 설정을 하면 컨테이너 안의 다른 뷰의 크기보다 줄이거나 늘릴 수 있다.

뷰에 할당된 공간을 보다 효과적으로 제어하기 위해 뷰에 유연한 프레임을 적용할 수 있다. 프레임은 크기를 고정하거나, 최솟값과 최댓값 범위 내에서 제한하거나, GeometryReader를 사용하여 뷰 크기를 조절할 수 있다.

21

상태, Observable 객체, 그리고 Environment 객체로 작업하기

이전 장에서는 SwiftUI는 데이터 주도 방식으로 앱 개발을 강조한다고 설명하였으며, 사용자 인터페이스 내의 뷰들은 기본 데이터의 변경에 따른 처리 코드를 작성하지 않아도 뷰가 업데 이트된다고 설명하였다. 이것은 데이터와 사용자 인터페이스 내의 뷰 사이에 게시자(publisher) 와 구독자(subscriber)를 구축하여 할 수 있다.

이를 위하여 SwiftUI는 상태 프로퍼티, Observable 객체, 그리고 Environment 객체를 제공 하며, 이들 모두는 사용자 인터페이스의 모양과 동작을 결정하는 상태를 제공한다. SwiftUI 에서 사용자 인터페이스 레이아웃을 구성하는 뷰는 코드 내에서 직접 업데이트하지 않는다. 그 대신, 뷰와 바인딩된 상태 객체가 시간이 지남에 따라 변하면 그 상태에 따라 자동으로 뷰가 업데이트된다.

이번 장에서는 상태 프로퍼티, Observable 객체, 그리고 Environment 객체에 대한 설명 과 함께 언제 써야 하는지도 알려준다. 이후에 있을 22장 'SwiftUI 예제 튜토리얼'과 23장 'Observable 객체와 Environment 객체 튜토리얼'에서는 실질적인 예제를 통해 어떻게 사용하 는지를 살펴본다.

21.1 상태 프로퍼티

상태 프로퍼티(state property)는 상태에 대한 가장 기본적인 형태이며, 뷰 레이아웃의 현재 상태(예를 들어, 토글 버튼이 활성화되었는지 여부, 텍스트 필드에 입력된 텍스트, 또는 피커 뷰에서의 현재 선택)를 저장하기 위해서만 사용된다. 상태 프로퍼티는 String이나 Int 값처럼 간단한 데이터 타입을 저장하기 위해 사용되며, @State 프로퍼티 래퍼를 사용하여 선언된다.

```
struct ContentView: View {

    @State private var wifiEnabled = true
    @State private var userName = ""

    var body: some View {
.
.
```

상태 값은 해당 뷰에 속한 것이기 때문에 private 프로퍼티로 선언되어야 한다.

상태 프로퍼티 값이 변경되었다는 것은 그 프로퍼티가 선언된 뷰 계층구조를 다시 렌더링해야 한다는 SwiftUI 신호다. 즉, 그 계층구조 안에 있는 모든 뷰를 빠르게 재생성하고 표시해야 한다. 결국, 그 프로퍼티에 의존하는 모든 뷰는 어떤 식으로든 최신 값이 반영되도록 업데이트된다.

상태 프로퍼티를 선언했다면 레이아웃에 있는 뷰와 바인딩을 할 수 있다. 바인딩이 되어 있는 뷰에서 어떤 변경이 일어나면 해당 상태 프로퍼티에 자동으로 반영된다. 예를 들어, 토글 뷰와 위에서 선언한 불리언 타입의 wifiEnabled 프로퍼티가 바인딩되어서 사용자가 토글 뷰를 조작하면 SwiftUI는 새로운 토글 설정값으로 상태 프로퍼티를 자동으로 업데이트할 것이다.

상태 프로퍼티와의 바인딩은 프로퍼티 이름 앞에 '$'를 붙이면 된다. 다음의 예제에서 TextField 뷰는 사용자가 입력한 텍스트를 저장하는 데 사용하기 위해 userName이라는 상태 프로퍼티와 바인딩된다.

```
struct ContentView: View {

    @State private var wifiEnabled = true
    @State private var userName = ""

    var body: some View {
        VStack {
```

```
            TextField("Enter user name", text: $userName)
        }
    }
}
```

사용자가 TextField에 입력하게 되면 바인딩은 현재의 텍스트를 userName 프로퍼티에 저장할 것이다. 이 상태 프로퍼티에 변화가 생길 때마다 뷰 계층구조는 SwiftUI에 의해 다시 렌더링된다.

물론, 상태 프로퍼티에 값을 저장하는 것은 단방향 프로세스다. 앞에서 설명했듯이, 상태가 변하면 레이아웃에 있는 다른 뷰들도 변경된다. 다음의 예제에서 Text 뷰는 입력된 사용자의 이름을 반영하기 위하여 업데이트되어야 한다. 이 작업은 Text 뷰를 위한 콘텐트로 userName 상태 프로퍼티 값을 선언하면 된다.

```
var body: some View {
    VStack {
        TextField("Enter user name", text: $userName)
        Text(userName)
    }
}
```

사용자가 텍스트를 입력하면 Text 뷰는 사용자의 입력을 반영하기 위해 자동으로 업데이트될 것이다. 여기서 주목해야 할 점은 userName 프로퍼티가 '$' 표시 없이 사용되었다는 것이다. 왜냐하면 이제는 상태 프로퍼티에 할당된 값(즉, 사용자에 의해 입력된 String 값)을 참조하려고 사용하기 때문이다.

마찬가지로, 앞서 설명한 Toggle 뷰와 wifiEnabled 상태 프로퍼티 간의 바인딩은 다음과 같이 구현될 수 있다.

```
var body: some View {

    VStack {
        Toggle(isOn: $wifiEnabled) {
            Text("Enable Wi-Fi")
        }
        TextField("Enter user name", text: $userName)
        Text(userName)
        Image(systemName: wifiEnabled ? "wifi" : "wifi.slash")
    }
}
```

앞의 선언부에서 Toggle 뷰와 상태 프로퍼티 간의 바인딩이 구현되었다. 이 프로퍼티에 할당된 값은 어떤 이미지를 Image 뷰에 표시할지를 결정하기 위하여 사용된다.

앞의 예제에서 Image 뷰는 systemName 이미지 참조체를 이용한다. 이것은 SF Symbol 드로잉의 내장된 라이브러리에 접근할 수 있게 해준다. SF Symbol은 애플 플랫폼용 앱을 개발할 때 사용할 수 있는 1,500개의 크기 조절이 가능한 벡터 이미지 모음이며, 애플의 샌프란시스코 시스템 폰트를 보완하기 위해 설계되었다.

다음의 URL을 통해 다운로드받아 설치할 수 있는 SF Symbols macOS 앱에서 SF Symbol의 전체 세트를 검색하고 사용할 수 있다.

`URL` https://developer.apple.com/design/downloads/SF-Symbols.dmg

21.2 상태 바인딩

상태 프로퍼티는 선언된 뷰와 그 하위 뷰에 대한 현재 값이다. 하지만, 어떤 뷰가 하나 이상의 하위 뷰를 가지고 있으며 동일한 상태 프로퍼티에 대해 접근해야 하는 경우가 발생한다. 예를 들어, 앞의 예제에 있는 와이파이 이미지 뷰가 하위 뷰로 분리되는 상황을 살펴보자.

```
  .
  .
    VStack {
        Toggle(isOn: $wifiEnabled) {
            Text("Enable WiFi")
        }
        TextField("Enter user name", text: $userName)
        WifiImageView()
    }
}
  .
  .
struct WifiImageView: View {

    var body: some View {
        Image(systemName: wifiEnabled ? "wifi" : "wifi.slash")
    }
}
```

WifiImageView 하위 뷰는 여전히 wifiEnabled 상태 프로퍼티에 접근해야 한다. 하지만, 분리된 하위 뷰의 요소인 Image 뷰는 이제 메인 뷰의 범위 밖이다. 다시 말해, WifiImageView 입장에서 보면 WifiImageView에 있는 wifiEnabled 프로퍼티는 정의되지 않은 변수인 것이다.

이 문제는 다음과 같이 @Binding 프로퍼티 래퍼를 이용하여 프로퍼티를 선언하면 해결된다.

```
struct WifiImageView: View {

    @Binding var wifiEnabled : Bool

    var body: some View {
        Image(systemName: wifiEnabled ? "wifi" : "wifi.slash")
    }
}
```

이제 하위 뷰가 호출될 때 상태 프로퍼티에 대한 바인딩을 전달하면 된다.

```
WifiImageView(wifiEnabled: $wifiEnabled)
```

21.3 Observable 객체

상태 프로퍼티는 뷰의 상태를 저장하는 방법을 제공하며 해당 뷰에만 사용할 수 있다. 즉, 하위 뷰가 아니거나 상태 바인딩이 구현되어 있지 않은 다른 뷰는 접근할 수 없다. 상태 프로퍼티는 일시적인 것이어서 부모 뷰가 사라지면 그 상태도 사라진다. 반면, Observable 객체는 여러 다른 뷰들이 외부에서 접근할 수 있는 영구적인 데이터를 표현하기 위해 사용된다.

Observable 객체는 ObservableObject 프로토콜을 따르는 클래스나 구조체 형태를 취한다. Observable 객체는 데이터의 특성과 출처에 따라 애플리케이션마다 다르겠지만, 일반적으로는 시간에 따라 변경되는 하나 이상의 데이터 값을 모으고 관리하는 역할을 담당한다. 또한, Observable 객체는 타이머나 알림(notification)과 같은 이벤트를 처리하기 위해 사용될 수도 있다.

Observable 객체는 **게시된 프로퍼티**(published property)로서 데이터 값을 게시(publish)한다. 그런 다음, Observer 객체는 게시자를 **구독**(subscribe)하여 게시된 프로퍼티가 변경될 때마다 업데이트를 받는다. 앞에서 설명한 상태 프로퍼티처럼, 게시된 프로퍼티와의 바인딩을 통해

Observable 객체에 저장된 데이터가 변경됨을 반영하기 위하여 SwiftUI 뷰는 자동으로 업데이트될 것이다.

Combine 프레임워크에 포함되어 있는 Observable 객체는 게시자(publisher)와 구독자(subscriber) 간의 관계를 쉽게 구축할 수 있도록 iOS 13에 도입되었다.

Combine 프레임워크는 여러 게시자를 하나의 스트림으로 병합하는 것부터 게시된 데이터를 구독자 요구에 맞게 변형하는 것까지 다양한 작업을 수행하는 커스텀 게시자 구축 플랫폼을 제공한다. 또한, 최초 게시자와 최종 구독자 간에 복잡한 수준의 연쇄 데이터 처리 작업도 구현할 수 있다. 하지만, 일반적으로는 내장된 게시자 타입들 중 하나면 충분할 것이다. 실제로 Observable 객체의 게시된 프로퍼티를 구현하는 가장 쉬운 방법은 프로퍼티를 선언할 때 @Published 프로퍼티 래퍼를 사용하는 것이다. 이 래퍼는 래퍼 프로퍼티 값이 변경될 때마다 모든 구독자에게 업데이트를 알리게 된다.

다음의 구조체 선언은 두 개의 게시된 프로퍼티를 가진 간단한 observable 객체 선언을 보여준다.

```
import Foundation
import Combine

class DemoData : ObservableObject {

    @Published var userCount = 0
    @Published var currentUser = ""

    init() {
        // 데이터를 초기화하는 코드가 여기에 온다
        updateData()
    }

    func updateData() {
        // 데이터를 최신 상태로 유지하기 위한 코드가 여기에 온다
    }
}
```

구독자는 observable 객체를 구독하기 위하여 @ObservedObject 프로퍼티 래퍼를 사용한다. 구독하게 되면 그 뷰 및 모든 하위 뷰가 상태 프로퍼티에서 사용했던 것과 같은 방식으로 게시된 프로퍼티에 접근하게 된다. 앞의 DemoData 클래스의 인스턴스를 구독하도록 설계된 간단한 SwiftUI 뷰는 다음과 같다.

```
import SwiftUI

struct ContentView: View {

    @ObservedObject var demoData : DemoData

    var body: some View {
        Text("\(demoData.currentUser), you are user number \(demoData.userCount)")
    }
}

struct ContentView_Previews: PreviewProvider {
    static var previews: some View {
        ContentView(demoData: DemoData())
    }
}
```

게시된 데이터가 변경되면 SwiftUI는 새로운 상태를 반영하도록 자동으로 뷰 레이아웃 렌더링을 다시 할 것이다.

21.4 Environment 객체

구독 객체는 특정 상태가 앱 내의 몇몇 SwiftUI 뷰에 의해 사용되어야 할 경우에 가장 적합하다. 그런데 어떤 뷰에서 다른 뷰로 이동(navigation)하는데 이동될 뷰에서도 동일한 구독 객체에 접근해야 한다면, 이동할 때 대상 뷰로 구독 객체에 대한 참조체를 전달해야 할 것이다 (뷰 이동에 대해서는 25장 'SwiftUI 리스트와 내비게이션'에서 다룰 것이다). 다음의 코드 예제를 살펴보자.

```
.
.
@ObservedObject var demoData : DemoData = DemoData()
.
.
NavigationLink(destination: SecondView(demoData)) {
    Text("Next Screen")
}
```

앞의 코드 선언부에서 NavigationLink는 SecondView라는 이름의 다른 뷰로 이동하기 위해 사용되며, demoData 객체에 대한 참조체를 전달한다.

이 방법은 여러 상황에 사용될 수 있지만, 앱 내의 여러 뷰가 동일한 구독 객체에 접근해야 하는 경우에는 복잡해질 수 있다. 이런 상황에서는 Environment 객체를 사용하는 것이 더 합리적일 수 있다.

Environment 객체는 Observable 객체와 같은 방식으로 선언된다. 즉, 반드시 Observable Object 프로토콜을 따라야 하며, 적절한 프로퍼티가 게시되어야 한다. 하지만, 중요한 차이점은 이 객체는 SwiftUI 환경에 저장되며, 뷰에서 뷰로 전달할 필요 없이 모든 뷰가 접근할 수 있다는 것이다.

Environment 객체를 구독해야 하는 객체는 @ObservedObject 래퍼 대신에 @Environment Object 프로퍼티 래퍼를 이용하여 해당 객체를 참조하면 된다.

```
@EnvironmentObject var demoData: DemoData
```

Environment 객체는 옵저버(observer) 내에서 초기화될 수 없으므로 접근하는 뷰가 화면을 설정하는 동안 구성해야 한다. 여기에는 프로젝트의 **SceneDelegate.swift** 파일의 willConnectTo 메서드를 약간 수정하는 작업이 포함된다. 디폴트로, 이 메서드에는 다음과 같은 코드가 포함된다.

```
let contentView = ContentView()

if let windowScene = scene as? UIWindowScene {
    let window = UIWindow(windowScene: windowScene)
    window.rootViewController = UIHostingController(rootView: contentView)
    self.window = window
    window.makeKeyAndVisible()
}
```

DemoData 객체의 인스턴스를 저장하기 위하여 앞의 코드는 다음과 같이 수정되어야 한다.

```
let contentView = ContentView()

let demoData = DemoData()

if let windowScene = scene as? UIWindowScene {
    let window = UIWindow(windowScene: windowScene)
    window.rootViewController = UIHostingController(rootView:
            contentView.environmentObject(demoData))
    self.window = window
```

```
      window.makeKeyAndVisible()
  }
```

SwiftUI 프리뷰 캔버스 내에서 Environment 객체를 사용하려면 PreviewProvider 선언부
는 다음과 같이 수정되어야 한다.

```
struct ContentView_Previews: PreviewProvider {
    static var previews: some View {

        ContentView().environmentObject(DemoData())

    }
}
```

이렇게 하면 이 객체는 구독 객체와 같은 동작을 할 것이며, 모든 레이아웃 뷰가 접근할 수
있게 된다.

21.5 요약

SwiftUI는 사용자 인터페이스와 앱의 로직에 데이터를 바인딩하는 방법 세 가지를 제공한다.
상태 프로퍼티는 사용자 인터페이스 레이아웃 내의 뷰 상태를 저장하는 데 사용되며, 현재
콘텐트 뷰에 관한 것이다. 이 값은 임시적이어서 해당 뷰가 사라지면 값도 없어진다.

사용자 인터페이스 밖에 있으며 앱 내의 SwiftUI 뷰 구조체의 하위 뷰에만 필요한 데이터
는 Observable 객체 프로퍼티를 사용해야 한다. 이 방법을 사용하면 데이터를 표시하는 클
래스나 구조체는 ObservableObject 프로토콜을 따라야 하며, 뷰와 바인딩될 프로퍼티는
@Published 프로퍼티 래퍼를 사용하여 선언되어야 한다. 뷰 선언부에 Observable 객체 프
로퍼티와 바인딩하려면 프로퍼티는 @ObservedObject 프로퍼티 래퍼를 사용해야 한다.

사용자 인터페이스 밖에 있으며 여러 뷰가 접근해야 하는 데이터일 경우에는 Environment 객
체가 최고의 해결책이 된다. Observable 객체와 동일한 방법으로 선언되지만, Environment
객체 바인딩은 @EnvironmentObject 프로퍼티 래퍼를 사용하여 SwiftUI 뷰 파일 내에 선언
된다. **SceneDelegate.swift** 파일의 코드를 통해 뷰 화면이 앱에 추가될 때 Environment 객
체 또한 초기화되어야 한다.

22

SwiftUI 예제 튜토리얼

지금까지 SwiftUI 개발에 대한 기초에 대해 많이 다뤘다. 이번 장에서는 SwiftUI 기반의 예제 프로젝트를 설계하고 구현하면서 그동안 배운 것들을 실제로 실습해보자.

이번 장의 목표는 뷰, 수정자(modifier), 상태 변수, 그리고 몇 가지 기본적인 애니메이션 기술을 사용하여 상호작용하는 간단한 사용자 인터페이스를 설계할 때 Xcode를 어떻게 사용하는지 살펴보는 것이다. 이번 튜토리얼을 진행하면서 뷰를 추가하고 수정하기 위해 여러 다양한 기술이 사용될 것이다. 이렇게 하는 것이 목표에는 일치하지 않는 것처럼 보일 수 있지만, 사용할 수 있는 다양한 방법에 대해 익숙해지는 것도 목표에 속한다.

22.1 예제 프로젝트 생성하기

Xcode를 실행하고 새로운 프로젝트를 생성하는 메뉴를 선택한다. 그림 22-1과 같이 템플릿 선택 화면에서 **iOS** 탭을 선택하고, **Single View App** 메뉴를 선택하고 다음 화면으로 넘어가자.

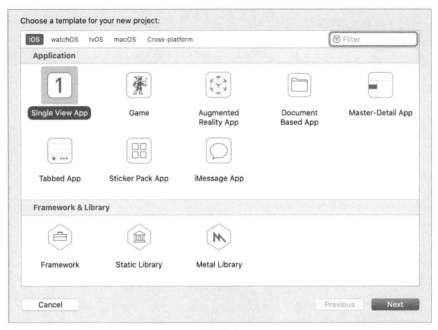

그림 22-1

프로젝트 옵션 화면에서 프로젝트 이름을 **SwiftUIDemo**라고 하고, **User Interface** 메뉴에서
그림 22-2와 같이 **SwiftUI**를 선택한다.

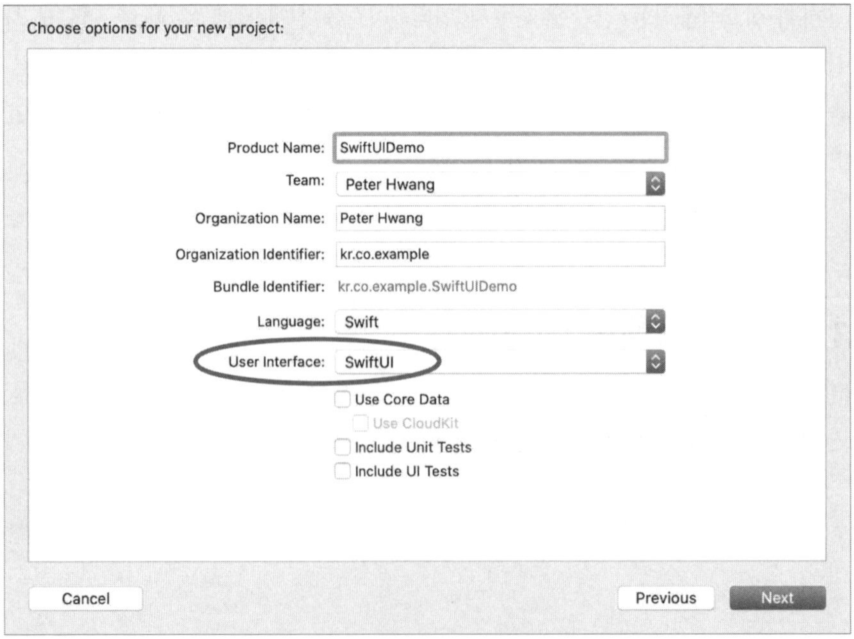

그림 22-2

Next를 클릭하여 마지막 화면으로 이동하고, 프로젝트를 저장할 적당한 위치를 선택한 뒤에 **Create** 버튼을 클릭한다.

22.2 프로젝트 살펴보기

프로젝트가 생성되면 **ContentView.swift**라는 이름의 SwiftUI 뷰 파일과 함께 AppDelegate 클래스와 SceneDelegate 클래스가 포함되어 있으며, 코드 에디터와 프리뷰 캔버스가 로드될 것이다(만약 나타나지 않는다면 프로젝트 내비게이터 패널에서 **ContentView.swift** 파일을 선택하자).

그림 22-3

디폴트로, Xcode는 하나의 콘텐트 뷰를 생성하며 프로젝트가 실행될 때 초기 뷰(다시 말해, **root view controller**)로 이 뷰가 실행되도록 구성된다. 18장 '기본 SwiftUI 프로젝트 분석'에서 설명했듯이, 이것이 **root view controller**가 되도록 하는 코드는 **SceneDelegate.swift** 파일에 있는 willConnectTo 메서드에 있으며, 다음과 같다.

```
func scene(_ scene: UIScene, willConnectTo session: UISceneSession,
           options connectionOptions: UIScene.ConnectionOptions) {

    let contentView = ContentView()

    if let windowScene = scene as? UIWindowScene {
        let window = UIWindow(windowScene: windowScene)
        window.rootViewController = UIHostingController(rootView: contentView)
        self.window = window
        window.makeKeyAndVisible()
    }
}
```

만약 상황에 따라 다른 뷰 파일을 **root view controller**의 콘텐트로 제공해야 한다면 여기서 해당 뷰를 참조하도록 수정하면 된다.

22.3 레이아웃에 VStack 추가하기

우리가 예제로 생성한 프로젝트에는 현재 단 하나의 Text 뷰로 구성되어 있다. 이 레이아웃에 다른 뷰들을 추가하려면 컨테이너 뷰가 추가되어야 한다. 예를 들어, 수직으로 뷰를 배치하려면 VStack이 추가되어야 한다.

코드 에디터에서 Text 뷰 항목을 선택하고, 키보드의 Command 키를 누른 상태에서 Text 뷰 항목을 클릭하여 나타난 메뉴에서 **Embed in VStack** 메뉴를 선택한다.

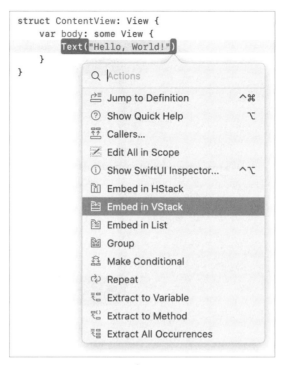

그림 22-4

Text 뷰가 VStack에 포함되면 선언부는 다음과 같이 된다.

```
struct ContentView: View {
    var body: some View {
        VStack {
            Text("Hello, World!")
        }
    }
}
```

22.4 스택에 슬라이더 뷰 추가하기

레이아웃에 추가할 다음 항목은 Slider 뷰다. Xcode에서 그림 22-5와 같이 '+' 버튼을 클릭하여 라이브러리 패널을 열고, 뷰 리스트에서 Slider를 찾아 프리뷰 캔버스에 이미 있는 Text 뷰 위로 드래그 앤 드롭한다. 해당 위치에 뷰를 두기 전에 나타나는 안내 패널(그림 22-5 하단 참고)은 이 뷰가 기존의 스택에 추가될 것임을 알려준다.

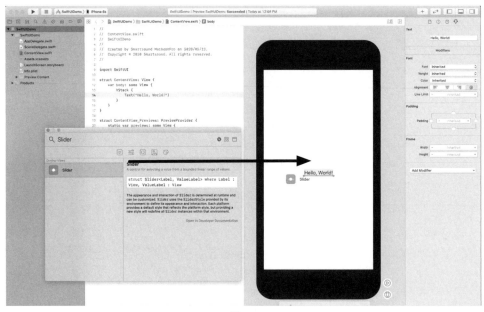

그림 22-5

슬라이더를 배치했다면 코드는 다음과 같이 될 것이다.

```swift
struct ContentView: View {
    var body: some View {
        VStack {
            Text("Hello, World!")
            Slider(value: Value)
        }
    }
}
```

22.5 상태 프로퍼티 추가하기

슬라이더는 Text 뷰를 회전시킬 총량을 제어하는 데 사용될 것이다. 즉, Slider 뷰와 현재의 회전 값을 저장하게 될 상태 프로퍼티 간에 바인딩이 구축되어야 한다. 코드 에디터에서 이를 위한 상태 프로퍼티를 선언하고 0부터 360까지의 범위로 0.1씩 증가되도록 슬라이더를 구성한다.

```
struct ContentView: View {

    @State private var rotation: Double = 0

    var body: some View {
        VStack {
            Text("Hello, World!")
            Slider(value: $rotation, in: 0 ... 360, step: 0.1)
        }
    }
}
```

우리는 Slider 뷰와 회전 상태 프로퍼티가 바인딩되도록 선언하기 때문에 '$' 문자를 앞에 붙여야 한다는 걸 기억하자.

22.6 Text 뷰에 수정자 추가하기

다음 작업은 Text 뷰에 수정자(modifier) 몇 개를 추가하여 폰트를 변경하고 Slider 뷰에 의해 서장된 회전 값이 반영되도록 하는 것이다. 라이브러리 패널을 열고, 수정자 목록이 나오는 탭¹으로 전환한 다음, Font 수정자를 코드 에디터에 있는 Text 뷰 항목 위로 드래그 앤 드롭한다.

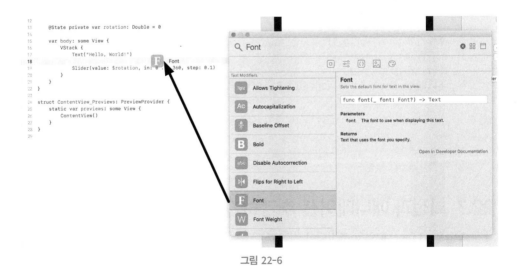

그림 22-6

---

1 **옮긴이** 라이브러리 패널 상단의 두 번째 탭

에디터에 추가된 수정자를 선택하고 애트리뷰트 인스펙터(**Attributes inspector**) 패널에서 폰트 프로퍼티를 Title에서 Large Ttitle로 그림 22-7과 같이 변경한다.

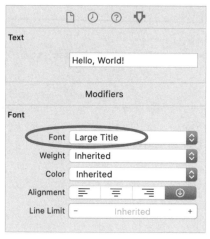

그림 22-7

앞에서 추가된 수정자는 폰트의 굵기를 변경하지 않는다. 애트리뷰트 인스펙터 내에서 뷰에 수정자를 추가할 수도 있으므로 Weight 메뉴 설정을 Inherited에서 Heavy로 변경해보자.

이렇게 했다면 뷰의 body는 다음과 같이 된다.

```
var body: some View {
    VStack {
        Text("Hello, World!")
            .font(.largeTitle)
            .fontWeight(.heavy)
        Slider(value: $rotation, in: 0 ... 360, step: 0.1)
    }
}
```

22.7 회전과 애니메이션 추가하기

다음 작업은 Slider에 의해 조절되어 저장된 값을 이용하여 회전과 애니메이션 효과를 Text 뷰에 추가하는 것이다(애니메이션은 30장 'SwiftUI 애니메이션과 전환'에서 자세히 설명할 것이다). 다음의 수정자를 사용하면 구현할 수 있다.

```
    .
    .
Text("Hello, World!")
    .font(.largeTitle)
    .fontWeight(.heavy)
    .rotationEffect(.degrees(self.rotation))
    .
    .
```

우리가 단순히 바인딩을 설정하는 게 아니라 회전에 대한 상태 프로퍼티에 할당된 값을 읽는 것이기 때문에 프로퍼티 이름 앞에 '$' 표시를 붙이지 않는다.

그림 22-8에서 가리키는 라이브 프리뷰 버튼을 클릭하고 코드가 컴파일될 때까지 기다리면 슬라이더를 이용하여 Text 뷰를 회전할 수 있다.

그림 22-8

다음으로, Ease in Out 효과를 사용하여 5초 동안 애니메이션되도록 Text 뷰에 애니메이션 수정자를 추가한다.

```
Text("Hello, World!")
    .font(.largeTitle)
    .fontWeight(.heavy)
    .rotationEffect(.degrees(self.rotation))
    .animation(.easeInOut(duration: 5))
```

이제 다시 슬라이더를 사용해보면 자연스럽게 회전하는 것을 확인할 수 있다.

22.8 스택에 TextField 추가하기

텍스트 회전에 대한 지원뿐만 아니라, 사용자가 입력하는 텍스트가 입력되어 Text 뷰에 표시되도록 할 수도 있다. 이것은 프로젝트에 TextField 뷰를 추가하면 된다. 이를 위하여 View 구조체에 직접 입력하거나 라이브러리 패널을 이용하여 TextField를 추가하여 다음과 같이 되게 한다. 사용자가 입력하는 텍스트가 저장될 상태 프로퍼티와 이 프로퍼티를 이용하여 Text 뷰를 변경하는 코드도 추가되었음에 주목하자.

```
struct ContentView: View {

    @State private var rotation: Double = 0
    @State private var text: String = "Welcome to SwiftUI"

    var body: some View {
        VStack {

            Text(text)
                .font(.largeTitle)
                .fontWeight(.heavy)
                .rotationEffect(.degrees(self.rotation))
                .animation(.easeInOut(duration: 5))

            Slider(value: $rotation, in: 0 ... 360, step: 0.1)

            TextField("Enter text here", text: $text)
                .textFieldStyle(RoundedBorderTextFieldStyle())
        }
    }
}
```

사용자가 TextField 뷰에 텍스트를 입력하면 그 텍스트는 text 상태 프로퍼티에 저장되고 바인딩에 의하여 Text 뷰에 자동으로 나타날 것이다.

프리뷰 캔버스로 돌아가서 예상대로 동작하는지 확인해보자.

22.9 색상 피커 추가하기

스택에 추가할 마지막 뷰는 Picker 뷰다. 이 뷰는 Text 뷰의 글자 색상(foreground color)을 사용자가 선택할 수 있게 하는 것이다. 먼저, 색상 이름 배열 및 색상 객체 배열과 함께 현재의 배열 인덱스 값을 저장하기 위해 상태 프로퍼티를 다음과 같이 추가한다.

```swift
import SwiftUI

struct ContentView: View {

    var colors: [Color] = [.black, .red, .green, .blue]
    var colornames = ["Black", "Red", "Green", "Blue"]

    @State private var colorIndex = 0
    @State private var rotation: Double = 0
    @State private var text: String = "Welcome to SwiftUI"
```

변수들을 구성했으니 라이브러리 패널을 열어 Picker를 찾아 코드 에디터나 프리뷰 캔버스에 있는 TextView 아래로 드래그 앤 드롭하여 기존의 VStack 레이아웃 안에 포함시킨다. 이렇게 추가했다면 다음과 같이 될 것이다.

```swift
Picker(selection: .constant(1), label: Text("Picker")) {
    Text("1").tag(1)
    Text("2").tag(2)
}
```

이 Picker 뷰는 colorIndex 상태 프로퍼티에서 현재 선택된 것을 저장하고 colorNames 배열에 있는 각각의 색상 이름을 표시되도록 구성해야 한다. Picker 뷰가 더 잘 보이게 하기 위해서 색상 이름을 표시하는 텍스트 색상이 colors 배열에 있는 해당 색상으로 바꿔줄 것이다.

ForEach 구문을 사용하는 코드로 colorNames 배열에 대한 반복문을 실행하는 이유는 배열과 같은 데이터 묶음을 가지고 여러 뷰를 생성하기 위함이다. 코드 에디터에서 Picker 뷰의 선언문을 수정하여 다음과 같이 한다.

```
Picker(selection: $colorIndex, label: Text("Color")) {
    ForEach (0 ..< colornames.count) {
        Text(self.colornames[$0])
            .foregroundColor(self.colors[$0])
    }
}
```

코드 에디터에서 Text 뷰를 찾아 현재 Picker 뷰에 선택된 값으로 포그라운드 색상을 설정
하도록 foregroundColor 수정자를 추가하자.

```
Text(text)
    .font(.largeTitle)
    .fontWeight(.heavy)
    .rotationEffect(.degrees(self.rotation))
    .animation(.easeInOut(duration: 5))
    .foregroundColor(self.colors[self.colorIndex])
```

프리뷰 캔버스에서 앱을 테스트하고 Picker 뷰가 모든 색상 이름이 해당 색상으로 나타나는
지, 그리고 선택한 색상이 Text 뷰에 반영되는지 확인한다.

22.10 레이아웃 정리하기

지금까지 튜토리얼에서는 개별 뷰에 대한 모양과 기능에 중점을 두었다. 뷰들을 수직으로 쌓
는 것 말고는 레이아웃의 전체 모양에 대한 신경을 쓰지 않았다. 그래서 현재는 그림 22-9와
같은 레이아웃일 것이다.

그림 22-9

첫 번째로 개선해야 할 것은 Slider, TextField, Picker 뷰 주변에 여백을 추가하여 디바이스 화면 끝에 너무 가깝게 붙지 않도록 하는 것이다. 이를 위해서 padding() 수정자를 추가할 것이다.

```
Slider(value: $rotation, in: 0 ... 360, step: 0.1)
    .padding()

TextField("Enter text here", text: $text)
    .textFieldStyle(RoundedBorderTextFieldStyle())
    .padding()

Picker(selection: $colorIndex, label: Text("Color")) {
    ForEach (0 ..< colornames.count) {
        Text(self.colornames[$0])
            .foregroundColor(self.colors[$0])
    }
}
.padding()
```

다음으로, 뷰들의 간격이 균등하다면 레이아웃이 더 좋아 보일 것이다. 이를 구현하는 한 가지 방법은 Text 뷰 앞뒤에 Spacer 뷰를 추가하는 것이다.

```
VStack {
    Spacer()
    Text(text)
        .font(.largeTitle)
        .fontWeight(.heavy)
        .rotationEffect(.degrees(self.rotation))
        .animation(.easeInOut(duration: 5))
        .foregroundColor(self.colors[self.colorIndex])
    Spacer()
    Slider(value: $rotation, in: 0 ... 360, step: 0.1)
        .padding()
    TextField("Enter text here", text: $text)
        .textFieldStyle(RoundedBorderTextFieldStyle())
        .padding()
    Picker(selection: $colorIndex, label: Text("Color")) {
        ForEach (0 ..< colornames.count) {
            Text(self.colornames[$0])
                .foregroundColor(self.colors[$0])
        }
    }
    .padding()
}
```

Spacer 뷰는 뷰들 사이에 가변적인 공간을 제공하므로 레이아웃의 필요에 따라 뷰가 확장되기도 하고 축소되기도 할 것이다. Spacer 뷰가 스택에 포함된 경우에는 스택의 축 방향으로 크기가 조절될 것이다. 만약 Spacer 뷰가 스택 컨테이너 밖에서 사용되는 경우에는 수직, 수평 모두로 크기가 조절될 수 있다.

Text 뷰와 Slider 뷰 사이를 더 명확하게 분리하기 위해서 Divider 뷰를 레이아웃에 추가한다.

```
.
.
VStack {
    Spacer()
    Text(text)
        .font(.largeTitle)
        .fontWeight(.heavy)
        .rotationEffect(.degrees(self.rotation))
        .animation(.easeInOut(duration: 5))
        .foregroundColor(self.colors[self.colorIndex])
```

```
        Spacer()
        Divider()
    .
    .
```

Divider 뷰를 사용하여 스택 컨테이너 안의 두 뷰 사이가 분리됨을 나타내는 라인을 그린다.

앞의 코드와 같이 수정했다면 레이아웃은 그림 22-10과 같이 프리뷰 캔버스에 나타날 것이다.

그림 22-10

22.11 요약

이번 장의 목표는 이전 장에서 설명했던 이론들을 예제 앱 프로젝트를 만들면서 실습해보는 것이다. 특히, 레이아웃에 뷰들을 추가하는 다양한 방법과 상태 프로퍼티 바인딩과 수정자 사용까지 다뤘다. 이번 장은 Spacer와 Divider를 소개했으며, 데이터 배열로부터 동적으로 뷰를 생성하기 위하여 ForEach를 어떻게 사용하는지도 살펴보았다.

23

Observable 객체와 Environment 객체 튜토리얼

21장 '상태, Observable 객체, 그리고 Environment 객체로 작업하기'에서 Observable 객체와 Environment 객체에 대해 소개하였고, SwiftUI 앱을 개발할 때 데이터 주도 방식으로 구현하는 방법에 관해 설명하였다.

이번 장에서는 앞 장에서 배웠던 내용을 가지고 Observable 객체와 Environment 객체를 이용한 간단한 예제 프로젝트를 생성해볼 것이다.

23.1 ObservableDemo 프로젝트에 대하여

Observable 객체는 시간이 지남에 따라 반복적으로 변하는 데이터 값인 동적 데이터를 래핑하는 데 사용될 때 특히 강력하다. 이런 타입의 데이터를 시뮬레이션하기 위해서는 **Foundation** 프레임워크의 Timer 객체를 사용하여 매 초마다 카운터가 업데이트되도록 구성하여 Observable 데이터 객체를 생성할 것이다. 이 카운터는 앱 프로젝트 내의 뷰들이 볼 수 있게 게시될 것이다.

먼저, 데이터는 Observable 객체로 취급될 것이며 다른 뷰로 전달될 것이다. 이번 장의 후반부에서는 이 데이터를 Environment 객체로 전환하여 다른 뷰로 전달하지 않아도 다른 뷰들이 접근할 수 있게 할 것이다.

23.2 프로젝트 생성하기

Xcode를 실행하여 **ObservableDemo**라는 이름의 새로운 **Single View App**을 생성하고, **User Interface** 옵션은 **SwiftUI**로 한다.

23.3 Observable 객체 추가하기

새로운 프로젝트를 생성한 후에 먼저 해야 할 작업은 ObservableObject 프로토콜을 구현하는 데이터 클래스를 추가하는 것이다. Xcode에서 **File ➡ New ➡ File...** 메뉴를 선택하여 나타난 템플릿 다이얼로그에서 **Swift File** 옵션을 선택한다. **Next** 버튼을 클릭하고, 파일 이름을 **TimerData**로 하고 **Create** 버튼을 클릭한다.

코드 에디터에 **TimerData.swift** 파일이 로드되면 다음과 같이 TimerData 클래스를 구현한다.

```
import Foundation
import Combine

class TimerData : ObservableObject {
    @Published var timeCount = 0
    var timer : Timer?

    init() {
        timer = Timer.scheduledTimer(timeInterval: 1.0,
                                     target: self,
                                     selector: #selector(timerDidFire),
                                     userInfo: nil,
                                     repeats: true)
    }

    @objc func timerDidFire() {
        timeCount += 1
    }

    func resetCount() {
```

```
        timeCount = 0
    }
}
```

이 클래스는 ObservableObject 프로토콜을 구현하는 것으로 선언되었고, Timer 인스턴스
는 매 초마다 timerDidFire()라는 이름의 함수를 호출하도록 구성하는 초기화도 포함하였
다. timerDidFire() 함수는 timeCount 변수에 할당된 값을 증가시킨다. timeCount 변수는
@Published 프로퍼티 래퍼를 사용하여 선언되어서 프로젝트 내에 있는 뷰에서 관찰될 수 있
다. 또한, 이 클래스는 카운터를 0으로 리셋하는 resetCount()라는 이름의 메서드도 가지고
있다.

23.4 ContentView 레이아웃 설계하기

앱의 사용자 인터페이스는 두 개의 화면으로 구성될 것이다. 첫 번째 뷰는 **ContentView**
.swift 파일에 의해 표시된다. 이 파일을 선택하여 코드 에디터에 로드되게 하고 다음과 같이
수정한다.

```
import SwiftUI

struct ContentView: View {

    @ObservedObject var timerData: TimerData = TimerData()

    var body: some View {

        NavigationView {

            VStack {
                Text("Timer count = \(timerData.timeCount)")
                    .font(.largeTitle)
                    .fontWeight(.bold)
                    .padding()
                Button(action: resetCount) {
                    Text("Reset Counter")
                }
            }
        }
    }

    func resetCount() {
```

```
        timerData.resetCount()
    }
}

struct ContentView_Previews: PreviewProvider {
    static var previews: some View {
        ContentView()
    }
}
```

이렇게 수정했다면 라이브 프리뷰 버튼을 눌러 뷰를 테스트해보자. 라이브 프리뷰가 시작되면 카운터가 증가하기 시작한다.

그림 23-1

다음으로, **Reset Counter** 버튼을 클릭하여 카운터가 0부터 다시 카운팅을 하는지 확인한다. 앞에서 구현한 것이 잘 동작함을 확인했다면 다음 작업은 동일한 Observable 객체를 접근하는 두 번째 뷰를 추가하는 것이다.

23.5 두 번째 뷰 추가하기

File ➡ New ➡ File... 메뉴를 선택하고, SwiftUI View 템플릿 옵션을 선택한 후에 SecondView라는 이름으로 뷰를 생성한다.

```swift
import SwiftUI

struct SecondView: View {

    @ObservedObject var timerData: TimerData

    var body: some View {
        VStack {
            Text("Second View")
                .font(.largeTitle)
            Text("Timer Count = \(timerData.timeCount)")
                .font(.headline)
        }
        .padding()
    }
}

struct SecondView_Previews: PreviewProvider {
    static var previews: some View {
        SecondView(timerData: TimerData())
    }
}
```

라이브 프리뷰를 이용하여 레이아웃을 테스트하면 그림 23-2와 같이 타이머가 카운팅을 시작할 것이다.

라이브 프리뷰에서 이 뷰는 SecondView_Previews 선언부에 구성된 자신만의 TimerData 인스턴스를 갖는다. ContentView와 SecondView 모두 동일한 TimerData 인스턴스를 사용하려면 사용자가 두 번째 화면으로 이동할 때 첫 번째 뷰에 있는 ObservedObject 객체를 SecondView에 전달해야 한다.

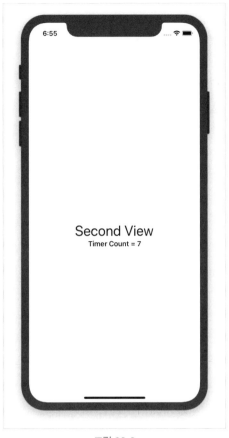

그림 23-2

23.6 내비게이션 추가하기

이제, 두 번째 뷰로 이동하도록 ContentView에 내비게이션 링크가 추가되어야 한다.
ContentView.swift 파일을 코드 에디터에 열고 다음의 링크를 추가한다.

```
var body: some View {

    NavigationView {
        VStack {
            Text("Timer count = \(timerData.timeCount)")
                .font(.largeTitle)
                .fontWeight(.bold)
                .padding()
```

```
            Button(action: resetCount) {
                Text("Reset Counter")
            }

            NavigationLink(destination:
                        SecondView(timerData: timerData)) {
                Text("Next Screen")
            }
            .padding()
        }
    }
}
```

다시 라이브 프리뷰를 사용하여 ContentView의 카운터가 증가하는지 확인한다. 현재의 카운터 값을 기억하고, **Next Screen** 링크를 클릭하여 두 번째 뷰가 표시되게 하여 기억한 카운터 숫자부터 계속해서 카운팅이 이어지는지 확인한다. 이것은 두 개의 뷰 모두가 동일한 Observable 객체 인스턴스를 구독하고 있음을 확인해준다.

23.7 Environment 객체 사용하기

이번 튜토리얼에서 할 마지막 작업은 Observable 객체를 Environment 객체로 변환하는 것이다. 이렇게 하면 두 개의 뷰 모두가 동일한 TimerData 객체에 대한 참조체를 전달하지 않아도 접근할 수 있게 된다.

이번 수정 작업은 TimerData.swift 클래스 선언부를 수정할 필요 없이 두 개의 SwiftUI 뷰 파일에서만 약간 수정하면 된다. **ContentView.swift** 파일부터 시작하자. @ObservedObject 프로퍼티 래퍼를 @EnvironmentObject로 바꾸고, 레이아웃의 프리뷰가 나타날 때 타이머의 인스턴스를 추가하기 위하여 ContentView_Previews 선언부를 수정한다.

```
import SwiftUI

struct ContentView: View {

    @EnvironmentObject var timerData: TimerData = TimerData()

    var body: some View {
        NavigationView {
    .
    .
```

```
                    NavigationLink(destination: SecondView(timerData:
timerData)) {
                Text("Next Screen")
            }
            .padding()
        }
    }
}
.
.
struct ContentView_Previews: PreviewProvider {
    static var previews: some View {
        ContentView().environmentObject(TimerData())
    }
}
```

다음으로, **SecondView.swift** 파일을 수정한다.

```
import SwiftUI

struct SecondView: View {

    @EnvironmentObject var timerData: TimerData

    var body: some View {

        VStack {
            Text("Second View")
                .font(.largeTitle)
            Text("Timer Count = \(timerData.timeCount)")
                .font(.headline)
        }.padding()
    }
}

struct SecondView_Previews: PreviewProvider {
    static var previews: some View {
        SecondView().environmentObject(TimerData())
    }
}
```

마지막으로, **SceneDelegate.swift** 파일을 수정하여 루트(root) 화면이 생성될 때 TimerData
객체가 Environment 객체에 추가되도록 한다.

```
func scene(_ scene: UIScene, willConnectTo session: UISceneSession,
          options connectionOptions: UIScene.ConnectionOptions) {
```

```
    let contentView = ContentView()

    let timerData = TimerData()

    if let windowScene = scene as? UIWindowScene {
        let window = UIWindow(windowScene: windowScene)

        window.rootViewController = UIHostingController(rootView:
            contentView.environmentObject(timerData))
        self.window = window
        window.makeKeyAndVisible()
    }
}
```

라이브 프리뷰 또는 실제 디바이스나 시뮬레이터를 이용하여 두 화면 모두 동일한 카운터 데이터에 접근하는지 마지막으로 프로젝트를 테스트하자.

23.8 요약

이번 장에서는 사용자 인터페이스 내의 뷰들과 동적 데이터를 바인딩하기 위하여 Observable 객체와 Environment 객체를 어떻게 사용하는지 보여주는 튜토리얼을 따라 했으며. 또한, Observable 객체를 구현하고 프로퍼티를 게시하며, Observable 객체와 Environment 객체를 구독하는 방법도 살펴보았다.

24

SwiftUI 스택 정렬과 정렬 가이드

20장 'SwiftUI 스택과 프레임'에서는 스택 컨테이너 뷰에서의 기본적인 정렬에 대해 다뤘다. 복잡한 사용자 인터페이스 레이아웃을 설계할 때는 SwiftUI 스택 뷰에서 제공하는 표준 정렬 방법 이상의 방법이 불가피하게 필요하다. 이를 염두에 두고 이번 장에서는 컨테이너 정렬, 정렬 가이드, 커스텀 정렬, 그리고 서로 다른 스택들 간의 정렬 구현까지 스택 정렬의 고급 기술에 대해 설명한다.

24.1 컨테이너 정렬

SwiftUI 스택을 사용할 때 가장 기본적인 정렬 방법은 컨테이너 정렬이며, 스택에 포함된 하위 뷰들이 스택 내에서 정렬되는 방식을 정의한다. 스택에 포함된 각각의 뷰에 지정된 정렬이 따로 없다면, 스택에 적용한 정렬이 하위 뷰에 적용된다. 이렇게 개별적으로 적용된 정렬이 없는 하위 뷰에 상위 뷰의 정렬 방법이 적용되는 것을 **암묵적으로 정렬**(implicitly aligned)되었다고 표현한다.

정렬할 때 기억해야 할 중요한 점은 수평 스택(HStack)은 하위 뷰를 수직 방향 정렬을 하며, 수직 스택(VStack)은 하위 뷰를 수평 방향 정렬을 한다. ZStack의 경우는 수평/수직 정렬 값이 모두 사용된다.

다음의 VStack 선언부는 세 개의 하위 뷰를 포함하는 간단한 VStack으로 구성한다.

```
VStack {
    Text("This is some text")
    Text("This is some longer text")
    Text("This is short")
}
```

특정 컨테이너 정렬 값이 없으면 VStack은 속해 있는 뷰들은 그림 24-1과 같이 모두 중앙 정렬(.center)을 디폴트로 한다.

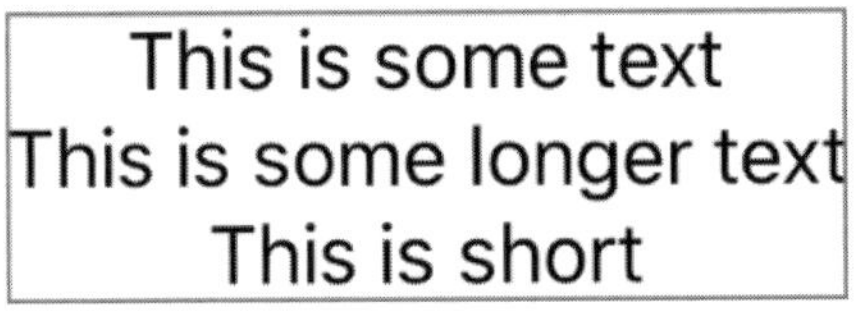

This is some text
This is some longer text
This is short

그림 24-1

디폴트 중앙 정렬 외에도 VStack은 .leading이나 .trailing 정렬을 사용할 수 있다.

```
VStack(alignment: .trailing) {
    Text("This is some text")
    Text("This is some longer text")
    Text("This is short")
}
```

앞의 VStack 레이아웃이 렌더링되며, 하위 뷰들과 컨테이너의 끝쪽으로 정렬되어 나타날 것이다.

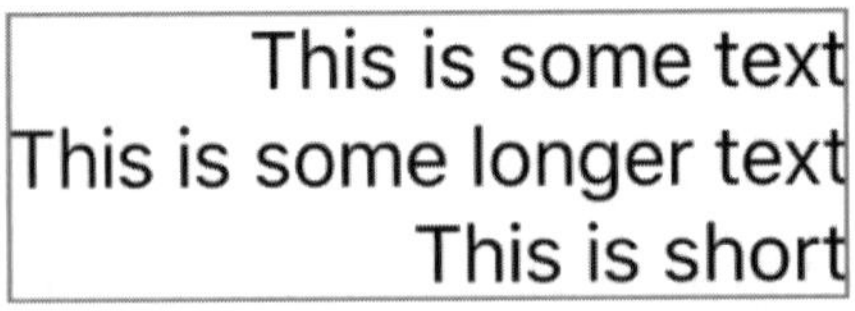

This is some text
This is some longer text
This is short

그림 24-2

수평 스택(HStack) 역시 특정 정렬을 설정하지 않으면 디폴트로 중앙 정렬이 되지만, 텍스트 베이스라인 정렬을 위한 값뿐만 아니라 상단 정렬과 하단 정렬도 제공한다. 정렬을 지정할 때 여백 값을 포함할 수도 있다. 다음의 HStack은 디폴트로 여백이 있는 중앙 정렬을 사용하며, 서로 다른 폰트 크기를 가진 세 개의 하위 Text 뷰가 포함되어 있다.

```
HStack(spacing: 20) {
    Text("This is some text")
        .font(.largeTitle)
    Text("This is some much longer text")
        .font(.body)
    Text("This is short")
        .font(.headline)
}
```

앞의 수평 스택(HStack)은 다음과 같이 나타난다.

그림 24-3

텍스트 베이스라인 정렬은 텍스트 기반 뷰의 첫 줄(.firstTextBaseline) 또는 마지막 줄
(.lastTextBaseline)을 기준으로 할 수 있다.

```
HStack(alignment: .lastTextBaseline, spacing: 20) {
    Text("This is some text")
        .font(.largeTitle)
    Text("This is some much longer text")
        .font(.body)
    Text("This is short")
        .font(.headline)
}
```

이제 세 개의 Text 뷰는 마지막 뷰의 베이스라인에 맞춰 정렬된다.

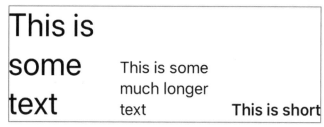

그림 24-4

24.2 정렬 가이드

정렬 가이드(alignment guide)는 뷰가 스택에 포함된 다른 뷰와 정렬해야 할 때 사용되는 커스텀 포지션을 정의하는 데 사용된다. 이것은 중앙 정렬, 앞쪽 정렬, 상단 정렬 등의 표준 정렬 타입보다 더 복잡한 정렬을 구현할 수 있게 해준다. 예를 들어, 정렬 가이드는 길이의 3분의 2 위치 또는 상단에서 20포인트를 기준으로 뷰를 정렬할 때 사용될 수 있다.

정렬 가이드는 표준 정렬 타입과 클로저를 인자로 받는 alignmentGuide() 수정자를 사용하여 뷰에 적용되며, 클로저는 표준 정렬을 기준으로 하는 뷰 내에 위치(포인트)를 가리키는 값을 계산하여 반환한다. 뷰 내의 정렬 위치 계산을 돕기 위하여 뷰의 폭과 높이를 얻는 데 사용할 수 있는 ViewDimensions 객체와 뷰의 표준 정렬 위치(.top, .bottom, .leading 등)가 클로저에 전달된다.

다음의 VStack은 세 개의 서로 다른 길이와 색상을 가진 사각형을 가지고 있으며, 모두 앞쪽 정렬을 한다.

```
VStack(alignment: .leading) {
    Rectangle()
        .foregroundColor(Color.green)
        .frame(width: 120, height: 50)
    Rectangle()
        .foregroundColor(Color.red)
        .frame(width: 200, height: 50)
    Rectangle()
        .foregroundColor(Color.blue)
        .frame(width: 180, height: 50)
}
```

앞의 레이아웃은 그림 24-5와 같이 렌더링된다.

그림 24-5

이제, 모든 사각형이 앞쪽으로 정렬되게 하는 게 아니라, 두 번째 뷰만 앞쪽에서 120포인트 안쪽으로 들어가게 정렬해보자. 이것은 다음과 같이 정렬 가이드를 사용하여 구현될 수 있다.

```
VStack(alignment: .leading) {
    Rectangle()
        .foregroundColor(Color.green)
        .frame(width: 120, height: 50)
    Rectangle()
        .foregroundColor(Color.red)
        .alignmentGuide(.leading, computeValue: { d in 120.0 })
        .frame(width: 200, height: 50)
    Rectangle()
        .foregroundColor(Color.blue)
        .frame(width: 180, height: 50)
}
```

첫 번째 사각형과 세 번째 사각형은 여전히 앞쪽 정렬을 하고 있지만, 두 번째 사각형은 지정된 정렬 가이드 위치로 정렬되었다.

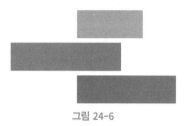

그림 24-6

정렬 가이드를 사용할 때 그림 24-7과 같이 alignmentGuide() 수정자에 지정된 정렬 타입은 부모 스택에 적용된 정렬 타입과 일치해야 한다.

그림 24-7

오프셋(offset)을 하드코딩하는 대신, 클로저에 전달된 ViewDimensions 객체의 프로퍼티를 정렬 가이드 위치를 계산하는 데 이용할 수 있다. 예를 들어, width 프로퍼티를 이용하면 뷰의 앞쪽 3분의 1 위치로 배치할 수 있다.

```
VStack(alignment: .leading) {
    Rectangle()
        .foregroundColor(Color.green)
        .frame(width: 120, height: 50)
    Rectangle()
        .foregroundColor(Color.red)
        .alignmentGuide(.leading, computeValue: { d in d.width / 3 })
        .frame(width: 200, height: 50)
    Rectangle()
        .foregroundColor(Color.blue)
        .frame(width: 180, height: 50)
}
```

이제 이 레이아웃은 그림 24-8과 같이 렌더링된다.

그림 24-8

ViewDimensions 객체는 뷰의 HorizontalAlignment와 VerticalAlignment 프로퍼티에 대한 접근을 제공한다. 다음의 예제는 뷰의 끝쪽에 20포인트를 추가로 더한다.

```
.alignmentGuide(.leading, computeValue: {
    d in d[HorizontalAlignment.trailing] + 20
})
```

이로 인해 뷰의 끝쪽은 다른 뷰의 앞쪽에서 20포인트 더해진 위치로 정렬된다.

그림 24-9

24.3 정렬 가이드 도구 사용하기

정렬 가이드에 익숙해지는 가장 좋은 방법은 다양한 설정으로 테스트해보는 것이다. 다행히 도 SwiftUI Lab은 다양한 정렬 설정을 테스트해볼 수 있는 유용한 학습 도구를 만들었다. 이 도구를 사용하기 위해서 **AlignmentTool**이라는 이름의 새로운 SwiftUI 프로젝트를 생성하고, **ContentView.swift** 파일을 열어 기존의 소스 코드를 모두 삭제한다.

다음으로, 웹 브라우저를 열어 다음의 URL로 이동한다.

URL http://bit.ly/2MCioyl

이 페이지에는 **alignment-guides-tool.swift**라는 이름의 소스 코드가 있다. 이 파일의 전체 소스 코드를 복사해서 Xcode의 **ContentView.Swift** 파일 안에 붙여넣는다. 이렇게 했다면 컴 파일하고 가로 모드로 아이패드 디바이스나 시뮬레이터로 앱을 실행하면 그림 24-10과 같이 나타난다.

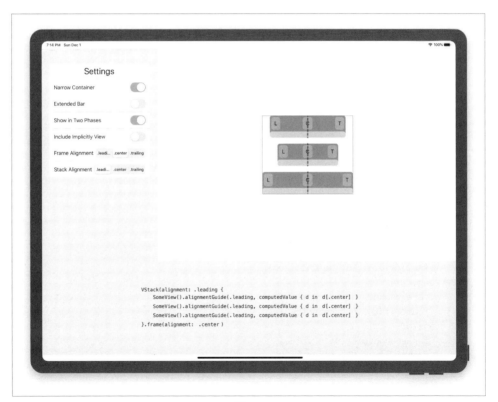

그림 24-10

Include Implicitly View 옵션을 켜면 뷰의 모든 정렬 가이드가 없어지는 것을 확인할 수 있으며, 각 뷰 아래에 있는 노란색 바와 함께 녹색의 **L, C, T** 버튼과 **Stack Alignment** 옵션을 이용하여 서로 다른 정렬 가이드 조합을 테스트해볼 수 있다. 옵션을 선택할 때마다 화면 하단에 VStack 선언부가 현재 설정이 반영되도록 변경될 것이다.

24.4 커스텀 정렬 타입

이전에 했던 예제에서는 표준 정렬 타입을 기반으로 뷰 정렬을 변경했었다. SwiftUI는 커스텀 정렬 타입을 선언하여 표준 타입들이 확장될 수 있게 해준다. 예를 들어, .oneThird라는 이름의 커스텀 정렬 타입은 뷰의 지정된 끝쪽에서부터 3분의 1 거리 위치로 정렬하게 만들 수 있다.

예를 들어, 다음은 수직 방향으로 중앙에 위치하는 네 개의 사각형으로 구성된 HStack이다.

그림 24-11

앞의 레이아웃에 대한 선언부는 다음과 같다.

```
HStack(alignment: .center) {
    Rectangle()
        .foregroundColor(Color.green)
        .frame(width: 50, height: 200)
    Rectangle()
        .foregroundColor(Color.red)
        .frame(width: 50, height: 200)
    Rectangle()
        .foregroundColor(Color.blue)
        .frame(width: 50, height: 200)
    Rectangle()
        .foregroundColor(Color.orange)
        .frame(width: 50, height: 200)
}
```

이들 사각형 중에 하나 이상의 사각형만 정렬을 바꾸고자 한다면 적용될 값을 계산하기 위한 계산식이 포함된 정렬 가이드를 적용하는 방법을 쓸 수 있을 것이다. 다른 방법으로는 여러 뷰에 적용될 수 있는 커스텀 정렬을 생성하는 것이다. 이것은 계산된 값을 반환하는 새로운 정렬 타입을 추가하기 위하여 VerticalAlignment나 HorizontalAlignment를 확장하여 할 수 있다. 다음은 새로운 수직 정렬 타입을 생성하는 예제다.

```
extension VerticalAlignment {
    private enum OneThird : AlignmentID {
        static func defaultValue(in d: ViewDimensions) -> CGFloat {
            return d.height / 3
        }
    }
    static let oneThird = VerticalAlignment(OneThird.self)
}
```

이 extension은 AlignmentID 프로토콜을 따르는 열거형(enum)을 포함해야 하며, defaultValue()라는 이름의 함수가 구현되도록 지시한다. 이 함수는 뷰에 대한 ViewDimensions 객체를 받아야 하며, 정렬 가이드 위치를 가리키는 계산된 CGFloat 값을 반환해야 한다. 앞의 예제에서는 뷰 높이의 3분의 1이 반환된다.

이렇게 구현했다면 커스텀 정렬은 다음과 같이 HStack 선언부에 사용될 수 있다.

```
HStack(alignment: .oneThird) {
    Rectangle()
        .foregroundColor(Color.green)
        .frame(width: 50, height: 200)
    Rectangle()
        .foregroundColor(Color.red)
        .alignmentGuide(.oneThird, computeValue: { d in d[VerticalAlignment.top] })
        .frame(width: 50, height: 200)
    Rectangle()
        .foregroundColor(Color.blue)
        .frame(width: 50, height: 200)
    Rectangle()
        .foregroundColor(Color.orange)
        .alignmentGuide(.oneThird, computeValue: { d in d[VerticalAlignment.top] })
        .frame(width: 50, height: 200)
}
```

앞의 예제에서 새로운 .oneThird 커스텀 정렬은 두 개의 사각형 뷰에 적용되었으며, 그 결과는 다음과 같다.

그림 24-12

두 개의 사각형 모두 부가적인 수정 없이 뷰의 상단을 기준으로 계산되어 정렬되었다. 사실, 커스텀 정렬은 표준 정렬 타입과 같은 방법으로 사용될 수 있다. 예를 들어, 다음은 뷰의 아래쪽을 기준으로 빨간 사각형을 정렬한다.

```
.alignmentGuide(.oneThird, computeValue: { d in d[VerticalAlignment.bottom] })
```

뷰가 렌더링되면 정렬 가이드는 뷰의 아래쪽이 뷰 높이의 3분의 1 위치로 정렬된다.

그림 24-13

24.5 스택 정렬 교차하기

일반적으로 사용자 인터페이스 레이아웃은 여러 단계의 중첩된 스택으로 생성될 것이다. 표준 정렬 타입의 주요한 단점은 스택 내의 뷰가 다른 스택에 있는 뷰와 정렬되도록 하는 방법을 제공하지 않는다는 것이다. 그림 24-14는 HStack 안에 VStack이 포함된 스택의 구성도다. VStack뿐만 아니라 하나의 다른 뷰도 포함되어 있다.

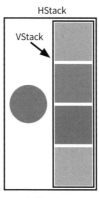

그림 24-14

앞의 그림에 대한 선언문은 다음과 같다.

```
HStack(alignment: .center, spacing: 20) {

    Circle()
        .foregroundColor(Color.purple)
        .frame(width: 100, height: 100)

    VStack(alignment: .center) {
        Rectangle()
            .foregroundColor(Color.green)
            .frame(width: 100, height: 100)
        Rectangle()
            .foregroundColor(Color.red)
            .frame(width: 100, height: 100)
        Rectangle()
            .foregroundColor(Color.blue)
            .frame(width: 100, height: 100)
        Rectangle()
            .foregroundColor(Color.orange)
            .frame(width: 100, height: 100)
    }
}
```

현재는 VStack과 원을 나타내는 뷰는 HStack 내에서 수직 방향으로 중앙 정렬되어 있다. 만약 원을 VStack에 있는 맨 위의 사각형이나 맨 아래의 사각형과 정렬하고 싶다면, HStack 정렬을 .top 또는 .bottom으로 바꾸면 될 것이다. 반면, 보라색 원이 두 번째 또는 세 번째 사각형과 정렬되게 하려면 표준 정렬 타입을 사용해서 할 수 있는 방법은 없다. 다행히도 커스텀 정렬을 생성하고 원과 VStack에 있는 사각형에 적용하면 가능하다.

뷰의 아래쪽을 기준으로 한 정렬 값을 반환하는 간단한 커스텀 정렬은 다음과 같이 구현될 수 있다.

```
extension VerticalAlignment {
    private enum CrossAlignment : AlignmentID {
        static func defaultValue(in d: ViewDimensions) -> CGFloat {
            return d[.bottom]
        }
    }
    static let crossAlignment = VerticalAlignment(CrossAlignment.self)
}
```

이렇게 만든 커스텀 정렬은 서로 다른 스택에 포함된 뷰를 정렬하기 위해 사용할 수 있다. 다음의 예제는 원 뷰의 아래쪽이 VStack에 포함된 세 번째 사각형과 정렬한다.

```
HStack(alignment: .crossAlignment, spacing: 20) {

    Circle()
        .foregroundColor(Color.purple)
        .alignmentGuide(.crossAlignment,
            computeValue: { d in d[VerticalAlignment.center] })
        .frame(width: 100, height: 100)

    VStack(alignment: .center) {
        Rectangle()
            .foregroundColor(Color.green)
            .frame(width: 100, height: 100)
        Rectangle()
            .foregroundColor(Color.red)
            .frame(width: 100, height: 100)
        Rectangle()
            .foregroundColor(Color.blue)
            .alignmentGuide(.crossAlignment,
                computeValue: { d in d[VerticalAlignment.center] })
            .frame(width: 100, height: 100)
        Rectangle()
            .foregroundColor(Color.orange)
```

```
            .frame(width: 100, height: 100)
    }
}
```

HStack의 정렬 역시 커스텀 정렬인 `.crossAlignment` 타입을 사용하도록 해야 효과가 나타난다는 점을 기억하자. 이렇게 수정하면 레이아웃이 그림 24-15와 같이 표시될 것이다.

그림 24-15

24.6 ZStack 커스텀 정렬

디폴트로, ZStack의 하위 뷰는 중앙 정렬된 상태로 위로 겹치게 쌓이게 된다. 다음의 그림은 ZStack에 세 개의 도형(원, 정사각형, 캡슐 모양) 뷰가 각각 위로 쌓이면서 중앙 정렬된 것을 보여준다.

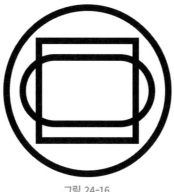

그림 24-16

표준 정렬 타입을 이용하면 스택에 속한 모든 뷰의 정렬을 바꿀 수 있다. 예를 들어, 그림 24-17은 ZStack의 정렬을 .leading으로 한 것이다.

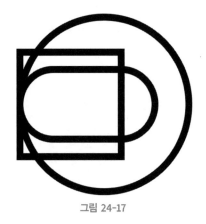

그림 24-17

스택에 있는 각 뷰가 자신만의 정렬을 갖도록 하는 조금 더 복잡한 정렬을 레이아웃에 적용하려면, 수평 커스텀 정렬과 수직 커스텀 정렬 모두가 하나의 커스텀 정렬로 결합되어야 한다.

```
extension HorizontalAlignment {
    enum MyHorizontal: AlignmentID {
        static func defaultValue(in d: ViewDimensions) -> CGFloat
            { d[HorizontalAlignment.center] }
    }
    static let myAlignment = HorizontalAlignment(MyHorizontal.self)
}

extension VerticalAlignment {
    enum MyVertical: AlignmentID {
        static func defaultValue(in d: ViewDimensions) -> CGFloat
            { d[VerticalAlignment.center] }
    }
    static let myAlignment = VerticalAlignment(MyVertical.self)
}

extension Alignment {
    static let myAlignment = Alignment(horizontal: .myAlignment,
        vertical: .myAlignment)
}
```

이렇게 구현하면 커스텀 정렬은 ZStack의 하위 뷰를 수직/수평으로 정렬하는 데 사용할 수 있다.

```
ZStack(alignment: .myAlignment) {
    Rectangle()
        .foregroundColor(Color.green)
        .alignmentGuide(HorizontalAlignment.myAlignment)
            { d in d[.trailing]}
        .alignmentGuide(VerticalAlignment.myAlignment)
            { d in d[VerticalAlignment.bottom] }
        .frame(width: 100, height: 100)

    Rectangle()
        .foregroundColor(Color.red)
        .alignmentGuide(VerticalAlignment.myAlignment)
            { d in d[VerticalAlignment.top] }
        .alignmentGuide(HorizontalAlignment.myAlignment)
            { d in d[HorizontalAlignment.center] }
        .frame(width: 100, height: 100)

    Circle()
        .foregroundColor(Color.orange)
        .alignmentGuide(HorizontalAlignment.myAlignment)
            { d in d[.leading] }
        .alignmentGuide(VerticalAlignment.myAlignment)
            { d in d[.bottom] }
        .frame(width: 100, height: 100)
}
```

앞의 ZStack은 그림 24-18과 같이 나타날 것이다.

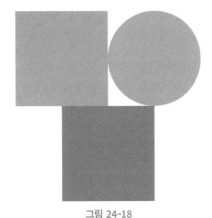

그림 24-18

ZStack 커스텀 정렬이 어떻게 동작하는지 이해하기 위해서 각 뷰의 정렬 설정을 바꿔서 테스트해보자. 예를 들어, 다음과 같이 바꿔보자.

```
ZStack(alignment: .myAlignment) {
    Rectangle()
        .foregroundColor(Color.green)
        .alignmentGuide(HorizontalAlignment.myAlignment)
            { d in d[.leading]}
        .alignmentGuide(VerticalAlignment.myAlignment)
            { d in d[VerticalAlignment.bottom] }
        .frame(width: 100, height: 100)

    Rectangle()
        .foregroundColor(Color.red)
        .alignmentGuide(VerticalAlignment.myAlignment)
            { d in d[VerticalAlignment.center] }
        .alignmentGuide(HorizontalAlignment.myAlignment)
            { d in d[HorizontalAlignment.trailing] }
        .frame(width: 100, height: 100)

    Circle()
        .foregroundColor(Color.orange)
        .alignmentGuide(HorizontalAlignment.myAlignment)
            { d in d[.leading] }
        .alignmentGuide(VerticalAlignment.myAlignment)
            { d in d[.top] }
        .frame(width: 100, height: 100)
}
```

이렇게 변경하고 프리뷰 캔버스를 확인하여 그림 24-19와 같이 되는지 보자.

그림 24-19

24.7 요약

SwiftUI 스택 컨테이너 뷰는 컨테이너를 기준으로 모든 하위 뷰의 위치를 조절하는 기본 정렬 설정을 이용하여 구성될 수 있다. 스택에 속한 개별 뷰의 정렬은 alignmentGuide를 사용하여 할 수 있다. alignmentGuide는 ViewDimensions 객체가 전달되는 클로저를 포함한다. ViewDimensions 객체는 뷰의 높이와 폭을 기준으로 뷰의 위치를 계산하는 데 사용된다. 이러한 alignmentGuide는 스택 뷰 레이아웃을 선언할 때 표준 정렬과 동일한 방법으로 재사용될 수 있는 커스텀 정렬로 구현할 수도 있다. 커스텀 정렬은 서로 다른 스택에 포함된 뷰들이 서로 정렬되어야 하는 경우에 매우 유용하다. ZStack의 하위 뷰에 대한 커스텀 정렬은 HorizontalAlignmentGuide와 VerticalAlignmentGuide 모두가 필요하다.

25

SwiftUI 리스트와 내비게이션

List 뷰는 수직 방향의 목록 형태로 사용자에게 정보를 제공하는 방법을 제공한다. 리스트 항목은 사용자가 터치했을 때 앱의 다른 영역으로 이동하곤 한다. 이런 행동은 NavigationView 컴포넌트와 NavigationLink 컴포넌트를 사용하여 구현된다.

List 뷰는 정적 데이터와 동적 데이터 모두를 표현할 수 있으며, 추가, 삭제, 항목 순서 재정렬 작업을 할 수 있도록 확장되기도 한다.

이번 장에서는 List 뷰에 대한 개요와 함께 NavigationView와 NavigationLink를 설명하며, 다음 장에서는 이에 대한 튜토리얼을 진행한다.

25.1 SwiftUI 리스트

List 컨트롤은 셀(cell)에 포함된 하나 이상의 뷰의 각 행을 수직 방향의 목록으로 정보를 표현하는 UIKit의 TableView 클래스와 비슷한 기능을 제공한다. 예를 들어, 다음의 예제 List 구현체를 살펴보자.

```
struct ContentView: View {
    var body: some View {
```

```
        List {
            Text("Wash the car")
            Text("Vacuum house")
            Text("Pick up kids from school bus @ 3pm")
            Text("Auction the kids on eBay")
            Text("Order Pizza for dinner")
        }
    }
}
```

프리뷰에서 보면 앞의 리스트는 그림 25-1과 같이 나타난다.

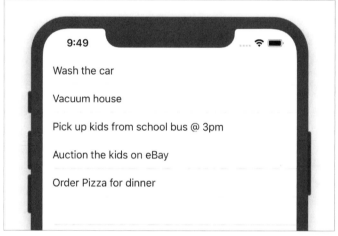

그림 25-1

리스트 셀은 단 하나의 컴포넌트만 있어야 한다는 제약은 없다. 여러 컴포넌트를 조합해서 셀에 표시할 수 있다. 다음의 예제는 리스트의 각 행을 HStack 안의 이미지와 텍스트 컴포넌트 조합으로 구성한다.

```
List {
    HStack {
        Image(systemName: "trash.circle.fill")
        Text("Take out the trash")
    }
    HStack {
        Image(systemName: "person.2.fill")
        Text("Pick up the kids")
    }
    HStack {
        Image(systemName: "car.fill")
```

```
        Text("Wash the car")
    }
}
```

앞의 뷰 구조에 대하여 프리뷰 캔버스는 그림 25-2와 같이 나타난다.

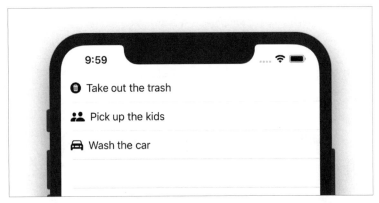

그림 25-2

앞의 예제는 정적 정보를 표시하는 List의 사용 예를 보여준다. 동적 리스트를 표시하려면 몇 가지 추가 작업이 필요하다.

25.2 SwiftUI 동적 리스트

시간이 지남에 따라 변할 수 있는 항목들을 포함하고 있는 리스트라면 동적이라고 간주된다. 다시 말해, 항목이 추가, 편집, 삭제될 수 있고, 이러한 변화를 동적으로 반영하도록 리스트를 업데이트한다.

이런 타입의 리스트를 지원하려면 표시될 데이터는 Identifiable 프로토콜을 따르는 클래스 또는 구조체 내에 포함되어야 한다. Identifiable 프로토콜을 사용하려면 리스트에서 각 항목을 고유하게 식별하는 데 사용될 수 있는 id라는 이름의 프로퍼티가 객체에 있어야 한다. 수백 개의 다른 표준 스위프트 타입뿐만 아니라 String, Int, UUID 타입을 포함한 Hashable 프로토콜을 따르는 모든 스위프트 타입이나 커스텀 타입이 id 프로퍼티가 될 수 있다. 만약 UUID를 사용하기로 선택했다면 UUID() 메서드는 각 항목마다 고유한 ID를 자동으로 생성하는 데 사용될 수 있다.

다음의 코드는 할일(To Do list) 예제를 위하여 Identifiable 프로토콜을 따르는 간단한 구조체를 구현한다.

```
struct ToDoItem : Identifiable {
    var id = UUID()
    var task: String
    var imageName: String
}
```

이번 예제를 위해 ToDoItem 객체들의 배열을 사용하여 리스트에 데이터가 제공되는 것을 다음과 같이 구현한다.

```
    .
    .
    var listData: [ToDoItem] = [
        ToDoItem(task: "Take out trash", imageName: "trash.circle.fill"),
        ToDoItem(task: "Pick up the kids", imageName: "person.2.fill"),
        ToDoItem(task: "Wash the car", imageName: "car.fill")
    ]
struct ContentView: View {
    var body: some View {

        List(listData) { item in
            HStack {
                Image(systemName: item.imageName)
                Text(item.task)
            }
        }
    }
}
    .
    .
```

이제 리스트에는 각 셀에 대한 뷰가 필요 없다. 그 대신, 데이터 배열에 대한 반복문을 실행하면서 동일하게 선언된 HStack 선언부를 재사용하고 각 배열 항목에서의 적절한 데이터를 연결한다.

리스트에 동적 데이터와 정적 데이터를 함께 표현해야 하는 경우, ForEach 구문을 리스트의 body에서 사용하여 동적 데이터에 대해 반복문을 돌리면서 정적 항목을 선언할 수 있다. 다음 예제는 정적 항목인 토글 버튼과 함께 동적 데이터에 대한 ForEach 구문을 사용하고 있다.

```
struct ContentView: View {

    @State var toggleStatus = true
.
.
    var body: some View {

        List {

            Toggle(isOn: $toggleStatus) {
                Text("Allow Notifications")
            }

            ForEach (listData) { item in
                HStack {
                    Image(systemName: item.imageName)
                    Text(item.task)
                }
            }
        }
    }
}
```

앞의 예제는 그림 25-3과 같이 토글 버튼과 동적 리스트가 나타난다.

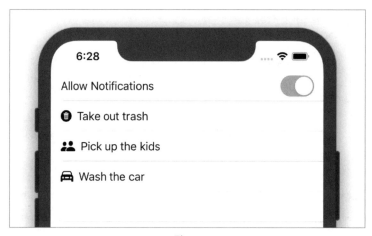

그림 25-3

SwiftUI의 List 구현체는 Section 뷰를 이용하여 헤더와 푸터가 있는 섹션으로 나눌 수도
있다. 그림 25-4는 헤더가 있는 두 개의 섹션으로 나눠진 리스트를 보여준다.

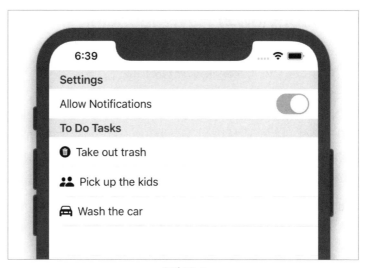

그림 25-4

이러한 섹션을 구현하기 위해서 뷰 선언부를 다음과 같이 수정한다.

```
List {
    Section(header: Text("Settings")) {
        Toggle(isOn: $toggleStatus) {
            Text("Allow Notifications")
        }
    }

    Section(header: Text("To Do Tasks")) {
        ForEach (listData) { item in
            HStack {
                Image(systemName: item.imageName)
                Text(item.task)
            }
        }
    }
}
```

리스트의 항목을 사용자가 터치하면 앱의 다른 화면으로 이동해야 할 경우가 종종 있다. 이런 동작은 NavigationView 또는 NavigationLink를 사용하여 구현한다.

25.3 NavigationView와 NavigationLink

리스트에 있는 항목을 터치하여 이동하게 만들려면 먼저 리스트를 NavigationView 안에 넣어야 한다. 그런 후에 리스트의 각 행을 NavigationLink 컨트롤로 감싸고 사용자가 터치하면 대상 뷰로 이동되도록 구성한다.

제목을 설정하기 위해서 리스트 컴포넌트의 수정자를 사용하여 NavigationView 타이틀 바를 설정할 수 있고 부가적인 작업을 수행하는 버튼도 추가할 수 있다. 다음의 코드는 내비게이션 타이틀을 'To Do List'로 하고, addTask()라는 이름의 메서드가 호출되도록 구성된 바 아이템으로 Add라는 버튼이 추가되도록 설정하고 있다.

```
NavigationView {
    List {
.
.

    }
    .navigationBarTitle(Text("To Do List"))
    .navigationBarItems(trailing: Button(action: addTask) {
        Text("Add")
    })
.
.
}
```

이번 예제에서 남은 작업은 내비게이션 구현을 위한 수정을 하고 내비게이션 타이틀을 추가하는 것이다.

```
var body: some View {
    NavigationView {
        List {
            Section(header: Text("Settings")) {
                Toggle(isOn: $toggleStatus) {
                    Text("Allow Notifications")
                }
            }

            Section(header: Text("To Do Tasks")) {
                ForEach (listData) { item in
                    HStack {
                        NavigationLink(destination: Text(item.task)) {
                            Image(systemName: item.imageName)
                            Text(item.task)
                        }
                    }
```

```
                }
            }
        }
        .navigationBarTitle(Text("To Do List"))
    }
}
```

이번 예제에서 내비게이션 링크는 할 일에 대한 제목을 표시하는 Text 뷰를 가진 새로운 화면을 보여준다. 라이브 프리뷰를 사용하여 테스트를 한다면 최종 리스트의 모습은 그림 25-5와 같이 각 행에는 할 일에 대한 제목과 갈매기 모양(chevron)이 나타난다. 항목을 하나 터치해보면 Text 뷰로 이동할 것이다.

그림 25-5

25.4 편집 가능하게 만들기

앱에서 사용자가 리스트의 항목을 삭제하거나 다른 위치로 옮기게 할 수 있도록 하는 것은 일반적이다. 삭제는 데이터 소스(data source)에서 해당 항목을 삭제하는 onDelete() 수정자를 각각의 리스트 셀에 추가하면 활성화할 수 있다. 이 메서드가 호출되면 삭제될 행의 오프셋(offset)을 가진 IndexSet 객체가 전달된다. 이 메서드를 구현했다면 사용자가 행을 왼쪽으로 스와이프할 때 그림 25-6과 같이 **Delete** 버튼이 나타날 것이다.

그림 25-6

이렇게 동작하는 것을 구현하기 위해 예제를 다음과 같이 수정한다. func deleteItem(:IndexSet) 함수는 각 셀이 삭제될 때 호출되는 함수로, 삭제 행동을 실행한 셀의 인덱스가 전달되므로 IndexSet을 반드시 매개변수로 받아야 한다.

```
    .
    .
    List {
        Section(header: Text("Settings")) {
            Toggle(isOn: $toggleStatus) {
                Text("Allow Notifications")
            }
        }

        Section(header: Text("To Do Tasks")) {
            ForEach (listData) { item in
                HStack {
                    NavigationLink(destination: Text(item.task)) {
                        Image(systemName: item.imageName)
                        Text(item.task)
                    }
                }
            }
            .onDelete(perform: deleteItem)
        }
    }
    .navigationBarTitle(Text("To Do List"))
}
    .
    .
```

```
func deleteItem(at offsets: IndexSet) {
    // 데이터 소스에서 항목을 삭제하는 코드가 여기 온다
}
```

사용자가 리스트의 항목을 이동할 수 있도록 하려면 데이터 소스에서 항목의 순서를 변경하는 onMove() 수정자를 셀에 적용해야 한다. 이 메서드에는 이동할 행의 현재 위치를 담고 있는 IndexSet 객체와 이동하게 될 곳을 가리키는 정수가 전달된다.

onMove() 수정자를 추가하는 것 외에도 EditButton 인스턴스도 리스트에 추가되어야 한다. 이 버튼을 터치하면 자동으로 리스트는 편집 가능한 상태로 전환되며, 사용자는 항목을 이동하거나 삭제할 수 있게 된다. 편집 버튼은 내비게이션 바 아이템(navigation bar item)으로 navigationBarItems() 수정자를 이용하여 추가될 수 있다. 다음은 이 기능이 추가되도록 수정된 코드다.

```
.
.
    List {
        Section(header: Text("Settings")) {
            Toggle(isOn: $toggleStatus) {
                Text("Allow Notifications")
            }
        }

        Section(header: Text("To Do Tasks")) {
            ForEach (listData) { item in
                HStack {
                    NavigationLink(destination: Text(item.task)) {
                        Image(systemName: item.imageName)
                        Text(item.task)
                    }
                }
            }
            .onDelete(perform: deleteItem)
            .onMove(perform: moveItem)
        }
    }
    .navigationBarTitle(Text("To Do List"))
    .navigationBarItems(trailing: EditButton())

}
.
.
func moveItem(from source: IndexSet, to destination: Int) {
    // 항목을 재배열하는 코드가 온다
}
```

프리뷰 캔버스에서 사용자가 **Edit** 버튼을 터치하면 리스트는 그림 25-7과 같이 나타난다. 각 행의 오른쪽에 있는 세 개의 줄을 드래그 앤 드롭하면 다른 행으로 옮길 수 있다. 그림 25-7은 'Pick up the kids' 항목을 옮기고 있다.

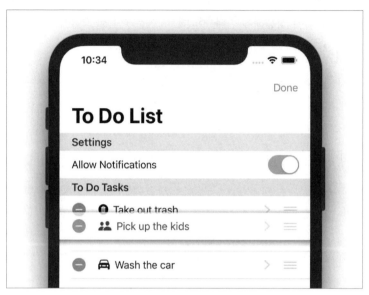

그림 25-7

25.5 요약

SwiftUI의 List 뷰는 셀을 포함하고 있는 각 행으로 항목을 나열할 수 있게 한다. 각 셀은 스택 레이아웃과 같은 컨테이너 뷰에 캡슐화된 여러 뷰를 포함할 수 있다. List 뷰는 정적 항목과 동적 항목 또는 두 개가 조합된 형태로 나타낼 수 있다.

일반적으로 List 뷰는 사용자가 다른 화면으로 이동할 수 있는 수단으로 사용되곤 한다. 이러한 화면 이동은 List 선언부를 NavigationView로 감싸고 각 행을 NavigationLink로 감싸면 구현된다.

리스트는 제목 있는 섹션으로 나눌 수 있으며, 제목과 버튼을 가지는 내비게이션 바를 가질 수 있다. 또한, 행의 추가, 삭제, 이동되도록 리스트를 구성할 수 있다.

CHAPTER

26

SwiftUI 리스트와 내비게이션 튜토리얼[1]

이전 장에서는 List, NavigationView, 그리고 NavigationLink 뷰에 대해 살펴보았으며, 다른 화면으로 이동하거나 리스트의 항목을 편집하는 기능을 제공하기 위해 이들 뷰를 어떻게 사용하는지도 설명했다. 이번 장에서는 배웠던 개념에 대한 실질적인 예제 프로젝트를 생성해볼 것이다.

26.1 ListNavDemo 프로젝트에 대하여

이번 장의 완성된 데모 프로젝트는 List 뷰 하나로 구성되며, 각 행은 이미지와 텍스트 정보를 표시하는 셀로 구성된다. 리스트의 행을 선택하면 선택한 항목에 대한 상세 내용이 있는 상세 화면으로 이동될 것이다. 또한, List 뷰는 항목을 추가/삭제하는 옵션과 리스트의 행 순서를 변경하는 옵션을 갖게 된다.

또한, 이번 프로젝트는 조금 더 확장하여 사용자 인터페이스와 데이터 모델이 동기화되도록 상태 프로퍼티와 Observable 객체를 사용하도록 할 것이다.

---

1   옮긴이 이번 장의 예제는 새로운 차 정보를 추가한 후 메인 화면으로 돌아올 때 iOS 13.2에서는 다음과 같은 오류와 함께 앱이 종료되는 현상이 발생한다.
*** Terminating app due to uncaught exception 'NSInternalInconsistencyException', reason: 'Tried to pop to a view controller that doesn't exist.'
애플에 따르면, 이 버그는 알려진 버그로 이후의 버전에서는 수정될 것이라고 하였다.

26.2 ListNavDemo 프로젝트 생성하기

Xcode를 실행하고 **User Interface** 옵션이 **SwiftUI**로 설정된 **ListNavDemo**라는 이름의 새로운 **Single View App**을 만들기 위한 옵션을 선택한다.

26.3 프로젝트 준비하기

앱 프로젝트를 개발하기 전에 몇 가지 준비해야 할 것이 있다. 그것은 이번 장의 후반부에서 사용하게 될 이미지들과 데이터 에셋을 추가하는 일이다.

이번 프로젝트에서 사용될 것들은 다음의 URL에서 제공하는 소스 코드 샘플 다운로드 안에 포함되어 있다.

URL https://github.com/Jpub/SwiftUI

다운로드를 받고 압축을 풀었다면 파인더(Finder)로 **CarAssets.xcassets** 폴더를 찾아 그림 26-1과 같이 프로젝트 내비게이터 패널로 드래그 앤 드롭한다.

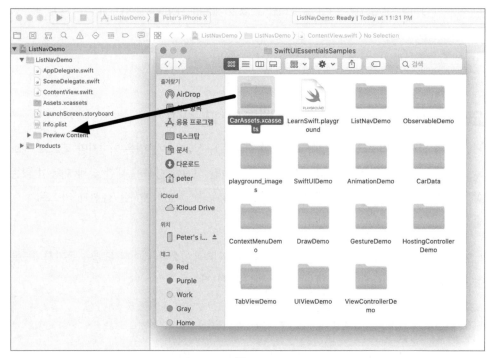

그림 26-1

다이얼로그가 나타나면 **Copy items if needed** 옵션을 활성화하여 에셋이 프로젝트 폴더에 포함되도록 하고 **Finish** 버튼을 클릭한다. 이미지 에셋을 추가했다면 다시 파인더에서 **CarData** 폴더에 있는 **carData.json** 파일을 찾아 프로젝트 내비게이터 패널로 드래그 앤 드롭하여 프로젝트에 포함되도록 한다.

이 JSON 파일에는 고유 아이디, 모델, 설명, 하이브리드 차량 여부를 나타내는 불리언 프로퍼티와 에셋에 있는 해당 차량 이미지의 파일명을 포함하여 하이브리드 자동차와 전기 자동차에 대한 항목이 포함되어 있다. 예를 들어, 다음은 'Tesla Model 3'에 대한 JSON이다.

```json
{
    "id": "aa32jj887hhg55",
    "name": "Tesla Model 3",
    "description": "Luxury 4-door all-electic car. Range of 310 miles. 0-60mph in 3.2
seconds ",
    "isHybrid": false,
    "imageName": "tesla_model_3"
}
```

26.4 Car 구조체 추가하기

JSON 파일을 프로젝트에 추가했으니 자동차 모델을 나타내는 구조체를 선언하자. 새로운 Swift 파일을 추가하기 위해 **File ➡ New ➡ File...** 메뉴를 선택하여 나타난 템플릿 다이얼로그에서 **Swift File**을 선택하고 **Next** 버튼을 클릭한다. 다음에 나오는 화면에서 파일명을 **Car. swift**로 하고 **Create** 버튼을 클릭한다.

파일을 생성하면 새로운 파일이 코드 에디터에 로드될 것이다. 이 파일을 다음과 같이 수정하자.

```swift
import SwiftUI

struct Car : Codable, Identifiable {
    var id: String
    var name: String

    var description: String
    var isHybrid: Bool

    var imageName: String

}
```

보다시피 이 구조체는 JSON 파일에 있는 각 필드에 대한 프로퍼티를 담고 있으며, Identi
fiable 프로토콜을 따르도록 선언되어 있어서 각 인스턴스는 List 뷰에서 식별될 수 있다.

26.5 JSON 데이터 로딩하기

이번 프로젝트는 **carData.json** 파일을 읽어와서 Car 객체로 변환한 다음에 배열에 넣는 작업
이 필요하다. 이를 위하여 또 다른 스위프트 파일을 추가하며, JSON 파일을 읽고 프로젝트
내의 다른 곳에서 접근할 수 있는 배열을 초기화하는 편의 함수를 이 파일에 구현할 것이다.

앞에서 설명한 작업을 위해 **CarData.swift**라는 이름의 스위프트 파일을 하나 더 추가하고 다
음과 같이 수정한다.

```swift
import UIKit
import SwiftUI

var carData: [Car] = loadJson("carData.json")

func loadJson<T: Decodable>(_ filename: String) -> T {
    let data: Data

    guard let file = Bundle.main.url(forResource: filename, withExtension: nil)
    else {
        fatalError("\(filename) not found.")
    }

    do {
        data = try Data(contentsOf: file)
    } catch {
        fatalError("Could not load \(filename): \(error)")
    }

    do {
        return try JSONDecoder().decode(T.self, from: data)
    } catch {
        fatalError("Unable to parse \(filename): \(error)")
    }
}
```

이 파일은 loadJson() 함수 호출로 초기화되는 Car 객체들의 배열을 참조하는 변수를 가진
다. loadJson() 함수의 코드는 JSON 파일을 로드하는 표준 방식이며, 여러분이 만들 앱에
서도 사용할 수 있다.

26.6 데이터 저장소 추가하기

이번 프로젝트의 사용자 인터페이스에서 List 뷰는 최신 데이터가 사용자에게 항상 표시되도록 하기 위해서 Observable 객체에 의존하게 될 것이다. 지금까지 우리는 Car 구조체와 JSON 파일을 읽어서 프로젝트의 데이터 소스로 동작하게 될 Car 객체의 배열까지 준비했다. 앱에서 데이터를 사용할 수 있도록 할 마지막 작업은 데이터 저장소 구조체를 추가하는 것이다. 이 구조체는 List 뷰를 최신 데이터로 유지하기 위하여 사용자 인터페이스는 **게시된 프로퍼티**(published property)를 포함해야 한다. 프로젝트에 **CarStore.swift**라는 이름의 스위프트 파일을 하나 추가하고 다음과 같이 구현한다.

```swift
import SwiftUI
import Combine

class CarStore : ObservableObject {

    @Published var cars: [Car]

    init (cars: [Car] = []) {
        self.cars = cars
    }
}
```

이 파일은 Car 객체 배열 형식의 게시된 프로퍼티를 가지고 있으며, 초기화로 전달된 배열을 게시자로 한다.

이번 프로젝트의 데이터 관련 부분은 완성되었으니 이제는 사용자 인터페이스를 설계해보자.

26.7 콘텐트 뷰 설계하기

ContentView.swift를 선택하고 다음과 같이 수정하여 CarStore의 인스턴스에 구독 객체 (observed object) 바인딩을 추가하고, **CarData.swift** 파일에서 생성된 carData 배열을 초기화 작업에 전달한다.

```swift
import SwiftUI

struct ContentView: View {

    @ObservedObject var carStore : CarStore = CarStore(cars: carData)
```

콘텐트 뷰에는 자동차 정보를 표시하는 List 뷰가 필요하다. carStore 프로퍼티를 통해 배열에 접근할 수 있으므로 ForEach 반복문을 사용하여 자동자 모델을 각 행에 표시한다. 먼저, carData 배열의 요소를 추출하여 각 행의 셀을 Image와 Text 뷰를 가진 HStack으로 구현한다. **ContentView.swift** 파일에 있던 'Hello, World!' Text 뷰를 삭제하고 다음과 같이 구현한다.

```swift
var body: some View {

    List {
        ForEach (carStore.cars) { car in

            HStack {
                Image(car.imageName)
                    .resizable()
                    .aspectRatio(contentMode: .fit)
                    .frame(width: 100, height: 60)
                Text(car.name)
            }
        }
    }
}
```

이렇게 수정하고 프리뷰 캔버스를 통해 리스트를 확인하면 그림 26-2와 같다.

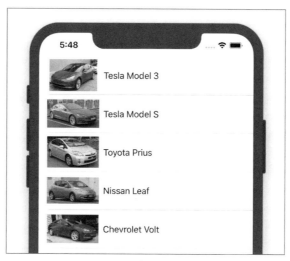

그림 26-2

이번 튜토리얼의 다음 단계로 넘어가기 전에 셀 선언부를 더 깔끔하게 만들기 위해 하위 뷰로 추출해보자. 코드 에디터에서 HStack 선언부 위로 마우스 포인터를 올리고 키보드의 커맨드 (Command) 키를 눌러 선언부가 강조되게 한다. 커맨드 키를 누르고 있는 상태에서 마우스를 클릭하여 나타난 메뉴에서 **Extract to Subview** 메뉴를 선택한다.

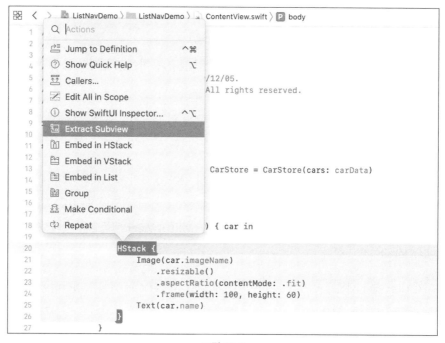

그림 26-3

뷰를 추출한 다음, 디폴트 이름인 ExtractedView를 ListCell로 변경한다. ListCell 하위 뷰가 ForEach 구문 내에 사용되므로 반복문의 현재 car 객체가 전달되도록 해야 한다. ListCell 선언부와 참조체의 구문 오류를 제거하기 위해서 다음과 같이 수정한다.

```
    var body: some View {
        List {
            ForEach (carStore.cars) { car in

                ListCell(car: car)
            }
        }
    }
}
struct ListCell: View {

    var car: Car

    var body: some View {
        HStack {
            Image(car.imageName)
                .resizable()
                .aspectRatio(contentMode: .fit)
                .frame(width: 100, height: 60)
            Text(car.name)
        }
    }
}
```

하위 뷰로 추출된 셀이 잘 동작하는지 프리뷰 캔버스를 사용하여 확인한다.

26.8 상세 뷰 설계하기

사용자가 리스트의 행을 터치하면 선택한 자동차의 추가 정보가 표시되는 상세 뷰가 나타나도록 하자. 상세 화면의 레이아웃은 프로젝트에 새롭게 추가될 별도의 SwiftUI View 파일에 선언한다. File ➡ New ➡ File... 메뉴를 이용하여 SwiftUI View 템플릿을 선택하고 파일 이름을 CarDetail이라고 한다.

사용자가 List에서 새롭게 추가한 뷰로 이동하게 되면 선택된 Car 객체를 전달하여 정확한 상세 정보가 표시되도록 해야 한다. Car 구조체에 대한 프로퍼티를 추가하고 다음과 같이 프리뷰 캔버스 내의 carData 배열에 첫 번째 자동차의 세부 내용이 표시되도록 PreviewProvider를 구성한다.

```
import SwiftUI

struct CarDetail: View {

    let selectedCar: Car

    var body: some View {
        Text("Hello, World!")
    }
}

struct CarDetail_Previews: PreviewProvider {
    static var previews: some View {
        CarDetail(selectedCar: carData[0])
    }
}
```

이번 레이아웃에는 Form 컨테이너를 사용하여 뷰를 구성할 것이다. 이것은 뷰들을 그루핑하고 서로 다른 섹션으로 나눌 수 있게 하는 컨테이너 뷰다. **CarDetail.swift** 파일의 body를 다음과 같이 구현한다.

```
var body: some View {
    Form {
        Section(header: Text("Car Details")) {
            Image(selectedCar.imageName)
                .resizable()
                .cornerRadius(12.0)
                .aspectRatio(contentMode: .fit)
                .padding()

            Text(selectedCar.name)
                .font(.headline)

            Text(selectedCar.description)
                .font(.body)

            HStack {
                Text("Hybrid")
                    .font(.headline)
                    Spacer()
                    Image(systemName: selectedCar.isHybrid ?
                        "checkmark.circle" : "xmark.circle" )
            }

        }
    }
}
```

Image 뷰는 크기가 조절되도록 구성하였고 정비율로 조절되도록 했다. 이미지에 라운드 코너를 적용하여 시각적 효과를 높였고, 선택한 자동차의 isHybrid 불리언 설정에 따라 HStack에 '⊗' 표시나 '⊘' 표시가 나타나도록 한다.

프리뷰 화면은 그림 26-4와 같이 된다.

그림 26-4

26.9 리스트에 내비게이션 추가하기

다음 작업은 ContentView.swift 파일에 있는 List 뷰로 돌아가서 내비게이션을 구현하는 것이다. 이렇게 하여 사용자가 선택한 자동차의 상세 정보가 담긴 상세 화면을 표시하도록 한다.

ContentView.swift 파일을 코드 에디터에 로드하고, ListCell 하위 뷰 선언부의 HStack을 CarDetail 뷰를 목적지로 하는 NavigationLink로 감싸고 선택된 Car 객체를 전달하도록 만든다.

```
struct ListCell: View {

    var car: Car

    var body: some View {

        NavigationLink(destination: CarDetail(selectedCar: car)) {
            HStack {
                Image(car.imageName)
                    .resizable()
                    .aspectRatio(contentMode: .fit)
                    .frame(width: 100, height: 60)
                Text(car.name)
            }
        }
    }
}
```

내비게이션 링크가 동작하도록 하려면 다음과 같이 List 뷰도 NavigationView에 감싸져야 한다.

```
var body: some View {

    NavigationView {
        List {
            ForEach (carStore.cars) { car in
                ListCell(car: car)
            }
        }
    }
}
```

프리뷰 캔버스의 라이브 프리뷰 버튼을 클릭하여 내비게이션이 동작하는지, 행이 선택되는지, 선택하면 상세 뷰에 해당 모델에 대한 정보가 표시되는지 확인하자.

26.10 자동차 추가하는 뷰 설계하기

프로젝트에 추가할 마지막 뷰는 리스트에 새로운 자동차 정보를 추가하는 화면이다. **AddNewCar.swift**라는 이름의 새로운 SwiftUI View 파일을 프로젝트에 추가하고 상태 프로퍼티 몇 개와 carStore 바인딩에 대한 참조체를 저장하는 선언부를 추가한다. 이 참조체는 사용자가 **Add** 버튼을 터치하면 ContentView에서 뷰로 전달될 것이다. 또한, PreviewProvider를 수정하여 carData 배열이 뷰에 전달되도록 수정한다.

```
import SwiftUI

struct AddNewCar: View {

    @ObservedObject var carStore : CarStore

    @State var isHybrid = false
    @State var name: String = ""
    @State var description: String = ""
.
.
struct AddNewCar_Previews: PreviewProvider {
    static var previews: some View {
        AddNewCar(carStore: CarStore(cars: carData))
    }
}
}
```

다음으로, 새로운 자동차에 대한 상세 정보를 사용자가 입력하게 될 TextField 뷰와 Text 뷰를 나타낼 새로운 하위 뷰를 선언부에 추가한다. 이 하위 뷰에는 Text 뷰에 나타날 String 값과 사용자가 입력한 내용이 저장될 상태 프로퍼티 바인딩이 전달된다. 21장 '상태, Observable 객체, 그리고 Environment 객체로 작업하기'에서 설명했듯이, 뷰에 상태 프로퍼티가 전달될 경우에는 @Binding 프로퍼티 래퍼를 사용하여 선언되어야 한다. **AddNewCar. swift** 파일에 하위 뷰를 구현하는 코드를 다음과 같이 추가한다.

```
struct DataInput: View {

    var title: String
    @Binding var userInput: String

    var body: some View {
        VStack(alignment: HorizontalAlignment.leading) {
            Text(title)
                .font(.headline)
            TextField("Enter \(title)", text: $userInput)
                .textFieldStyle(RoundedBorderTextFieldStyle())
        }
        .padding()
    }
}
```

하위 뷰를 추가했으니 메인 뷰의 사용자 인터페이스 레이아웃을 다음과 같이 선언한다.

```
var body: some View {
```

```
Form {
    Section(header: Text("Car Details")) {
        Image(systemName: "car.fill")
            .resizable()
            .aspectRatio(contentMode: .fit)
            .padding()

        DataInput(title: "Model", userInput: $name)
        DataInput(title: "Description", userInput: $description)

        Toggle(isOn: $isHybrid) {
            Text("Hybrid").font(.headline)
        }.padding()
    }

    Button(action: addNewCar) {
        Text("Add Car")
    }
}
}
```

Image 뷰, Button과 함께 DataInput 하위 뷰의 인스턴스 두 개가 레이아웃에 포함되었다.
Button 뷰는 클릭했을 때 addNewCar라는 이름의 액션 메서드를 호출하도록 구성되었다.
ContentView 선언부의 body에 이 함수를 다음과 같이 추가한다.

```
.
.
        Button(action: addNewCar) {
            Text("Add Car")
        }
    }
}

func addNewCar() {
    let newCar = Car(id: UUID().uuidString,
                name: name, description: description,
                isHybrid: isHybrid, imageName: "tesla_model_3" )

    carStore.cars.append(newCar)
}
}
```

새롭게 추가한 함수는 사용자가 입력한 내용과 항목에 대해 유일한 식별자를 생성하는
UUID() 메서드를 사용하여 새로운 Car 객체를 생성한다. 프로젝트를 단순하게 하기 위하여
사진 라이브러리에서 사진을 선택하는 코드를 추가하는 대신에 **tesla_model_3** 이미지를 재
사용한다. 마지막으로, 새로운 Car 객체를 carStore의 배열에 추가한다.

프리뷰 캔버스에 렌더링된 AddNewCar 뷰는 그림 26-5와 같다.

그림 26-5

뷰를 완성했으니 다음 작업은 ContentView 레이아웃을 수정하여 **Add** 버튼과 **Edit** 버튼을 추가하자.

26.11 Add 버튼과 Edit 버튼 구현하기

Add 버튼과 **Edit** 버튼은 ContentView 레이아웃에 있는 List 뷰에 적용될 내비게이션 바에 추가될 것이다. 내비게이션 바는 리스트 상단에 제목을 표시하는 데도 사용된다. 이를 위하여 다음과 같이 navigationBarTitle()과 navigationBarItems() 수정자를 사용한다.

```
var body: some View {

    NavigationView {
        List {
            ForEach (carStore.cars) { car in
                ListCell(car: car)
            }
        }
        .navigationBarTitle(Text("EV Cars"))
        .navigationBarItems(leading: NavigationLink(destination:
                            AddNewCar(carStore: self.carStore)) {
            Text("Add")
                .foregroundColor(.blue)
        }, trailing: EditButton())
    }
}
```

Add 버튼은 내비게이션 바의 앞쪽에 나타도록 하였고, carStore 바인딩에 대한 참조체를 통해 AddNewCar 뷰가 표시되도록 구성된 NavigationLink로 구현되었다.

반대로, **Edit** 버튼은 내비게이션 바의 끝쪽에 위치하며, 내장된 EditButton 뷰가 표시되도록 구성되었다. 수정된 레이아웃의 프리뷰를 보면 그림 26-6과 같다.

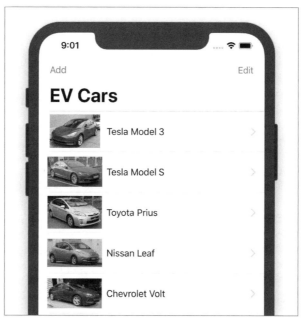

그림 26-6

라이브 프리뷰 모드를 이용하여 **Add** 버튼을 눌렀을 때 새로운 자동차 정보를 추가하는 화면이 나오는지, 상세 정보를 입력할 수 있는지, 그리고 **Add Car** 버튼을 클릭한 다음에 다시 메인 화면으로 돌아오면 새로운 항목이 리스트에 나타나는지를 테스트하자.

26.12 Edit 버튼 메서드 추가하기

이번 튜토리얼의 마지막 작업은 앞 절에서 내비게이션 바에 추가한 EditButton 뷰에 의해 사용될 액션 메서드 몇 개를 추가하는 것이다. 이들 메서드는 리스트의 모든 열에 사용될 것이므로 다음과 같이 리스트 셀에 적용되어야 한다.

```
var body: some View {

    NavigationView {
        List {
            ForEach (carStore.cars) { car in
                ListCell(car: car)
            }
            .onDelete(perform: deleteItems)
            .onMove(perform: moveItems)
        }
        .navigationBarTitle(Text("EV Cars"))
    .
    .
```

다음으로, body 선언부 아래에 deleteItems 함수와 moveItems 함수를 구현한다.

```
    .
    .
            .navigationBarTitle(Text("EV Cars"))
            .navigationBarItems(leading: NavigationLink(destination: AddNewCar(carStore:
self.carStore)) {
                Text("Add")
                    .foregroundColor(.blue)
            }, trailing: EditButton())
        }
    }

    func deleteItems(at offets: IndexSet) {
        carStore.cars.remove(atOffsets: offets)
    }

    func moveItems(from source: IndexSet, to destination: Int) {
```

```
        carStore.cars.move(fromOffsets: source, toOffset: destination)
    }
}
```

`deleteItems()` 함수에 선택된 행의 오프셋이 전달되며, 배열에서 해당 항목을 삭제하는 데 사용된다. 반면, `moveItems()` 함수는 사용자가 리스트의 행 위치를 이동하면 호출된다. 이 함수에는 오프셋과 함께 이동된 위치가 전달된다.

라이브 프리뷰를 이용하여 **Edit** 버튼을 클릭하여 행 옆에 빨간색 삭제 아이콘을 터치하여 행을 삭제할 수 있는지와 행 오른쪽에 있는 세 줄을 드래그 앤 드롭하여 이동할 수 있는지를 확인하자. 이렇게 했다면 수정된 내용이 리스트에 반영될 것이다.

그림 26-7

26.13 요약

이번 장의 주요 목표는 SwiftUI 프로젝트 내에서 리스트, 내비게이션 뷰, 내비게이션 링크를 사용하는 예제를 구현해보는 것이었다. 동적 리스트에 대한 구현과 리스트 편집 기능에 대한 내용도 포함되었다. 또한, Observable 객체, 상태 프로퍼티, 프로퍼티 바인딩 사용을 포함하여 이전 장들에서 다뤘던 주제에 대해서도 사용해보았다. 이번 장에서는 Form 컨테이너 뷰, 내비게이션 바 항목, 그리고 TextField 뷰를 포함하여 몇 가지 추가적인 SwiftUI 기능도 살펴보았다.

CHAPTER

27

SwiftUI에서 탭 뷰 만들기

SwiftUI의 TabView 컴포넌트는 탭 바에 있는 탭 아이템을 사용자가 선택할 때 여러 하위 뷰들 사이의 이동을 할 수 있게 해준다. 이번 장에서는 SwiftUI 앱에서 TabView 기반의 인터페이스를 구현하는 방법을 보여주는 예제 프로젝트를 만들 것이다.

27.1 SwiftUI 탭 뷰 개요

SwiftUI에서 탭 뷰는 TabView 컨테이너 뷰를 사용하여 생성되며, 사용자가 이동할 화면들을 나타내는 하위 뷰들로 구성된다.

TabView는 하위 뷰들 사이를 이동하는 데 사용될 탭 아이템을 가진 탭 바를 레이아웃 하단에 표시한다. 탭 아이템은 수정자를 사용하여 각각의 콘텐트 뷰에 적용되며, Text 뷰와 Image 뷰로 구성되도록 할 수 있다. 다른 뷰 타입들은 탭 아이템에 지원되지 않는다.

탭 아이템에 태그를 추가하면 프로그램적으로 현재 선택된 탭을 제어할 수도 있다. 그림 27-1은 TabView 레이아웃의 예다.

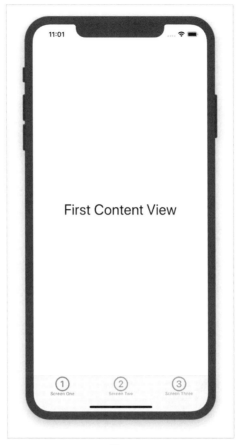

First Content View

① Screen One ② Screen Two ③ Screen Three

그림 27-1

27.2 TabViewDemo 앱 생성하기

Xcode를 실행하고 **TabViewDemo**라는 이름의 새로운 **Single View App**을 생성하고 **User Interface**는 SwiftUI로 설정한다.

27.3 TabView 컨테이너 추가하기

ContentView.swift 파일이 코드 에디터에 로드되면 디폴트로 되어 있는 'Hello, World!' Text 뷰를 삭제하고 다음과 같이 TabView를 추가한다.

```
import SwiftUI

struct ContentView: View {

    var body: some View {
        TabView {

        }
    }
}
```

27.4 콘텐트 뷰 추가하기

다음으로, 세 개의 콘텐트 뷰를 레이아웃에 추가하자. 이번 예제의 목적상 Text 뷰와 글자 크기를 키울 font 수정자가 사용되겠지만, 실제 앱에서는 더 복잡한 뷰들로 구성된 스택 레이아웃이 사용될 것이다.

```
var body: some View {
    TabView {
        Text("First Content View")
        Text("Second Content View")
        Text("Third Content View")
    }
    .font(.largeTitle)
}
```

27.5 탭 아이템 추가하기

프리뷰를 보면 첫 번째 콘텐트 뷰와 함께 탭 바가 화면 하단에 표시될 것이다. 아직은 탭 아이템을 추가하지 않았기 때문에 탭 바는 현재 비어 있다. 다음으로 할 작업은 tabItem() 수정자를 사용하여 각 콘텐트 뷰에 탭 아이템을 적용하는 일이다. 이번 예제에서의 탭 아이템은 Text 뷰와 Image 뷰로 구성한다.

```
var body: some View {
    TabView {
        Text("First Content View")
            .tabItem {
```

```
                    Image(systemName: "1.circle")
                    Text("Screen One")
                }
            Text("Second Content View")
                .tabItem {
                    Image(systemName: "2.circle")
                    Text("Screen Two")
                }
            Text("Third Content View")
                .tabItem {
                    Image(systemName: "3.circle")
                    Text("Screen Three")
                }
        }
        .font(.largeTitle)
}
```

이렇게 했다면 탭 바에 탭 아이템이 나타나는지 확인하고 라이브 프리뷰에서 탭 아이템을 클릭하면 해당 콘텐트 뷰가 나타나는지 테스트하자. 완성된 앱은 그림 27-1과 같을 것이다.

27.6 탭 아이템 태그 추가하기

코드로 현재 선택된 탭을 제어하려면 태그가 각 탭 아이템에 추가되어야 하며, 현재의 선택을 저장하기 위해 상태 프로퍼티를 다음과 같이 선언한다.

```
struct ContentView: View {

    @State private var selection = 1

    var body: some View {
        TabView() {
            Text("First Content View")
                .tabItem {
                    Image(systemName: "1.circle")
                    Text("Screen One")
                }.tag(1)
            Text("Second Content View")
                .tabItem {
                    Image(systemName: "2.circle")
                    Text("Screen Two")
                }.tag(2)
            Text("Third Content View")
                .tabItem {
                    Image(systemName: "3.circle")
```

```
                    Text("Screen Three")
                }.tag(3)
            }
            .font(.largeTitle)
    }
}
```

다음으로, TabView의 현재 선택 값과 selection 상태 프로퍼티를 바인딩한다.

```
var body: some View {
    TabView(selection: $selection) {
        Text("First Content View")
            .tabItem {
.
.
```

selection 상태 프로퍼티를 태그 범위(여기서는 1부터 3) 내의 다른 값으로 변경하면 탭 뷰는 해당 콘텐트 뷰로 전환될 것이다.

라이브 프리뷰 모드에서 앱을 실행하고 selection 상태 프로퍼티에 할당된 값을 변경하면서 테스트해보자.

27.7 요약

SwiftUI의 TabView 컨테이너는 탭 바의 탭을 선택하여 콘텐트 뷰들 사이를 이동할 수 있게 하는 메커니즘을 제공한다. TabView는 하위 콘텐트 뷰들을 선언하고 각 뷰에 대한 탭 아이템을 할당하여 구현된다. 탭 아이템은 탭 바에 나타나며, Text 뷰나 Image 뷰 또는 Text 뷰와 Image 뷰의 조합으로 구성될 수 있다.

TabView의 현재 선택을 프로그램적으로 제어하려면 각 탭 아이템마다 고유한 값을 가진 태그를 할당하고 TabView의 현재 선택 값과 상태 프로퍼티를 바인딩해야 한다.

CHAPTER

28

SwiftUI에서 콘텍스트 메뉴 바인딩하기

SwiftUI에서 콘텍스트 메뉴는 사용자가 뷰를 롱 프레스(long press)를 했을 때 나타나는 메뉴다. 콘텍스트 메뉴에 속한 각 메뉴 항목은 일반적으로 Text 뷰와 선택사항인 Image 뷰와 함께 선택했을 때 동작을 수행하도록 구성된 Button 뷰를 포함한다.

이번 장에서는 뷰의 색상을 변경하기 위하여 콘텍스트 메뉴를 사용하는 예제 앱을 만들 것이다.

28.1 ContextMenuDemo 프로젝트 생성하기

Xcode를 실행하고 **ContextMenuDemo**라는 이름의 새로운 **Single View App**을 생성하고, **User Interface**는 SwiftUI로 설정한다.

28.2 콘텐트 뷰 준비하기

콘텍스트 메뉴는 레이아웃의 모든 뷰에 추가될 수 있지만, 이번 예제에서는 디폴트로 표시되는 'Hello, World!' Text 뷰를 사용할 것이다. Xcode에서 **ContentView.swift** 파일을 코드 에디터에 로드하고, 포그라운드 색상 값과 백그라운드 색상 값을 저장하기 위한 상태 프로퍼티들을 추가하여 이들 프로퍼티를 이용하여 Text 뷰의 색상 설정을 제어한다. 또한, font() 수정자를 사용하여 텍스트 폰트 크기를 키울 것이다.

```
import SwiftUI

struct ContentView: View {

    @State private var foregroundColor: Color = Color.black
    @State private var backgroundColor: Color = Color.white

    var body: some View {

        Text("Hello, World!")
            .font(.largeTitle)
            .padding()
            .foregroundColor(foregroundColor)
            .background(backgroundColor)
    .
    .
```

28.3 콘텍스트 메뉴 추가하기

콘텍스트 메뉴는 contextMenu() 수정자를 사용해 메뉴 항목으로 제공되는 뷰를 선언하여 SwiftUI의 뷰에 추가된다. **ContentView.swift** 파일의 body 뷰를 다음과 같이 수정하여 콘텍스트 메뉴에 메뉴 항목을 추가하자.

```
var body: some View {

    Text("Hello, World!")
        .font(.largeTitle)
        .padding()
        .foregroundColor(foregroundColor)
        .background(backgroundColor)
        .contextMenu {
            Button(action: {

            }) {
                Text("Normal Colors")
                Image(systemName: "paintbrush")
            }

            Button(action: {
```

```
    }) {
        Text("Inverted Colors")
        Image(systemName: "paintbrush.fill")
        }
    }
}
}
```

마지막으로, 포그라운드와 백그라운드 상태 프로퍼티에 할당된 값을 변경하는 코드를 두 개의 버튼에 추가하자.

```
var body: some View {

    Text("Hello, World!")
        .font(.largeTitle)
        .padding()
        .foregroundColor(foregroundColor)
        .background(backgroundColor)
        .contextMenu {
            Button(action: {
                self.foregroundColor = .black
                self.backgroundColor = .white
            }) {
                Text("Normal Colors")
                Image(systemName: "paintbrush")
            }

            Button(action: {
                self.foregroundColor = .white
                self.backgroundColor = .black
            }) {
                Text("Inverted Colors")
                Image(systemName: "paintbrush.fill")
            }
        }
}
```

28.4 콘텍스트 메뉴 테스트하기

라이브 프리뷰 모드를 사용하여 테스트하고 Text 뷰에 롱 프레스를 하면 잠시 후에 콘텍스트 메뉴가 그림 28-1과 같이 나타날 것이다.

그림 28-1

Inverted Colors 옵션을 선택하면 메뉴가 사라지고 Text 뷰의 색상은 반전된다.

그림 28-2

28.5 요약

콘텍스트 메뉴는 레이아웃상의 뷰에서 롱 프레스 제스처를 할 때 나타난다. 콘텍스트 메뉴는 모든 뷰 타입에 추가될 수 있으며, contextMenu() 수정자를 사용하여 구현된다. 콘텍스트 메뉴를 구성하는 메뉴 항목은 일반적으로 Text 뷰와 선택사항인 Image 뷰와 함께 동작을 수행하도록 구성된 Button 뷰의 형태를 취한다.

29

SwiftUI 그래픽 드로잉 기초

이번 장은 SwiftUI 2D 드로잉 기술에 대해 설명한다. SwiftUI는 내장된 도형과 그래디언트 드로잉뿐만 아니라, Shape 프로토콜과 Path 프로토콜을 따르는 완전히 새로운 뷰를 생성하여 커스텀 드로잉을 할 수 있게도 한다.

29.1 DrawDemo 프로젝트 생성하기

Xcode를 실행하고 **DrawDemo**라는 이름의 새로운 **Single View App**을 생성하고, **User Interface**는 SwiftUI로 설정한다.

29.2 SwiftUI 도형

SwiftUI는 원, 사각형, 모서리가 둥근 사각형, 타원을 그리는 데 사용될 수 있는 Shape 프로토콜을 따르는 다섯 개의 미리 정의된 도형이 포함되어 있다. **DrawDemo** 프로젝트에서 **ContentView.swift** 파일을 열고 다음과 같이 하나의 사각형을 추가하자.

```
struct ContentView: View {
    var body: some View {
        Rectangle()
    }
}
```

디폴트로, 도형은 도형이 속한 뷰에서 사용할 수 있는 모든 공간을 차지하게 될 것이며, 부모 뷰의 포그라운드 색상으로 채워지게 된다.

도형의 색상과 크기는 fill() 수정자와 frame() 수정자를 사용하여 조절한다. Rectangle 뷰를 삭제하고 200×200 크기의 빨간색 원을 그리는 코드로 선언부를 수정하자.

```
Circle()
    .fill(Color.red)
    .frame(width: 200, height: 200)
```

프리뷰로 보면 앞의 코드는 그림 29-1과 같이 나타난다.

그림 29-1

도형에 색을 채우지 않고 테두리만 그리기 위해 선택사항인 선 두께 값을 인자로 받는 stroke() 수정자를 사용할 수 있다. 디폴트로, 외곽선은 foregroundColor() 수정자를 사용하여 변경되는 디폴트 포그라운드 색상으로 그려진다. **ContentView.swift** 파일에 추가한 원을 다음으로 교체한다.

```
Capsule()
    .stroke(lineWidth: 10)
    .foregroundColor(.blue)
    .frame(width: 200, height: 100)
```

앞의 Capsule 도형의 프레임은 직사각형의 형태로, 정사각형 프레임에 원을 양쪽 끝에 그린 모양이다. 앞의 코드는 다음과 같이 렌더링된다.

그림 29-2

stroke 수정자는 StrokeStyle 인스턴스를 사용하여 다양한 스타일을 지원한다. 예를 들어,
다음의 선언부는 대시 라인을 이용하여 모서리가 둥근 사각형을 그린다.

```
RoundedRectangle(cornerRadius: CGFloat(20))
    .stroke(style: StrokeStyle(lineWidth: CGFloat(8), dash: [CGFloat(10)]))
    .foregroundColor(.blue)
    .frame(width: 200, height: 100)
```

앞의 도형은 다음과 같이 렌더링된다.

그림 29-3

StrokeStyle() 인스턴스에 추가적으로 dash 값을 주고 간격 값을 주면 또 다른 효과를 줄
수 있다.

```
Ellipse()
    .stroke(style: StrokeStyle(lineWidth: 20,
            dash: [CGFloat(10), CGFloat(5), CGFloat(2)],
            dashPhase: CGFloat(10)))
    .foregroundColor(.blue)
    .frame(width: 250, height: 150)
```

앞의 선언부는 다음과 같은 타원을 그리게 된다.

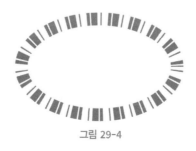

그림 29-4

29.3 오버레이 사용하기

도형을 그릴 때 외곽선을 그리면서 도형의 안을 색으로 채우기 위해 fill 수정자와 stroke 수정자를 결합할 순 없다. 하지만, 색을 채운 도형 위에 외곽선을 위에 두는 방법으로 할 수 있다.

```
Ellipse()
    .fill(Color.red)
    .overlay(Ellipse()
        .stroke(Color.blue, lineWidth: 10))
    .frame(width: 250, height: 150)
```

앞의 예제는 그림 29-5와 같이 파란색 외곽선이 있는 빨간색 타원을 그린다.

그림 29-5

29.4 커스텀 경로와 도형 그리기

지금까지 이번 장에서 사용된 도형은 기본적으로 Shape 프로토콜을 따르는 구조체 객체였다. Shape 프로토콜을 따르기 위해 구조체는 CGRect 형태의 사각형을 받아 그 사각형에 그려질 것을 정의하는 Path 객체를 반환하는 path()라는 이름의 함수를 구현해야 한다.

Path 인스턴스는 포인트 간의 좌표를 지정하고 그려질 선을 정의하여 2차원 도형을 제공한다. 포인트 간의 선은 직선, 3차 및 2차 베지어 곡선, 호, 타원, 그리고 사각형을 사용하여 그릴 수 있다.

Path는 커스텀 도형 구현에 사용될 뿐만 아니라 뷰에 직접 그려질 수도 있다. **ContentView.swift** 파일을 다음과 같이 수정해보자.

```
struct ContentView: View {
    var body: some View {
        Path { path in
```

```
            path.move(to: CGPoint(x: 10, y: 0))
            path.addLine(to: CGPoint(x: 10, y: 350))
            path.addLine(to: CGPoint(x: 300, y: 300))
            path.closeSubpath()
        }
    }
}
```

move() 메서드를 사용하여 시작점의 좌표로 경로가 시작된다. 그런 다음, 좌표 간에 선을 추가하기 위해 메서드들이 호출된다. 앞의 예제에서는 직선을 추가하기 위하여 addLine() 메서드가 사용되었으며, 아래의 메서드를 사용하여 그릴 수도 있다. 아래의 메서드들은 경로 내의 현재 지점에서 시작하여 지정된 끝점까지 그리게 된다.

- **addArc** – 반지름과 각도 값을 기반으로 호를 추가한다.
- **addCurve** – 주어진 끝점과 제어점을 사용하여 3차 베지어 곡선을 추가한다.
- **addLine** – 지정된 포인트까지 직선을 추가한다.
- **addLines** – 지정된 끝점들의 배열 간에 직선을 추가한다.
- **addQuadCurve** – 주어진 끝점과 제어점을 사용하여 2차 베지어 곡선을 추가한다.
- **closeSubPath** – 끝점과 시작점을 연결하여 경로를 닫는다.

선을 그리는 전체 메서드와 지원되는 인자에 대한 내용은 다음의 URL에서 확인할 수 있다.

URL https://developer.apple.com/documentation/swiftui/path

앞의 코드를 프리뷰 캔버스에서 렌더링하면 그림 29-6과 같이 나타날 것이다.

그림 29-6

또한, 다른 수정자를 사용하여 커스터마이징을 할 수도 있다. 예를 들어, 다음의 코드는 녹색으로 색을 채운다.

```
Path { path in
    path.addLine(to: CGPoint(x: 10, y: 350))
    path.addLine(to: CGPoint(x: 300, y: 300))
}
.fill(Color.green)
```

뷰에 직접 그리는 것도 가능하지만, 재사용 가능한 컴포넌트로 커스텀 도형을 구현하는 것이 더 일반적일 것이다. **ContentView.swift** 파일에 다음과 같이 커스텀 도형을 구현하자.

```
struct MyShape: Shape {
    func path(in rect: CGRect) -> Path {
        var path = Path()

        path.move(to: CGPoint(x: rect.minX, y: rect.minY))
        path.addQuadCurve(to: CGPoint(x: rect.minX, y: rect.maxY),
                          control: CGPoint(x: rect.midX, y: rect.midY))
        path.addLine(to: CGPoint(x: rect.minX, y: rect.maxY))
        path.addLine(to: CGPoint(x: rect.maxX, y: rect.maxY))
        path.closeSubpath()
        return path
    }
}
```

이 커스텀 도형 구조체는 Shape 프로토콜을 따르므로 필수로 구현해야 하는 path() 함수를 구현한다. 이 함수에 전달되는 CGRect 값은 삼각형 모양을 그리는 경계를 정의하는 데 사용되며, 삼각형의 한쪽 면은 3차 곡선을 사용한다.

커스텀 도형을 생성했으니 내장된 SwiftUI 도형과 같은 방법으로 사용할 수 있으며, 수정자도 사용할 수 있다. 실제로 동작하는 것을 확인하기 위하여 메인 뷰를 다음과 같이 수정하자.

```
struct ContentView: View {
    var body: some View {

        MyShape()
            .fill(Color.red)
            .frame(width: 360, height: 350)
    }
}
```

앞의 코드는 그림 29-7과 같이 지정된 프레임 안에 커스텀 도형이 나타나게 한다.

그림 29-7

29.5 그래디언트 그리기

SwiftUI는 선형, 원뿔형, 방사형 그래디언트 그리기를 지원한다. 그래디언트는 그래디언트에 포함될 색상 배열과 그래디언트를 렌더링하는 방식을 제어하는 값으로 초기화된 Gradient 객체로 그려진다.

예를 들어, 다음의 선언부는 다섯 가지 색상으로 구성된 그래디언트를 생성하고 방사형 그래디언트로 Circle의 색을 채운다.

```
struct ContentView: View {

    let colors = Gradient(colors: [Color.red, Color.yellow, Color.green,
                          Color.blue, Color.purple])

    var body: some View {

        Circle()
            .fill(RadialGradient(gradient: colors,
                                 center: .center,
                                 startRadius: CGFloat(0),
                                 endRadius: CGFloat(300)))
    }
}
```

앞의 그래디언트는 다음과 같이 렌더링된다.

그림 29-8

반면, 다음의 선언부는 동일한 색상들로 원뿔형 그래디언트를 만든다.

```
Circle()
    .fill(AngularGradient(gradient: colors, center: .center))
```

원뿔형 그래디언트는 다음과 같이 나타난다.

그림 29-9

마찬가지로, 대각선 방향으로 그려지는 LinearGradient는 다음과 같이 구현될 수 있다.

```
Rectangle()
    .fill(LinearGradient(gradient: colors,
                         startPoint: .topLeading,
                         endPoint: .bottomTrailing))
    .frame(width: 360, height: 350)
```

선형 그래디언트는 다음과 같이 렌더링된다.

그림 29-10

DrawingDemo 프로젝트의 마지막 작업은 우리가 만든 MyShape 인스턴스에 `fill` 수정자와 `background` 수정자에 그래디언트를 적용하는 것이다.

```
MyShape()
    .fill(RadialGradient(gradient: colors,
                        center: .center,
                  startRadius: CGFloat(0),
                    endRadius: CGFloat(300)))
    .background(LinearGradient(gradient: Gradient(colors:
                        [Color.black, Color.white]),
                  startPoint: .topLeading,
                    endPoint: .bottomTrailing))
    .frame(width: 360, height: 350)
```

그래디언트를 추가하면 **MyShape**는 다음과 같이 렌더링된다.

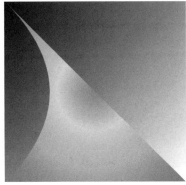

그림 29-11

29.6 요약

SwiftUI는 사각형, 원, 타원 등의 표준 도형을 그리기 위하여 Shape 프로토콜을 따르는 내장된 뷰가 포함된다. 이런 뷰에 적용될 수 있는 수정자들은 stroke, fill, color 프로퍼티를 제어할 수 있다.

직선 또는 곡선으로 연결된 포인트들로 구성된 경로를 지정하면 커스텀 도형을 생성할 수 있다. SwiftUI는 선형, 원뿔형, 방사형 그래디언트 그리기도 지원한다.

30

SwiftUI 애니메이션과 전환

이번 장은 뷰를 애니메이션하는 것과 SwiftUI 앱 내에서의 전환에 대한 개요와 예제를 살펴보게 된다. 애니메이션은 화면상의 뷰 회전, 확대, 그리고 동작 등의 다양한 형태를 취할 수 있다.

반면, 전환은 레이아웃에서 뷰가 추가되거나 제거될 때 뷰가 어떻게 나타나고 사라질지를 정의한다. 예를 들어, 뷰가 추가될 때 미끄러져 들어오고 사라질 때는 움츠러들며 사라지도록 정의할 수 있다.

30.1 AnimationDemo 예제 프로젝트 생성하기

이번 장의 예제를 위하여 SwiftUI를 활성화한 **AnimationDemo**라는 이름의 새로운 **Single View App**을 생성한다.

30.2 암묵적 애니메이션

SwiftUI에 포함된 수많은 뷰는 크기, 불투명도, 색상, 회전 각도 등 뷰의 외형을 제어하는 프로퍼티들을 가지고 있다. 이런 종류의 프로퍼티는 어떤 상태에서 다른 상태로 바뀌는 것을 애니메이션되게 할 수 있다. 뷰에 대한 상태 변화를 애니메이션하는 방법 하나는 animation()

수정자를 사용하는 것이다. 이것은 **암묵적 애니메이션(implicit animation)**이라는 개념이며, 애니메이션 수정자 앞에 있는 모든 수정자에 암묵적으로 애니메이션되도록 하기 때문이다.

이 기술을 사용하는 기본적인 애니메이션을 보기 위해 **AnimationDemo** 프로젝트의 **ContentView.swift** 파일을 수정하여 Button 뷰를 추가하고, 이 버튼을 터치할 때마다 60도 회전하도록 구성한다.

```
struct ContentView : View {

    @State private var rotation: Double = 0

    var body: some View {
        Button(action: {
            self.rotation =
                (self.rotation < 360 ? self.rotation + 60 : 0)
        }) {
            Text("Click to animate")
                .rotationEffect(.degrees(rotation))
        }
    }
}
```

라이브 프리뷰를 이용하여 테스트하면 클릭할 때마다 Button 뷰가 바로 회전된다. 마찬가지로, 360도를 완전히 회전하면 반시계 방향으로 360도 회전하지만 너무 빨라서 눈에 보이지 않는다. 이러한 회전 효과의 속도를 줄이고 부드럽게 회전되도록 애니메이션 타이밍을 제어하는 애니메이션 커브를 가진 animation() 수정자를 추가한다.

```
var body: some View {
    Button(action: {
        self.rotation =
            (self.rotation < 360 ? self.rotation + 60 : 0)
    }) {
        Text("Click to animate")
            .rotationEffect(.degrees(rotation))
            .animation(.linear)
    }
}
```

선택사항인 애니메이션 커브는 애니메이션 타임라인의 선형성을 정의한다. 이러한 설정은 애니메이션이 일정한 속도로 수행될지, 아니면 처음에는 느리다가 점점 빨라질지를 제어한다. SwiftUI는 다음과 같은 기본적인 애니메이션 커브를 제공한다.

- **.linear** – 지정된 시간 동안 일정한 속도로 애니메이션을 수행하며 앞의 코드 예제에서 사용되었다.

- **.easeOut** – 빠른 속도로 애니메이션을 시작하여 애니메이션의 끝에 다다를수록 점점 느려진다.

- **.easeIn** – 느린 속도로 애니메이션을 시작하여 애니메이션의 끝에 다다를수록 점점 빨라진다.

- **.easeInOut** – 느린 속도로 애니메이션을 시작하여 점점 속도를 올리다가 애니메이션의 끝에 다다를수록 다시 속도가 느려진다.

앞의 애니메이션 코드를 실행해보면 이제는 부드럽게 회전되는 것을 알 수 있다. 애니메이션을 정의할 때 애니메이션 시간을 지정할 수도 있다. 애니메이션 수정자를 다음과 같이 변경해보자.

```
.animation(.linear(duration: 1))
```

이제 버튼을 클릭하면 더 느리게 애니메이션되는 것을 확인할 수 있다.

앞에서 언급했듯이, 애니메이션은 하나 이상의 수정자에 적용할 수 있다. 예를 들어, 다음의 코드는 회전 효과와 함께 크기도 조절한다.

```
.
.
@State private var scale: CGFloat = 1

var body: some View {
    Button(action: {
        self.rotation = (self.rotation < 360 ? self.rotation + 60 : 0)
        self.scale = (self.scale < 2.8 ? self.scale + 0.3 : 1)
    }) {

        Text("Click to Animate")
            .scaleEffect(scale)
            .rotationEffect(.degrees(rotation))
            .animation(.linear(duration: 1))
    }
}
```

이렇게 수정하면 버튼이 회전할 때마다 크기가 커지며, 원위치로 돌아오면 크기도 원래대로 돌아온다.

그림 30-1

spring() 수정자를 사용하면 다양한 스프링 효과를 추가할 수도 있다.

```
Text("Click to Animate")
    .scaleEffect(scale)
    .rotationEffect(.degrees(rotation))
    .animation(.spring(response: 1, dampingFraction: 0.2, blendDuration: 0))
```

이렇게 하면 스프링처럼 회전과 크기 조절 효과가 지정된 범위를 살짝 넘어갔다가 다시 돌아오는 효과가 나오면서 지정한 각도와 크기로 될 것이다.

animation() 수정자를 사용할 경우, 애니메이션 수정자 이전에 적용된 수정자들에만 애니메이션이 암묵적으로 적용된다는 것을 기억하자. 예를 들어, 다음의 구현체는 회전 효과만 애니메이션된다. 왜냐하면 크기 조절 효과는 애니메이션 수정자 다음에 적용되었기 때문이다.

```
Text("Click to Animate")
    .scaleEffect(scale)
    .rotationEffect(.degrees(rotation))
    .animation(.spring(response: 1, dampingFraction: 0.2, blendDuration: 0))
    .scaleEffect(scale)
```

30.3 애니메이션 반복하기

디폴트로, 애니메이션은 단 한 번만 수행된다. 하지만 한 번 이상 반복하도록 구성할 수도 있다. 다음의 예제는 지정된 횟수만큼 애니메이션을 반복하도록 구성한다.

```
.animation(Animation.linear(duration: 1).repeatCount(10))
```

애니메이션이 반복될 때마다 뷰가 원래 상태로 돌아가도록 역으로 애니메이션이 수행될 것이다. 만약 애니메이션을 반복하기 전에 뷰의 원래 모양을 즉시 되돌려야 하는 경우에는 autoreverses 매개변수를 false로 설정해야 한다.

```
.animation(Animation.linear(duration: 1).repeatCount(10, autoreverses: false))
```

또한, 애니메이션을 무한 반복하도록 하려면 repeatForever() 수정자를 다음과 같이 사용한다.

```
.repeatForever(autoreverses: true))
```

30.4 명시적 애니메이션

앞에서 설명했듯이, animation() 수정자를 사용하는 암묵적 애니메이션은 애니메이션 수정자 이전에 있는 뷰의 모든 프로퍼티가 애니메이션되도록 구현된다. SwiftUI는 withAnimation() 클로저를 사용하여 구현되는 **명시적 애니메이션**(explicit animation)이라는 방법도 제공한다. 명시적 애니메이션을 사용하면 withAnimation() 클로저 내에서 변경된 프로퍼티만 애니메이션될 것이다. 이것을 실제로 해보기 위해서 예제를 수정하여 회전 효과가 withAnimation() 클로저 내에서 수행되도록 하고 animation() 수정자를 삭제한다.

```
var body: some View {

    Button(action: { withAnimation(.linear (duration: 2)) {
            self.rotation = (self.rotation < 360 ? self.rotation + 60 : 0)
        }
        self.scale = (self.scale < 2.8 ? self.scale + 0.3 : 1)
    }) {
        Text("Click to Animate")
            .rotationEffect(.degrees(rotation))
            .scaleEffect(scale)
            .animation(.linear(duration: 1))
    }
}
```

이렇게 변경하고 프리뷰로 레이아웃을 보면 이제는 회전 애니메이션만 되는 것을 알 수 있다. 명시적 애니메이션을 사용하여 수정자의 순서에 대한 걱정 없이 뷰에 지정된 프로퍼티로 제한할 수 있다.

30.5 애니메이션과 상태 바인딩

상태 값 변경의 결과로 인한 뷰의 변화가 애니메이션되도록 상태 프로퍼티 바인딩에 애니메이션을 적용할 수도 있다. 만약 Toggle 뷰의 상태로 인해 하나 이상의 뷰에서 사용자에게 표시될 경우, 예를 들어 애니메이션을 이 바인딩에 적용한다면 모든 뷰가 나타나거나 사라지는 애니메이션이 되게 할 수 있다.

ContentView.swift 파일 내에 VStack 뷰, Toggle 뷰, 그리고 두 개의 Text 뷰로 레이아웃이 구성되도록 구현하자. Toggle 뷰는 visible라는 상태 프로퍼티로 바인딩되며, 이 값은 두 개의 Text 뷰가 한 번에 표시되도록 제어하는 데 사용된다.

```
  .
  .
@State private var visibility = false

var body: some View {
    VStack {
        Toggle(isOn: $visibility) {
            Text("Toggle Text Views")
        }
        .padding()

        if visibility {
            Text("Hello World")
                .font(.largeTitle)
        }

        if !visibility {
            Text("Goodbye World")
                .font(.largeTitle)
        }
    }
}
  .
  .
```

프리뷰로 보면 토글을 온/오프로 바꿀 때마다 Text 뷰들이 즉시 사라지고 나타난다. 여기에 애니메이션을 추가하기 위해 다음과 같이 수정자를 상태 바인딩에 적용하자.

```
  .
  .
Var body: some View {
    VStack {
```

```
        Toggle(isOn: $visibility.animation(.linear(duration: 5))) {
            Text("Toggle Text Views")
        }
        .padding()
    .
    .
```

이제 토글을 온/오프로 바꾸면 Text 뷰가 점점 사라지면서 다른 Text 뷰는 점점 나타나게 될 것이다(안타깝게도, 이 책을 쓰는 지금은 이러한 전환 효과 시뮬레이터나 실제 디바이스에서만 동작하며, Xcode의 프리뷰 화면에서는 동작하지 않는다). 이와 같은 애니메이션은 visibility 프로퍼티의 현재 상태에 따라 다른 뷰들에도 적용될 수도 있다.

30.6 자동으로 애니메이션 시작하기

지금까지 이번 장에서의 모든 애니메이션은 버튼을 클릭하는 이벤트에 의해 시작되었다. 하지만, 사용자 인터랙션 없이 애니메이션이 시작해야 될 때가 있다. 예를 들어, 뷰가 사용자에게 처음 표시될 때처럼 말이다. 애니메이션이 가능한 뷰의 프로퍼티가 변경될 때마다 애니메이션이 트리거되므로 뷰가 나타날 때 애니메이션이 자동으로 시작되도록 사용할 수 있다.

이 기술을 실제로 확인하기 위해 **ContentView.swift** 파일을 다음과 같이 수정하자.

```
struct ContentView : View {

    var body: some View {

        ZStack {
            Circle()
                .stroke(lineWidth: 2)
                .foregroundColor(Color.blue)
                .frame(width: 360, height: 360)

            Image(systemName: "forward.fill")
                .font(.largeTitle)
                .offset(y: -180)
        }
    }
}
```

콘텐트 뷰는 원 드로잉 위에 Image 뷰를 두기 위하여 ZStack을 사용한다. Image 뷰의 오프셋은 원의 원주에 이미지를 배치하도록 설정되었다. 프리뷰를 보면 그림 30-2와 같이 나타난다.

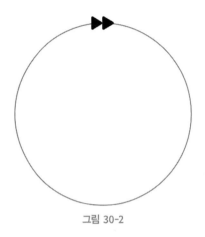

그림 30-2

Image 뷰에 회전 효과를 추가하면 화살표가 원을 따르는 것처럼 보일 것이다. 이 효과를 위해 Image 뷰에 애니메이션을 다음과 같이 추가한다.

```
Image(systemName: "forward.fill")
    .font(.largeTitle)
    .offset(y: -180)
    .rotationEffect(.degrees(360))
    .animation(Animation.linear(duration: 5)
            .repeatForever(autoreverses: false))
```

지금 구현된 애니메이션은 라이브 프리뷰로 테스트해도 시작되지 않을 것이다. 왜냐하면 애니메이션 가능한 프로퍼티를 변경하는 작업이 수행되지 않았기 때문이다.

이것은 회전 각도를 Boolean 상태 프로퍼티로 만들고 onAppear() 수정자를 사용하여 ZStack이 처음 표시될 때 상태 프로퍼티의 값을 바꾸면 해결될 수 있다. 따라서 다음과 같이 콘텐트 뷰 선언부가 수정되도록 한다.

```
import SwiftUI

struct ContentView : View {

    @State private var isSpinning: Bool = true

    var body: some View {
```

```
ZStack {
    Circle()
        .stroke(lineWidth: 2)
        .foregroundColor(Color.blue)
        .frame(width: 360, height: 360)

    Image(systemName: "forward.fill")
        .font(.largeTitle)
        .offset(y: -180)
        .rotationEffect(.degrees(isSpinning ? 0 : 360))
        .animation(Animation.linear(duration: 5)
                .repeatForever(autoreverses: false))
    }
    .onAppear() {
        self.isSpinning.toggle()
    }
}
}
```

SwiftUI가 콘텐츠 뷰를 초기화할 때, 하지만 화면에 나타나기 전에 isSpinning 상태 프로퍼티는 true로 설정되고 삼항 연산자에 의해 회전 각도는 0으로 설정될 것이다. 하지만, 뷰가 나타나면 onAppear() 수정자가 isSpinning 상태 프로퍼티를 false로 전환하며, 그 결과로 삼항 연산자에 의해 회전 각도는 360도로 변경된다. 이것은 애니메이션 가능한 프로퍼티이므로 애니메이션 수정자는 활성화되어 Image 뷰의 회전 애니메이션이 시작된다. 이 애니메이션은 무한 반복되도록 설정되었기 때문에 화살표 이미지는 계속해서 원 주위를 돌 것이다.

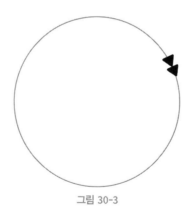

그림 30-3

30.7 SwiftUI 전환

SwiftUI에서 전환은 사용자에게 뷰가 표시되거나 사라질 때마다 발생한다. 뷰가 바로 나타나거나 사라지게 되는 것보다 좀 더 시각적으로 멋지게 보이도록 만들기 위하여 하나 또는 여러 개의 애니메이션 효과를 조합하는 방법으로 전환에 애니메이션을 줄 수 있다.

이번 예제는 **토글** 버튼과 Text 뷰로 구성된 간단한 레이아웃을 구현하는 것부터 시작하자. 토글은 상태 프로퍼티와 바인딩되어 텍스트 뷰를 보이게 할지를 제어하는 데 사용된다. 전환 동작이 더욱 확연하게 보일 수 있도록 상태 프로퍼티 바인딩에 애니메이션을 적용한다.

```
struct ContentView : View {

    @State private var isButtonVisible: Bool = true

    var body: some View {
        VStack {
            Toggle(isOn:$isButtonVisible.animation(
                    .linear(duration: 2))) {
                Text("Show/Hide Button")
            }
            .padding()

            if isButtonVisible {
                Button(action: {}) {
                    Text("Example Button")
                }
                .font(.largeTitle)
            }
        }
    }
}
```

이렇게 변경한 다음, 라이브 프리뷰를 통해 **토글** 버튼을 전환해보면 상태에 따라 Button 뷰가 페이드 인/페이드 아웃되는 것을 볼 수 있다. 이러한 페이딩(fading) 효과는 SwiftUI에서 사용되는 디폴트 전환이다. 다른 종류의 전환을 transition() 수정자에 전달하여 바꿀 수도 있다. 다음은 사용할 수 있는 옵션들이다.

- **.slide** – 뷰가 슬라이딩하여 들어오거나 나간다.

- **.scale** – 뷰의 크기가 커지면서 나타나고 작아지면서 사라진다.

- **.move(edge: edge)** – 지정된 방향으로 뷰가 이동되며, 추가되거나 제거된다.

- **.opacity** – 디폴트 전환 효과로 페이드되는 동안 크기와 위치를 유지한다.

Button 뷰에 슬라이딩 전환 효과를 설정하기 위해 다음과 같이 수정하자.

```
if isButtonVisible {
    Button(action: {}) {
        Text("Hidden Button")
    }
    .font(.largeTitle)
    .transition(.slide)
}
```

다른 방법으로, .scale 옵션을 사용하면 뷰가 추가되고 사라질 때 뷰의 크기가 커지거나 작아지게 될 수 있다.

move() 전환은 포함하는 뷰의 특정 방향으로 뷰를 이동하기 위해 사용된다. 다음의 예제는 뷰가 사라질 때는 밑에서 위로 움직이고, 뷰가 나타날 때는 위에서 아래로 움직이게 한다.

```
.transition(.move(edge: .top))
```

앞의 move 전환을 라이브 프리뷰로 보면 움직임이 끝난 후에 바로 버튼이 사라지는 아쉬움이 있다. 이렇게 다소 조화롭지 못한 효과는 move 전환과 다른 전환을 결합하여 개선할 수 있다.

30.8 전환 결합하기

AnyTransition의 인스턴스를 combined(with:) 메서드와 함께 사용하면 전환을 결합할 수 있다. 예를 들어, 불투명도와 전환을 결합한다면 다음과 같이 할 수 있다.

```
.transition(AnyTransition.opacity.combined(with: .move(edge: .top)))
```

앞의 예제를 구현하면 Text 뷰가 움직이는 동안 페이딩(fading) 효과가 추가될 것이다. 레이아웃 코드의 복잡함을 제거하면서 재사용성을 높이기 위해 AnyTransition 클래스의 익스텐션[1]으로 구현한다. 예를 들어, 앞에서 결합한 전환은 다음과 같이 구현될 수 있다.

```
extension AnyTransition {
    static var fadeAndMove: AnyTransition {
```

---

1 **[옮긴이]** extension, '확장'이라고 번역하기보다는 영어를 그대로 사용하는 편이 의미 전달에 좋다고 판단하여 그대로 씀

```
        AnyTransition.opacity.combined(with: .move(edge: .top))
    }
}
```

익스텐션으로 구현되면 전환 효과를 transition() 수정자의 인자로 다음과 같이 전달하면
된다.

```
.transition(.fadeAndMove)
```

30.9 비대칭 전환

디폴트로, SwiftUI는 뷰가 제거될 때는 나타낼 때 지정한 전환을 반대로 하게 된다. 뷰가 추가
될 때와 제거될 때 서로 다른 전환을 지정하려면 전환이 비대칭적이도록 선언해야 한다. 예를
들어, 다음은 뷰가 추가될 때는 scale 전환을 하고 제거될 때는 slide 전환을 한다.

```
.transition(.asymmetric(insertion: .scale, removal: .slide))
```

30.10 요약

이번 장에서는 뷰의 모양이 수정될 때 애니메이션을 어떻게 구현하는지를 살펴보았다. 암묵
적 애니메이션에서는 수정자에 의한 뷰의 변경은 animation() 수정자를 적용하여 애니메이
션되게 한다. 명시적 애니메이션은 뷰의 지정된 프로퍼티만 애니메이션되게 할 수 있다. 상태
프로퍼티 바인딩에 애니메이션을 적용할 수도 있으며, 이렇게 하면 상태 값이 변경될 경우에
뷰가 애니메이션되면서 변경될 것이다.

뷰가 레이아웃에 추가되거나 삭제될 때 전환이 발생한다. SwiftUI는 페이딩, 스케일링, 슬라
이딩을 포함하여 몇 가지 애니메이션 전환 방법을 제공한다. 또한, 두 개의 전환을 결합하는
기능을 제공하며, 뷰가 추가될 때와 제거될 때의 전환 애니메이션 효과를 다르게 주는 비대
칭 전환도 지원한다.

31

SwiftUI에서 제스처 작업하기

제스처(gesture)라는 용어는 터치 스크린과 사용자 간의 인터랙션을 설명하는 데 사용되며, 앱 내에서 이를 감지하여 이벤트를 실행하게 하는 데 사용될 수 있다. 드래그, 탭, 더블 탭, 핀 칭, 로테이션, 롱 프레스 등은 모두 SwiftUI에서 제스처로 간주된다.

이번 장의 목적은 SwiftUI 기반의 앱에서 제스처 인식을 어떻게 사용하는지 살펴보는 것이다.

31.1 GestureDemo 예제 프로젝트 생성하기

이번 장의 예제를 위하여 SwiftUI를 활성화한 **GestureDemo**라는 이름의 새로운 **Single View App**을 생성한다.

31.2 기본 제스처

뷰의 영역 안에서 행해지는 제스처는 해당 뷰에 제스처 인식기(gesture recognizer)를 추가하면 감지된다. SwiftUI는 탭, 롱 프레스, 로테이션, 확대(핀치), 그리고 드래그 제스처에 대한 인식 기를 제공한다.

제스처 인식기는 gesture() 수정자를 사용하여 뷰에 추가되며, 추가될 제스처 인식기가 수정자에 전달된다.

가장 간단한 형태에서 인식기는 하나 이상의 액션 콜백을 포함하며, 콜백은 일치하는 제스처가 뷰에서 감지될 때 실행되는 코드를 담는다. 다음의 예제는 탭 제스처 인식기를 Image 뷰에 추가하고, 제스처가 성공적으로 끝날 때 수행될 코드를 onEnded 콜백에 담도록 구현한다.

```
struct ContentView: View {
    var body: some View {
        Image(systemName: "hand.point.right.fill")
            .gesture(
                TapGesture()
                    .onEnded { _ in
                        print("Tapped")
                    }
            )
    }
}
```

앞의 예제를 라이브 프리뷰의 디버그 모드(Debug Preview)로 실행하면 이미지를 클릭할 때마다 디버그 콘솔 패널에 'Tapped'라는 메시지가 나타나는 것을 알 수 있다.

제스처 작업을 할 때는 일반적으로 제스처 인식기(gesture recognizer)를 변수에 할당하고 수정자에서 그 변수를 참조하는 것이 좋다. 이것은 뷰의 body 선언부를 더 깔끔하게 만들며 재사용성을 높여준다.

```
var body: some View {

    let tap = TapGesture()
        .onEnded { _ in
            print("Tapped")
        }

    return Image(systemName: "hand.point.right.fill")
        .gesture(tap)
}
```

탭 제스처 인식기를 사용하게 되면 제스처로 인식할 탭 횟수를 지정할 수도 있다. 예를 들어, 다음은 더블 탭만 인식하는 예제다.

```
let tap = TapGesture(count: 2)
    .onEnded { _ in
        print("Tapped")
    }
```

롱 프레스 제스처 인식기도 비슷한 방식으로 사용되며, 뷰를 장시간 터치하고 있을 때 감지되도록 설계되었다. 다음의 선언부는 Image 뷰를 디폴트 시간[1] 이상 롱 프레스할 때 감지하는 코드다.

```
var body: some View {
    let longPress = LongPressGesture()
        .onEnded { _ in
            print("Long Press")
        }

    return Image(systemName: "hand.point.right.fill")
        .gesture(longPress)
}
```

롱 프레스로 인식하는 데 필요한 시간을 조절하려면 LongPressGesture()를 호출할 때 최소 시간 값(초 단위)을 전달하면 된다. 또한, 롱 프레스를 하는 동안에 화면상의 접촉점이 뷰 밖으로 이동할 수 있는 최대 거리를 지정할 수도 있다. 만약 접촉점이 지정된 거리를 넘게 되면 제스처는 취소되며 onEnded 액션이 호출되지 않는다.

```
let tap = LongPressGesture(minimumDuration: 10, maximumDistance: 25)
    .onEnded { _ in
        print("Long Press")
    }
```

gesture() 수정자에 nil 값을 전달하면 제스처 인식기를 뷰에서 제거할 수 있다.

```
.gesture(nil)
```

---

1 옮긴이 0.5초

31.3 onChanged 액션 콜백

이전 예제에서 onEnded 액션 클로저는 제스처가 완료될 때 호출되었다. TapGesture를 제외한 다른 많은 제스처 인식기는 onChanged 액션 콜백을 지원한다. onChanged 콜백은 제스처가 처음 인식되었을 때 호출되며, 제스처가 끝날 때까지 제스처의 값이 변할 때마다 호출된다.

onChanged 액션 콜백은 탭이나 롱 프레스 제스처가 아니라, 디바이스 화면에서 움직이는 제스처를 사용할 때 특히 유용하다. 예를 들어, 확대 제스처는 화면에서 터치 위치의 이동을 감지하는 데 사용될 수 있다.

```
struct ContentView: View {
    var body: some View {

        let magnificationGesture = MagnificationGesture(minimumScaleDelta: 0)
            .onEnded { _ in
                print("Gesture Ended")
            }

        return Image(systemName: "hand.point.right.fill")
            .resizable()
            .font(.largeTitle)
            .gesture(magnificationGesture)
            .frame(width: 100, height: 90)
    }
}
```

앞의 구현체는 Image 뷰 위에서 수행되는 핀칭(pinching) 동작을 감지한다. 하지만 제스처가 끝난 후에만 메시지를 출력한다. 프리뷰 캔버스에서 핀치 제스처를 하려면 키보드의 **Option** 키를 누른 상태에서 Image 뷰를 드래그하면 된다.

제스처를 하고 있는 것에 대한 알림을 받으려면 onChanged 콜백 액션을 추가하면 된다.

```
let magnificationGesture = MagnificationGesture(minimumScaleDelta: 0)
    .onChanged( { _ in
        print("Magnifying")
    })
    .onEnded { _ in
        print("Gesture Ended")
    }
```

이제 핀치 제스처가 감지되면 핀치 작업과 연관된 값이 변할 때마다 onChanged 액션이 호출될 것이다. onChanged 액션이 호출될 때마다 확대 작업의 현재 비율(scale)을 나타내는 CGFloat 값을 가진 MagnificationGesture.Value 인스턴스가 전달된다.

확대 제스처 비율에 대한 정보를 얻게 되면 제스처에 따라 Image 뷰의 크기가 조절되도록 하는 등의 재미있는 효과를 구현할 수 있게 된다.

```
struct ContentView: View {

    @State private var magnification: CGFloat = 1.0

    var body: some View {

        let magnificationGesture = MagnificationGesture(minimumScaleDelta: 0)
            .onChanged({ value in
                self.magnification = value
            })
            .onEnded({ _ in
                print("Gesture Ended")
            })

        return Image(systemName: "hand.point.right.fill")
            .resizable()
            .font(.largeTitle)
            .scaleEffect(magnification)
            .gesture(magnificationGesture)
            .frame(width: 100, height: 90)
    }
}
```

31.4 updating 콜백 액션

updating 콜백 액션은 onChanged와 거의 비슷하나, @GestureState라는 이름의 특별한 프로퍼티 래퍼를 사용한다는 점이 다르다. @GestureState는 표준 @State 프로퍼티 래퍼와 유사하지만, 제스처와 함께 사용되도록 특별히 설계되었다. @GestureState의 가장 큰 차이점은 제스처가 끝나면 @GestureState는 자동으로 원래 상태 값으로 리셋된다는 것이다. 따라서 updating 콜백은 제스처를 하는 동안에만 필요한 임시 상태를 저장하는 데 최적이다.

updating 액션이 호출될 때마다 다음의 세 가지 인자가 전달된다.

- 제스처에 대한 정보가 담겨 있는 DragGesture.Value 인스턴스

- 제스처가 바인딩되어 있는 @GestureState 프로퍼티에 대한 참조체

- 제스처에 해당하는 애니메이션의 현재 상태를 담고 있는 Transaction 객체

DragGesture.Value 인스턴스는 특히 유용하며 다음의 프로퍼티들을 포함한다.

- **location** (**CGPoint**) – 드래그 제스처의 현재 위치

- **predictedEndLocation** (**CGPoint**) – 현재의 드래그 속도를 바탕으로 드래그를 멈추게 된다면 예상되는 최종 위치

- **predictedEndTranslation** (**CGSize**) – 현재의 드래그 속도를 바탕으로 드래그를 멈추게 된다면 예상되는 최종 오프셋

- **startLocation** (**CGPoint**) – 드래그 제스처가 시작된 위치

- **time** (**Date**) – 현재 드래그 이벤트가 발생한 타임스탬프

- **translation** (**CGSize**) – 드래그 제스처를 시작한 위치부터 현재 위치까지의 총 오프셋

일반적으로, 다음의 코드처럼 드래그 제스처의 updating 콜백은 DragGesture.Value 객체에서 translation 값을 추출하여 @GestureState 프로퍼티에 할당한다.

```
let drag = DragGesture()
    .updating($offset) { dragValue, state, transaction in
        state = dragValue.translation
}
```

다음 예제는 드래그 제스처를 Image 뷰에 추가하고 @GestureState 프로퍼티를 현재의 translation 값으로 업데이트하기 위하여 updating 콜백을 사용한다. @GestureState offset 프로퍼티를 사용하기 위하여 Image 뷰에 offset() 수정자가 적용된다. 이것은 Image 뷰가 화면의 드래그 제스처를 따라 움직이도록 만든다.

```
struct ContentView: View {

    @GestureState private var offset: CGSize = .zero

    var body: some View {
```

```
    let drag = DragGesture()
        .updating($offset) { dragValue, state, transaction in
            state = dragValue.translation
        }

    return Image(systemName: "hand.point.right.fill")
        .font(.largeTitle)
        .offset(offset)
        .gesture(drag)
    }
}
```

시뮬레이터나 실제 디바이스에서 테스트해도 작동하는 것을 확인할 수 있다. 드래그 제스처가 끝나면 Image 뷰는 원래 위치로 돌아간다. 드래그가 끝나면 자동으로 offset 프로퍼티가 원래 상태로 돌아가기 때문이다.

31.5 제스처 구성하기

지금까지 우리는 SwiftUI 뷰에 단 하나의 제스처 인식기를 추가하는 것을 살펴보았다. 일반적이지는 않지만, 하나의 뷰에 여러 개의 제스처를 결합하여 적용할 수도 있다. 제스처들이 조합되면 동시에 감지하거나, 순차적으로 또는 배타적으로 감지되게 할 수 있다. 제스처들이 simultaneously 수정자를 사용하여 구성되면 두 개의 제스처가 동시에 감지되어야 해당 동작을 수행하게 된다. sequenced 수정자를 사용하면 두 번째 제스처가 감지되기 전에 첫 번째 제스처가 완료되어야 한다. exclusively 수정자를 사용한 경우, 둘 중 하나의 제스처가 감지되면 다 감지된 것으로 간주된다.

제스처는 simultaneously(), sequenced(), 그리고 exclusively() 수정자를 사용하여 구성할 수 있다. 예를 들어, 다음은 롱 프레스 제스처와 드래그 제스처를 동시적으로 구성하는 선언부다.

```
struct ContentView: View {

    @GestureState private var offset: CGSize = .zero
    @GestureState private var longPress: Bool = false

    var body: some View {

        let longPressAndDrag = LongPressGesture(minimumDuration: 1.0)
```

```
                    .updating($longPress) { value, state, transition in
                        state = value
                    }
                    .simultaneously(with: DragGesture())
                    .updating($offset) { value, state, transaction in
                        state = value.second?.translation ?? .zero
                    }

                    return Image(systemName: "hand.point.right.fill")
                        .foregroundColor(longPress ? Color.red : Color.blue)
                        .font(.largeTitle)
                        .offset(offset)
                        .gesture(longPressAndDrag)
            }
}
```

다음은 순차적 제스처로 구성한 선언부로, 롱 프레스 제스처가 완료된 후에 드래그 작업을 시작할 수 있다. 다음 예제를 실행하여 이미지의 색상이 녹색으로 바뀔 때까지 이미지를 롱 프레스한 다음에 드래그 제스처를 사용하여 이미지를 이동할 수 있게 된다.

```
struct ContentView: View {

    @GestureState private var offset: CGSize = .zero
    @State private var dragEnabled: Bool = false

    var body: some View {

        let longPressBeforeDrag = LongPressGesture(minimumDuration: 2.0)
            .onEnded( { _ in
                self.dragEnabled = true
            })
            .sequenced(before: DragGesture())
            .updating($offset) { value, state, transaction in

                switch value {

                    case .first(true):
                        print("Long press in progress")

                    case .second(true, let drag):
                        state = drag?.translation ?? .zero

                    default: break
                }
            }
            .onEnded { value in
                self.dragEnabled = false
```

```
        }

        return Image(systemName: "hand.point.right.fill")
            .foregroundColor(dragEnabled ? Color.green : Color.blue)
            .font(.largeTitle)
            .offset(offset)
            .gesture(longPressBeforeDrag)
    }
}
```

31.6 요약

제스처 감지는 SwiftUI 뷰에 제스처 인식기를 추가하면 가능하다. SwiftUI는 드래그, 핀치, 회전, 롱 프레스, 그리고 탭 제스처에 대한 인식기를 포함한다. onEnded, updating, 그리고 onChanged 콜백 메서드를 구현하면 제스처 감지 알림을 인식기로부터 받을 수 있다. updated 콜백은 @GestureState라는 이름의 특별한 프로퍼티 래퍼로 작업한다. GestureState 프로퍼티는 표준 State 프로퍼티 래퍼와 같지만 제스처와 사용되도록 특별히 설계되어 제스처가 끝나면 자동으로 원래의 상태 값으로 리셋된다. 제스처 인식기는 결합될 수 있으며, 동시적으로, 순차적으로 또는 배타적으로 인식되게 할 수 있다.

CHAPTER

32

UIView와 SwiftUI 통합하기

SwiftUI가 나오기 전에 모든 iOS 앱은 UIKit과 UIKit 기반을 지원하는 프레임워크를 사용하여 개발되었다. SwiftUI에는 앱을 만들기 위해 필요한 컴포넌트들이 많이 제공되지만, 프레임워크에서 제공되는 것과 동일한 것이 SwiftUI에는 없는 경우가 많다. 예를 들어, **MapKit** 프레임워크와 **WebView** 프레임워크에서 제공하는 `MKMapView` 클래스나 `WebView` 클래스와 같은 것은 SwiftUI에 없다. 또한, UIKit Dynamics의 강력한 애니메이션 기능들도 없다.

SwiftUI가 도입되기 전에 개발된 앱들의 양을 볼 때, 기존 방식에 SwiftUI를 추가하여 통합하거나 그 반대로 할 수 있어야 한다. 다행스럽게도 SwiftUI는 이런 종류의 통합 작업에 필요한 방법을 많이 가지고 있다.

32.1 SwiftUI와 UIKit의 통합

SwiftUI와 UIKit의 통합에 대해 자세히 살펴보기 전에 새로운 앱 프로젝트를 시작할 때 UIKit 프로젝트로 해야 할지, 아니면 SwiftUI 프로젝트로 해야 할지, 그리고 기존의 앱을 SwiftUI로 완전히 마이그레이션해야 할지에 대해 살펴보자. 이러한 결정을 내릴 때 잊지 말아야 할 중요한 점은 SwiftUI 코드를 가진 앱은 오직 iOS 13 또는 이후 버전의 디바이스에서만 실행된다는 것이다.

만약 새로운 프로젝트를 시작하는 것이며 iOS의 이전 버전에 대한 지원을 고려하지 않는다면 SwiftUI 프로젝트로 시작하고, SwiftUI가 직접적으로 지원하지 않는 기능이 필요할 때는 UIKit의 기능을 통합하는 게 가장 좋다. 애플은 UIKit으로 앱을 개발하는 방식에 대해 계속적으로 개선하고 지원하겠지만, 애플이 바라보는 앱 개발의 미래는 SwiftUI라는 점은 분명하다. 또한, SwiftUI는 더 쉽게 개발할 수 있게 해주며, 코드의 큰 변경 없이 iOS, macOS, tvOS, iPadOS, 그리고 watchOS에 앱을 배포할 수 있게 해준다.

반면, SwiftUI가 발표되기 전에 개발된 프로젝트라면 기존의 코드를 변경하지 않고 프로젝트의 추가 기능은 SwiftUI로 구현한 다음에 기존의 코드에 통합하는 것이 좋을 것이다.

SwiftUI는 이런 종류의 통합을 위하여 세 가지 방법을 제공한다. 첫 번째이자 이번 장의 주제인 개별 UIKit 기반의 컴포넌트(UIView)를 SwiftUI View 선언부에 통합하는 것이다.

UIKit에 익숙하지 않은 독자들을 위해 간단히 설명하자면, 일반적으로 UIKit 기반의 앱에 표시되는 화면은 뷰 컨트롤러(UIViewController 또는 하위 클래스의 인스턴스)를 사용하여 구현한다. 뷰 컨트롤을 SwiftUI에 통합하는 것은 33장 'UIViewController를 SwiftUI와 통합하기'에서 다룰 것이다.

마지막으로, SwiftUI 뷰가 기존의 UIKit 기반 코드에 통합될 수 있으며, 이에 대한 내용은 34장 'SwiftUI와 UIKit 통합하기'에서 다룬다.

32.2 UIView를 SwiftUI와 통합하기

UIKit 기반 애플리케이션의 사용자 인터페이스를 구성하는 각각의 컴포넌트는 UIView 클래스로부터 파생된다. 몇 가지를 말하자면, 버튼, 레이블, 텍스트 관련 뷰, 지도, 슬라이더 등 모두는 UIKit의 UIView 클래스의 하위 클래스다.

UIView 기반의 컴포넌트를 SwiftUI 뷰 선언부에 쉽게 통합하기 위하여 SwiftUI는 UIViewRepresentable 프로토콜을 제공한다. UIView 컴포넌트를 SwiftUI에 통합하려면 해당 컴포넌트는 이 프로토콜을 구현하는 구조체로 래핑되어야 한다.

UIViewRepresentable 프로토콜을 따르는 래퍼 구조체는 최소한 다음의 메서드들을 구현해야 한다.

- **makeUIView()** – 이 메서드는 UIView 기반 컴포넌트의 인스턴스를 생성하고 필요한 초기화 작업을 수행한 뒤 반환하는 역할을 한다.
- **updateView()** – UIView 자체를 업데이트해야 하는 변경이 SwiftUI 뷰에서 생길 때마다 호출된다.

선택 사항이지만, 다음 메서드도 구현할 수 있다.

- **dismantleUIView()** – 뷰를 제거하기 전에 정리 작업을 할 수 있는 기회를 제공한다.

예를 들어, SwiftUI의 Text 뷰로는 할 수 없는 UILabel 클래스의 기능이 있다고 가정하자. SwiftUI에서 UILabel 뷰를 사용할 수 있도록 UIViewRepresentable을 이용하여 래핑하면 다음과 같이 구조체가 구현될 수 있을 것이다.

```swift
import SwiftUI

struct MyUILabel: UIViewRepresentable {

    var text: String

    func makeUIView(context: UIViewRepresentableContext<MyUILabel>)
                                          -> UILabel {
        let myLabel = UILabel()
        myLabel.text = text
        return myLabel
    }

    func updateUIView(_ uiView: UILabel,
                      context: UIViewRepresentableContext<MyUILabel>) {
        // 필요한 업데이트 작업을 수행한다.
    }
}

struct MyUILabel_Previews: PreviewProvider {
    static var previews: some View {
        MyUILabel(text: "Hello")
    }
}
```

UILabel 뷰를 래핑했으니 이제는 내장된 SwiftUI 컴포넌트인 것처럼 SwiftUI 내에서 참조될 수 있다.

```
struct ContentView: View {
    var body: some View {

        VStack {
            MyUILabel(text: "Hello UIKit")
        }
    }
}

struct ContentView_Previews: PreviewProvider {
    static var previews: some View {
        ContentView()
    }
}
```

UILabel 뷰는 사용자 인터랙션의 결과에 따른 이벤트 처리가 필요가 없는 정적 컴포넌트
다. 하지만 이벤트에 대해 반응해야 하는 뷰들은 **코디네이터(coordinator)**를 구현하기 위하여
UIViewRepresentable 래퍼를 확장해야 한다.

32.3 Coordinator 추가하기

코디네이터는 이벤트를 처리하기 위하여 래핑된 UIView 컴포넌트에 필요한 프로토
콜과 핸들러 메서드를 구현하는 클래스의 형태를 취한다. 이 클래스의 인스턴스는
UIViewRepresentable 프로토콜의 makeCoordinator() 메서드를 통해 래퍼에 적용된다.

UIScrollView 클래스로 예를 들어보자. 이 클래스에는 사용자가 뷰의 맨 위를 넘어서 스크롤
하려고 할 때 스피닝 프로그래스 인디케이터(spinning progress indicator)를 표시하며, 최신 콘텐
트로 뷰를 업데이트할 수 있는 메서드가 호출되는 리프레시 컨트롤(UIRefreshControl)을 추
가할 수 있다. 이것은 뉴스 앱에서 사용자가 최신 뉴스를 다운로드하려고 사용되는 일반적인
기능이다. 리프레시가 완료되면 UIRefreshControl 인스턴스의 endRefreshing() 메서드를
호출하여 프로그래스 스피너(progress spinner)를 제거하게 된다.

UIScrollView를 SwiftUI와 함께 사용하려면 UIRefreshControl이 실행되었음을 알리고 필
요한 작업을 수행하도록 하는 방법이 필요하다.

UIRefreshControl 객체를 가진 래핑된 UIScrollView를 위한 Coordinator 클래스는 다
음과 같이 구현될 수 있다.

```
class Coordinator: NSObject {
    var control: MyScrollView

    init(_ control: MyScrollView) {
        self.control = control
    }

    @objc func handleRefresh(sender: UIRefreshControl) {
        sender.endRefreshing()
    }
}
```

여기서 코디네이터의 초기화 작업은 현재의 UIScrollView 인스턴스를 전달받아 로컬에 저장한다. 또한, 이 클래스는 handleRefresh()라는 이름의 함수를 구현하여 스크롤된 뷰 인스턴스에 대한 endRefreshing() 메서드를 호출한다.

이제 다음과 같이 makeCoordinator() 메서드 호출을 통해 Coordinator 클래스의 인스턴스를 생성하고 뷰에 할당되도록 한다.

```
func makeCoordinator() -> Coordinator {
    Coordinator(self)
}
```

마지막으로, makeUIView() 메서드를 구현하여 UIScrollView 인스턴스를 생성하고 이것을 UIRefreshControl로 구성하고 UIRefreshControl 인스턴스에 값이 변경되는 이벤트가 발생할 때 handleRefresh() 메서드가 호출되도록 타깃을 추가한다.

```
func makeUIView(context: Context) -> UIScrollView {
    let scrollView = UIScrollView()
    scrollView.refreshControl = UIRefreshControl()

    scrollView.refreshControl?.addTarget(context.coordinator,
            action: #selector(Coordinator.handleRefresh), for: .valueChanged)

    return scrollView
}
```

32.4 UIKit 델리게이션과 데이터 소스 처리하기

델리게이션은 UIKit의 기능으로, 어떤 객체가 하나 이상의 작업을 수행하는 책임을 다른 객체로 넘길 수 있도록 해주며, 래핑된 UIView에 의해 처리되는 이벤트의 경우 추가적인 작업이 필요할 수도 있다.

예를 들어, UIScrollView에는 사용자가 스크롤을 하고 있는지와 같은 특정 이벤트들이나 콘텐트의 맨 위로 스크롤했을 때에 대한 알림을 받는 델리게이트가 할당될 수 있다. 이 델리게이트 객체는 UIScrollViewDelegate 프로토콜을 따라야 하며, 스크롤된 뷰에서 이벤트가 발생했을 때 자동으로 호출되는 특정 메서드를 구현해야 한다.

마찬가지로, 데이터 소스는 화면에 표시될 데이터를 UIView 기반의 컴포넌트에 제공하는 객체다. 예를 들어, UITableView 클래스에는 테이블 내에 표시될 셀들을 제공하기 위한 데이터 소스 객체를 할당할 수 있다. 이 데이터 소스는 UITableViewDataSource 프로토콜을 따라야 한다.

UIView를 SwiftUI에 통합할 때 델리게이트 이벤트를 처리하기 위해 코디네이터 클래스는 적절한 델리게이트 프로토콜을 구현하는 것으로 선언되어야 하며, 스크롤된 뷰 인스턴스의 이벤트에 대한 콜백 메서드가 포함되어야 한다. 그런 다음, 코디네이터를 UIScrollView 인스턴스의 델리게이트로 할당되어야 한다. 이전 코디네이터 구현체를 확장하여 사용자가 현재 스크롤하고 있다는 알림을 수신하도록 할 수 있다.

```swift
class Coordinator: NSObject, UIScrollViewDelegate {
    var control: MyScrollView

    init(_ control: MyScrollView) {
        self.control = control
    }

    func scrollViewDidScroll(_ scrollView: UIScrollView) {
        // 사용자는 현재 스크롤하는 중
    }

    @objc func handleRefresh(sender: UIRefreshControl) {
        sender.endRefreshing()
    }
}
```

또한, 코디네이터 인스턴스에 접근하고(이 메서드에 전달된 콘텐트 객체를 통해 접근할 수 있도록 하고) UIScrollView 인스턴스의 델리게이트로 추가되도록 makeUIView() 메서드를 수정해야 한다.

```
func makeUIView(context: Context) -> UIScrollView {
    let scrollView = UIScrollView()
    scrollView.delegate = context.coordinator
.
.
```

코디네이터에 접근할 수 있게 하는 것뿐만 아니라, 콘텍스트에는 SwiftUI environment와 SwiftUI 뷰에 선언된 @EnvironmentObject 프로퍼티 모두를 접근하는 데 사용할 수 있는 environment 프로퍼티도 포함된다.

이제 사용자가 스크롤하면 scrollViewDidScroll 델리게이트 메서드가 반복적으로 호출될 것이다.

32.5 예제 프로젝트

이번 장에서의 나머지 부분은 UIScrollView를 SwiftUI 프로젝트에 통합하기 위해 UIViewRepresentable 프로토콜을 어떻게 사용하는지를 보여주는 간단한 프로젝트를 만들어볼 것이다.

Xcode를 실행하고 **UIViewDemo**라는 이름의 새로운 SwiftUI **Single View App** 프로젝트를 생성한다.

32.6 UIScrollView 래핑하기

이번 프로젝트에서의 첫 번째 작업은 UIScrollView를 SwiftUI와 함께 사용할 수 있도록 래핑하기 위해 UIViewRepresentable 프로토콜을 사용하는 것이다. 프로젝트 내비게이터 패널에서 **UIViewDemo** 항목을 우클릭하여 나타난 메뉴 중 **New File...** 메뉴를 선택하고, **SwiftUI View** 템플릿을 사용하는 **MyScrollView**라는 이름의 파일을 새롭게 생성한다.

코드 에디터에 새롭게 생성한 파일이 로드되면 기존의 코드를 모두 삭제하고 다음과 같이 되도록 수정하자.

```swift
import SwiftUI

struct MyScrollView: UIViewRepresentable {

    var text: String

    func makeUIView(context: UIViewRepresentableContext<MyScrollView>)
                -> UIScrollView {
        let scrollView = UIScrollView()
        scrollView.refreshControl = UIRefreshControl()
        let myLabel = UILabel(frame:
                    CGRect(x: 0, y: 0, width: 300, height: 50))
        myLabel.text = text
        scrollView.addSubview(myLabel)
        return scrollView
    }

    func updateUIView(_ uiView: UIScrollView,
    context: UIViewRepresentableContext<MyScrollView>) {

    }

}

struct MyScrollView_Previews: PreviewProvider {
    static var previews: some View {
        MyScrollView(text: "Hello World")
    }
}
```

라이브 프리뷰를 사용하여 빌드하고 테스트해보자. 라이브 프리뷰가 활성화되고 실행되면 화면을 드래그하여 내려보자. 그러면 그림 32-1과 같이 리프레시 컨트롤이 나타날 것이다.

그림 32-1

드래그하던 마우스 버튼을 놓아 스크롤을 멈춰도 리프레시 인디케이터(refresh indicator)가 계속해서 보이는 것을 알 수 있다. 왜냐하면 이에 대한 이벤트를 아직 처리하지 않았기 때문이다. 이제는 코디네이터를 추가해보자.

32.7 코디네이터 구현하기

MyScrollView.swift 파일에서의 남은 작업은 코디네이터 클래스 선언부를 다음과 같이 추가하는 것이다.

```swift
struct MyScrollView: UIViewRepresentable {
.
.
    func updateUIView(_ uiView: UIScrollView, context: UIViewRepresentableContext
<MyScrollView>) {
    }

    class Coordinator: NSObject, UIScrollViewDelegate {
        var control: MyScrollView

        init(_ control: MyScrollView) {
            self.control = control
        }

        func scrollViewDidScroll(_ scrollView: UIScrollView) {
            print("View is Scrolling")
        }

        @objc func handleRefresh(sender: UIRefreshControl) {
            sender.endRefreshing()
        }
    }
}
```

다음으로, 코디네이터를 델리게이트로 추가하도록 makeUIView() 메서드를 수정하고 리프레시 컨트롤에 대한 타깃으로 handleRefresh() 메서드를 추가한다.

```swift
func makeUIView(context: Context) -> UIScrollView {
    let scrollView = UIScrollView()
    scrollView.delegate = context.coordinator

    scrollView.refreshControl = UIRefreshControl()
```

```
    scrollView.refreshControl?.addTarget(context.coordinator, action:
        #selector(Coordinator.handleRefresh), for: .valueChanged)

    return scrollView
}
```

마지막으로, makeCoordinator() 메서드를 다음과 같이 추가한다.

```
func makeCoordinator() -> Coordinator {
    Coordinator(self)
}
```

계속 진행하기 전에 지금까지 수정한 내용을 테스트해보자. 프리뷰 캔버스 패널의 라이브 프리뷰 버튼을 우클릭하여 나타난 메뉴에서 **Debug Preview** 옵션을 선택하자. 프리뷰가 디버그 모드에서 동작하면 이제는 아래쪽으로 드래그하던 스크롤을 멈췄을 때 리프레시 인디케이터가 사라질 것이며, 스크롤을 하는 동안에 'View is scrolling'이라는 메시지가 콘솔에 나타날 것이다.

32.8 MyScrollView 사용하기

이번 예제의 마지막 작업은 MyScrollView가 SwiftUI 내에서 사용될 수 있도록 체크하는 것이다. 이를 위해서 **ContentView.swift** 파일을 코드 에디터에 로드하고 다음과 같이 수정하자.

```
.
.
struct ContentView: View {
    var body: some View {
        MyScrollView(text: "UIView in SwiftUI")
    }
}.
.
```

라이브 프리뷰를 사용하여 기대한 대로 동작하는지 테스트하자.

32.9 요약

SwiftUI에는 UIKit 기반 뷰 및 코드와 통합하기 위한 몇 가지 방법이 있다. 이번 장에서는 UIKit 뷰를 SwiftUI에 통합하는 것에 중점을 두었다. 이러한 통합은 UIViewRepresentable 프로토콜을 따르는 구조체로 UIView 인스턴스를 래핑하고, SwiftUI 레이아웃에 포함된 뷰를 초기화하고 관리하기 위해 makeUIView() 및 updateView() 메서드를 구현한다. 델리게이트 또는 데이터 소스가 필요한 UIKit 객체의 경우 래퍼에 Coordinator 클래스를 추가하고 makeCoordinator() 메서드 호출을 통해 뷰에 할당해야 한다.

CHAPTER

33

UIViewController를 SwiftUI와 통합하기

이전 장에서는 `UIViewRepresentable` 프로토콜을 사용하여 `UIView` 기반 컴포넌트를 SwiftUI에 통합하는 방법을 설명하였다. 이번 장에서는 iOS 프로젝트 안에서 `UIView Controller` 통합의 형태로 SwiftUI와 UIKit을 결합하는 두 번째 옵션에 초점을 맞출 것이다.

33.1 UIViewController와 SwiftUI

이전 장에서 설명한 UIView 통합은 개별 또는 소규모의 UIKit 기반 컴포넌트를 SwiftUI와 통합하는 데 유용하다. 기존의 iOS 앱은 전체 화면 레이아웃과 기능을 나타내는 여러 `UIViewController`로 구성되었다. SwiftUI를 사용하면 `UIViewControllerRepresentable` 프로토콜을 통해 전체 뷰 컨트롤러 인스턴스를 통합할 수 있다. 이 프로토콜은 `UIViewRepresentable` 프로토콜과 유사하며, 메서드 이름이 다르다는 점을 제외하고는 거의 동일한 방식으로 작동한다.

이번 장에서는 `UIViewController`를 SwiftUI에 통합하기 위하여 `UIViewController Representable` 프로토콜을 어떻게 사용하는지를 보여주는 예제를 만들어 갈 것이다.

33.2 ViewControllerDemo 프로젝트 생성하기

이번 예제의 목적을 위해 `UIImagePickerController`를 SwiftUI 프로젝트에 통합하는 방법을 보여줄 것이다. 이 클래스는 사용자가 디바이스의 사진 라이브러리에서 이미지를 찾아 선택할 수 있도록 하는 데 사용되며, 현재 SwiftUI 내에는 없는 기능이다.

iOS 앱의 커스텀 뷰 컨트롤러처럼 `UIImagePickerController`는 `UIViewController`의 하위 클래스이므로 `UIViewControllerRepresentable`과 함께 사용하여 SwiftUI에 통합할 수 있다.

Xcode를 실행하고 **ViewControllerDemo**라는 이름의 새로운 **Single View App** SwiftUI 프로젝트를 생성한다.

33.3 UIImagePickerController 래핑하기

프로젝트를 생성했으니 `UIPickerController`를 SwiftUI에서 사용할 수 있도록 하는 래퍼를 가진 새로운 SwiftUI View 파일을 생성한다. 프로젝트 내비게이터 패널에 있는 **ViewControllerDemo** 항목을 우클릭하여 나타난 메뉴에서 **New File...** 메뉴를 선택하고, SwiftUI View 파일 템플릿을 사용하여 **MyImagePicker**라는 이름으로 생성하자.

이 파일을 생성했다면 기존의 코드를 모두 삭제하고 다음과 같이 파일 내용을 수정한다.

```
import SwiftUI

struct MyImagePicker: UIViewControllerRepresentable {

    func makeUIViewController(context:
            UIViewControllerRepresentableContext<MyImagePicker>) ->
                        UIImagePickerController {
        let picker = UIImagePickerController()
        return picker
    }

    func updateUIViewController(_ uiViewController:
            UIImagePickerController, context:
            UIViewControllerRepresentableContext<MyImagePicker>) {

    }
}

struct MyImagePicker_Previews: PreviewProvider {
```

```
    static var previews: some View {
        MyImagePicker()
    }
}
```

캔버스에 있는 라이브 프리뷰 버튼을 클릭하여 이미지 피커가 그림 33-1과 같이 나타나는지
확인한다.

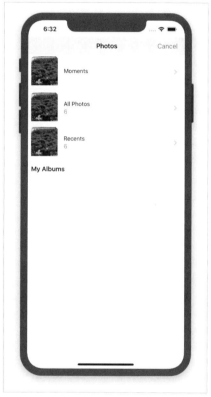

그림 33-1

33.4 콘텐트 뷰 설계하기

프로젝트를 완성하게 되면 콘텐트 뷰는 VStack에 포함된 Image 뷰와 버튼을 표시하게 될 것
이다. VStack은 MyImagePicker 뷰의 인스턴스와 함께 ZStack에 포함될 것이다. 버튼을 클
릭하면 이미지를 선택할 수 있도록 MyImagePicker 뷰가 VStack 위로 표시될 것이다. 이미지
를 선택하면 이미지 피커는 뷰에서 사라지며, 선택된 이미지가 Image 뷰에 표시된다.

이를 위해 두 개의 상태 프로퍼티 변수가 사용될 것이다. 하나는 표시될 이미지를 위한 것이며, 다른 하나는 이미지 피커 뷰가 현재 표시되는지를 제어하는 Boolean 값이다. 두 변수에 대한 바인딩은 **MyPickerView** 구조체 내에 선언되어서 뷰 컨트롤러의 변경 사항을 메인 콘텐트 뷰에 반영한다. 이러한 것을 염두에 두고 코드 에디터에 **ContentView.swift** 파일을 로드하고 다음과 같이 수정한다.

```
struct ContentView: View {

    @State var imagePickerVisible: Bool = false
    @State var selectedImage: Image? = Image(systemName: "photo")

    var body: some View {
        ZStack {
            VStack {

                selectedImage?
                    .resizable()
                    .aspectRatio(contentMode: .fit)

                Button(action: {
                    withAnimation {
                        self.imagePickerVisible.toggle()
                    }
                }) {
                    Text("Select an Image")
                }

            }.padding()

            if (imagePickerVisible) {
                MyImagePicker()
            }
        }
    }
}
```

이렇게 수정했다면 프리뷰는 그림 33-2와 같이 표시할 것이다.

그림 33-2

라이브 프리뷰를 사용하여 테스트해보자. **Select an Image** 버튼을 클릭하면 MyPickerView 가 나타난다. 이미지를 선택하거나 **Cancel** 버튼을 클릭해도 피커가 사라지지 않을 것이다. 이 것을 해결하려면 MyImagePicker 선언부를 약간 수정해야 한다.

33.5 MyImagePicker 완성하기

MyImagePicker.swift 파일을 완성하기 위한 몇 가지 작업이 남아 있다. 먼저, 두 개의 ContentView 상태 프로퍼티에 대한 바인딩을 선언해야 한다.

```
struct MyImagePicker: UIViewControllerRepresentable {

    @Binding var imagePickerVisible: Bool
    @Binding var selectedImage: Image?
```

다음으로, 코디네이터를 UIImagePickerView 인스턴스에 대한 델리게이트로 동작하도록 구현해야 한다. 이를 위해서는 코디네이터 클래스가 UINavigationControllerDelegate 프로토콜과 UIImagePickerControllerDelegate 프로토콜 모두를 따라야 한다. 이 코디네이터는 이미지가 선택되거나 사용자가 취소 버튼을 눌렀을 때 알림을 받아야 하므로 imagePickerControllerDidCancel 델리게이트 메서드와 didFinishPickingMediaWith-Info 델리게이트 메서드를 구현해야 한다.

imagePickerControllerDidCancel 메서드의 경우는 imagePickerVisible 상태 프로퍼티가 false로 설정되며, 그 결과로 이미지 피커는 뷰에서 사라지게 될 것이다.

반면, didFinishPickingMediaWithInfo 메서드에는 선택된 이미지가 전달될 것이므로 imagePickerVisible 프로퍼티를 false로 설정하기 전에 선택된 이미지를 selectedImage 프로퍼티에 할당해야 한다.

코디네이터는 상태 프로퍼티 바인딩에 대한 로컬 복사본이 필요할 것이다. 이에 따라 코디네이터는 다음과 같이 된다.

```
class Coordinator: NSObject, UINavigationControllerDelegate,
                   UIImagePickerControllerDelegate {

    @Binding var imagePickerVisible: Bool
    @Binding var selectedImage: Image?

    init(imagePickerVisible: Binding<Bool>, selectedImage: Binding<Image?>) {
        _imagePickerVisible = imagePickerVisible
        _selectedImage = selectedImage
    }

    func imagePickerController(_ picker: UIImagePickerController,
                          didFinishPickingMediaWithInfo
             info: [UIImagePickerController.InfoKey : Any]) {
        let uiImage =
            info[UIImagePickerController.InfoKey.originalImage] as! UIImage
        selectedImage = Image(uiImage: uiImage)
        imagePickerVisible = false
    }

    func imagePickerControllerDidCancel(_
                    picker: UIImagePickerController) {
        imagePickerVisible = false
    }
}
```

MyImagePicker.swift 파일에 남은 작업은 makeCoordinator() 메서드를 추가하여 두 개의 상태 프로퍼티 바인딩을 통해 전달하도록 만든다.

```
func makeCoordinator() -> Coordinator {
    return Coordinator(imagePickerVisible: $imagePickerVisible,
                          selectedImage: $selectedImage)
}
```

마지막으로, makeUIViewController() 메서드를 수정하여 델리게이트로 코디네이터를 할당하고 프리뷰 구조체를 주석 처리하여 구문 오류를 없앤다.

```
func makeUIViewController(context:
        UIViewControllerRepresentableContext<MyImagePicker>) ->
                UIImagePickerController {
    let picker = UIImagePickerController()
    picker.delegate = context.coordinator
    return picker
}
.
.
.
/*
struct MyImagePicker_Previews: PreviewProvider {
    static var previews: some View {
        MyImagePicker()
    }
}
*/
```

33.6 콘텐트 뷰 완성하기

앱을 테스트하기 전에 남은 마지막 작업은 Content View를 수정하여 두 개의 상태 프로퍼티를 MyImagePicker 인스턴스로 전달하는 것이다. **ContentView.swift** 파일을 다음과 같이 수정하자.

```
struct ContentView: View {

    @State var imagePickerVisible: Bool = false
    @State var selectedImage: Image? = Image(systemName: "photo")

    var body: some View {
```

```
.
.
.
    if (imagePickerVisible) {
        MyImagePicker(imagePickerVisible:
                        $imagePickerVisible,
                        selectedImage: $selectedImage)
    }
```

33.7 앱 테스트하기

ContentView.swift 파일이 코드 에디터에 로드된 상태에서 라이브 프리뷰 모드를 켜고 **Select an Image** 버튼을 클릭한다. 피커가 나타나면 원하는 이미지를 하나 선택한다. 이미지가 선택되면 피커는 사라지고 선택된 이미지는 Image 뷰에 표시될 것이다.

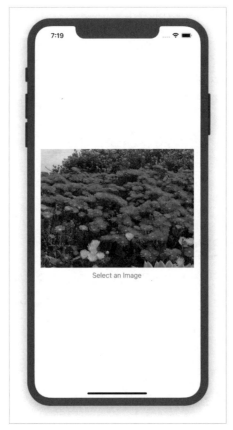

그림 33-3

이미지 선택 버튼을 다시 클릭하고 이번에는 **Cancel** 버튼을 클릭하여 선택된 이미지에 대한 변경 없이 이미지 피커가 사라지는지 확인한다.

33.8 요약

개별 UIView 기반 객체를 SwiftUI 프로젝트에 통합할 수 있을 뿐만 아니라, 전체 화면 레이아웃과 기능을 나타내는 모든 UIKit 뷰 컨트롤러도 통합할 수 있다. 뷰 컨트롤러 통합은 UIViewControllerRepresentable 프로토콜을 준수하는 구조체로 뷰 컨트롤러를 래핑하고 관련 메서드를 구현하는 UIView의 통합 작업과 유사하다. UIView 통합과 마찬가지로 뷰 컨트롤러의 델리게이트와 데이터 소스는 Coordinator 인스턴스를 사용하여 처리된다.

CHAPTER

34

SwiftUI와 UIKit 통합하기

SwiftUI가 도입되기 전에 개발된 앱은 iOS SDK에 포함된 UIKit과 UIKit 기반의 프레임워크를 사용하여 개발되었다. SwiftUI를 사용하여 얻게 되는 장점을 고려할 때 앞으로의 개발은 기존의 프로젝트 코드에 새로운 SwiftUI 앱 기능을 통합하는 것이 일반적으로 요구될 것이다. 다행스럽게도, 이러한 통합은 `UIHostingController` 사용으로 쉽게 할 수 있다.

34.1 호스팅 컨트롤러의 개요

`UIHostingController` 클래스의 형태인 호스팅 컨트롤러는 `UIViewController`의 하위 클래스이며, 이 클래스의 유일한 목적은 기존의 UIKit 기반의 프로젝트에 통합될 수 있도록 SwiftUI 뷰를 감싸는 것이다.

호스팅 뷰 컨트롤러를 사용하면 SwiftUI 뷰를 전체 화면으로 처리하거나(전체 화면을 차지함) 컨테이너 뷰에 호스팅 컨트롤러를 내장하여 기존 UIKit 화면 레이아웃 내에 개별 컴포넌트로 취급할 수 있다. 기본적으로 컨테이너 뷰는 뷰 컨트롤러가 다른 뷰 컨트롤러의 자식으로 구성되게 한다.

SwiftUI 뷰는 코드나 인터페이스 빌더 스토리보드를 사용하여 UIKit 프로젝트에 통합될 수 있다. 다음의 코드는 호스팅 뷰 컨트롤러에 SwiftUI 콘텐트 뷰를 포함한 후에 사용자에게 표시한다.

```
let swiftUIController = UIHostingController(rootView: SwiftUIView())
present(swiftUIController, animated: true, completion: nil)
```

반면, 다음의 예제는 호스팅된 SwiftUI 뷰를 기존 UIViewController의 레이아웃에 직접 포함시킨다.

```
let swiftUIController = UIHostingController(rootView: SwiftUIView())

addChild(swiftUIController)
view.addSubview(swiftUIController.view)

swiftUIController.didMove(toParent: self)
```

이번 장에서는 코드와 스토리보드를 이용하여 SwiftUI 뷰를 기존의 UIKit 기반 프로젝트에 통합하기 위해서 UIHostingController 인스턴스를 어떻게 사용하는지 보여주는 프로젝트를 만들어 볼 것이다.

34.2 UIHostingController 예제 프로젝트

Xcode를 실행하여 **HostingControllerDemo**라는 이름의 새로운 iOS **Single View App** 프로젝트를 생성하자. 프로그래밍 언어를 **Swift**로 하고, **User Interface** 옵션은 **Storyboard**로 한다.

34.3 SwiftUI 콘텐트 뷰 추가하기

이번 프로젝트를 진행하면서 세 가지 방법으로 UIHostingController를 사용하여 SwiftUI 콘텐트 뷰가 UIKit 스토리보드 화면에 통합되게 할 것이다. 이를 위한 준비 과정으로 SwiftUI View 파일을 프로젝트에 추가하도록 하자. **File ➡ New File...** 메뉴 옵션을 선택하여 나타난 다이얼로그에서 **SwiftUI View** 템플릿 옵션을 선택하자. 이번에 생성될 새로운 파일의 이름은 디폴트로 되어 있는 SwiftUIView를 그대로 한다.

SwiftUIView.swift 파일이 코드 에디터에 로드되면 선언부를 다음과 같이 수정하자.

```
import SwiftUI

struct SwiftUIView: View {

    var text: String

    var body: some View {
        VStack {
            Text(text)
            HStack {
                Image(systemName: "smiley")
                Text("This is a SwiftUI View")
            }
        }
        .font(.largeTitle)
    }
}

struct SwiftUIView_Previews: PreviewProvider {
    static var previews: some View {
        SwiftUIView(text: "Sample Text")
    }
}
```

SwiftUI 뷰를 추가했으니 다음 작업은 이것을 통합하여 스토리보드 내에서 별도의 뷰 컨트롤러로 실행될 수 있게 하는 것이다.

34.4 스토리보드 준비하기

Xcode에서 **Main.storyboard** 파일을 선택하여 인터페이스 빌더에 로드되게 한다. 현재의 스토리보드는 그림 34-1과 같이 하나의 뷰 컨트롤러로 구성되어 있다.

그림 34-1

사용자가 현재 화면에서 뒤로 이동할 수 있도록 뷰 컨트롤러를 내비게이션 컨트롤러에 포함시켜야 한다. 그림 34-1에 동그라미로 표시한 **View Controller** 버튼을 클릭하여 현재 화면이 파란색으로 강조되게 하고, **Editor ➡ Embed In ➡ Navigation Controller** 메뉴를 선택한다. 이렇게 하면 스토리보드 캔버스는 그림 34-2와 같다.

그림 34-2

첫 번째 SwiftUI 통합으로 버튼이 필요하며, 이 버튼을 클릭하면 SwiftUI View를 포함하는 새로운 뷰 컨트롤러가 표시되도록 하는 것이다. 그림 34-3에 표시한 버튼을 클릭하여 라이브 러리 패널을 열고 Button 뷰를 찾아 뷰 컨트롤러 화면 캔버스로 드래그 앤 드롭한다.

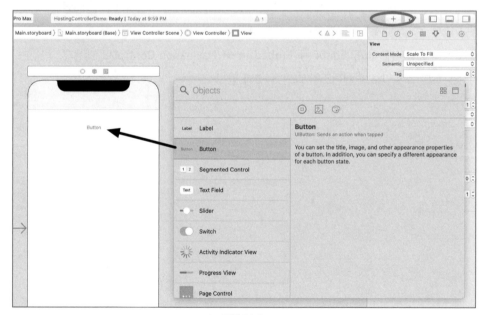

그림 34-3

버튼을 더블 클릭하여 편집 모드가 되게 하고 텍스트를 **Show Second Screen**으로 수정한다. 버튼의 위치를 고정하기 위해서 레이아웃 컨스트레인트를 추가해야 한다. 그림 34-4에 표시된 **Resolve Auto Layout Issues** 버튼을 사용하여 메뉴를 표시하고, **Reset to Suggested Constraints** 옵션을 선택하여 누락된 컨스트레인트를 버튼 위젯에 추가한다.

그림 34-4

34.5 호스팅 컨트롤러 추가하기

이제 스토리보드는 UIHostingController를 추가하고 SwiftUIView 레이아웃을 표시하기 위하여 버튼에 **segue**를 구현할 준비가 되었다. 라이브러리 패널을 다시 열어 **Hosting View Controller**를 찾아 스토리보드 캔버스에 드래그 앤 드롭하여 그림 34-5와 같이 한다.

그림 34-5

다음으로, **Show Second Screen** 버튼을 먼저 선택하고, 키보드의 Control 키를 누른 상태에서 **Hosting Controller**로 드래그하여 **segue**를 추가하자.

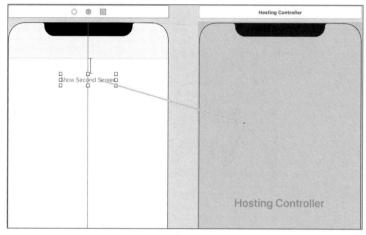

그림 34-6

호스팅 컨트롤러의 영역 안에서 드래그하던 마우스 버튼을 놓으면 나타나는 메뉴에서 **Show** 메뉴를 선택한다.

프로젝트를 컴파일하고 시뮬레이터나 연결된 디바이스에서 실행하고 버튼을 클릭하면 호스팅 컨트롤러 화면으로 이동하는지 확인하고, **Back** 버튼을 눌러 이전 화면으로 돌아오는지도 확인하자. 지금 시점에서의 호스팅 뷰 컨트롤러는 아무런 콘텐트를 가지고 있지 않다는 것을 의미하는 검정색 백그라운드로 표시될 것이다.

34.6 Segue 액션 구성하기

다음 작업은 IBSegueAction을 **segue**에 추가하여 버튼이 클릭되면 SwiftUI 뷰가 호스팅 컨트롤러에 로드되도록 하는 것이다. Xcode에서 **Editor ➡ Assistant** 메뉴를 선택하여 어시스턴트 에디터(Assistant Editor) 패널이 표시되게 한다. 어시스턴트 에디터 패널이 표시되면 **ViewController.swift** 파일의 내용이 표시되도록 하자. 디폴트로, 어시스턴트 에디터는 **Automatic** 모드라서 인터페이스 빌더에 현재 선택된 항목을 바탕으로 올바른 소스 파일이 표시되게 한다. 만약 올바른 파일이 표시되지 않는다면 에디터 패널 상단에 있는 툴바를 이용하여 올바른 파일을 선택할 수 있다.

만일 **ViewController.swift** 파일이 로드되지 않았다면 그림 34-7에 표시한 것처럼 에디터의 **Automatic** 항목을 클릭한다.

그림 34-7

그림 34-8과 같은 메뉴가 나오면 **ViewController.swift** 파일을 선택하여 에디터에 로드되게 한다.

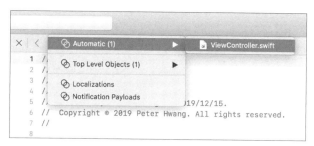

그림 34-8

다음으로, 그림 34-9와 같이 뷰 컨트롤러와 호스팅 컨트롤러 사이에 있는 **segue** 라인을 Ctrl-클릭한 상태로 어시스턴트 에디터 패널의 viewDidLoad() 메서드 아래로 드래그한다.

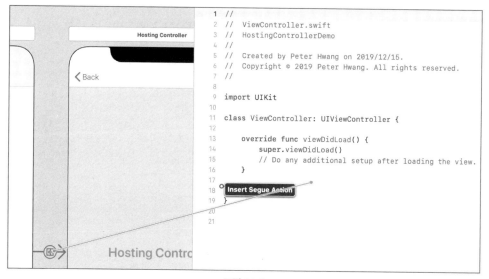

그림 34-9

드래그하던 마우스 버튼을 놓고, 커넥션 다이얼로그의 **Name** 필드에 **showSwiftUIView**라고
입력하고 **Connect** 버튼을 클릭한다.

그림 34-10

Xcode는 **ViewController.swift** 파일에 IBSegueAction 메서드를 추가할 것이며, 호스팅 컨
트롤러에 SwiftUIView 레이아웃이 포함되도록 다음과 같이 수정하자. **SwiftUI** 프레임워크
역시 임포트되어야 한다는 점에 주목하자.

```
import SwiftUI
.
.
@IBSegueAction func showSwiftUIView(_ coder: NSCoder) -> UIViewController? {
    return UIHostingController(coder: coder,
                rootView: SwiftUIView(text: "Integration One"))
}
```

프로젝트를 컴파일하고 앱을 다시 실행한다. 이번에는 그림 34-11과 같이 두 번째 화면이 표
시되는지 확인하자.

그림 34-11

34.7 컨테이너 뷰 포함하기

두 번째 통합 작업으로, 컨테이너 뷰가 기존의 뷰 컨트롤러 화면에 추가되어 UIKit 컴포넌트
들과 함께 SwiftUI 뷰가 포함되도록 할 것이다. **Main.storyboard** 파일에서 라이브러리 패널
을 열고 **Container View**를 찾아 첫 화면인 뷰 컨트롤러로 드래그 앤 드롭한다. 추가한 뷰의
위치와 크기를 조절하여 그림 34-12처럼 만들자.

그림 34-12

다음 단계로 진행하기 전에 뷰 컨트롤러 화면의 백그라운드를 클릭한 후에 그림 34-4처럼 **Resolve Auto Layout Issues** 버튼을 사용하여 나타난 메뉴에서 **Reset to Suggested Constraints** 옵션을 선택하여 누락된 컨스트레인트가 레이아웃에 추가되도록 한다.

그림 34-12의 뷰 컨트롤러 위에 있는 뷰처럼 Xcode는 **Container View**를 위하여 추가로 **View Controller**를 추가하였다. 이번 예제에서는 **Hosting Controller**로 대체될 것이므로 이 컨트롤러를 선택하고 키보드의 **delete** 키를 눌러 스토리보드에서 제거한다.

라이브러리 패널을 열고 **Hosting View Controller**를 찾아 뷰 컨트롤러 위쪽에 위치하도록 스토리보드 캔버스에 드래그 앤 드롭한다. 뷰 컨트롤러 화면에 있는 **Containter View**를 Ctrl-클릭한 상태로 드래그하여 새롭게 추가된 호스팅 컨트롤러에서 마우스 버튼을 놓자. 이렇게 하여 나타난 **segue** 메뉴에서 **Embed** 옵션을 선택한다.

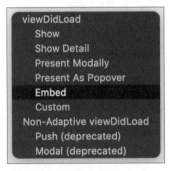

그림 34-13

호스팅 컨트롤러가 **Container View**에 포함되었다면 스토리보드는 그림 34-14와 같이 표시될 것이다.

그림 34-14

이제 남은 것은 IBSegueAction을 **Container View**와 호스팅 컨트롤러 사이의 연결에 추가하는 것이다. 어시스턴트 에디터를 다시 열고, 호스팅 컨트롤러 왼쪽에 있는 화살표에서 **Ctrl**-클릭한 상태로 showSwiftUIView 액션 메서드 아래에서 드롭한다. 액션의 이름을 **embedSwiftUIView**로 하고 **Connect** 버튼을 클릭한다. 새로운 메서드가 추가되었다면 다음과 같이 수정하자.

```
@IBSegueAction func embedSwiftUIView(_ coder: NSCoder) ->
        UIViewController? {
    return UIHostingController(coder: coder, rootView: SwiftUIView(text: "Integration Two"))
}
```

이제 앱을 실행하면 SwiftUI 뷰가 처음 나오는 뷰 컨트롤러의 Container View에 나타날 것이다.[1]

---

1 옮긴이 Container View의 크기가 충분하지 않은 경우 표시되지 않는 현상이 생기므로 표시되지 않는다면 크기(영역)를 조절해보자

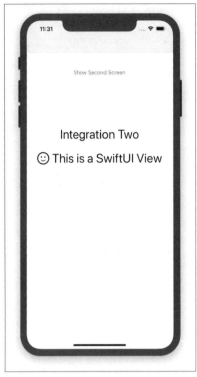

그림 34-15

34.8 코드로 SwiftUI 포함하기

마지막 통합의 예제로, SwiftUI 뷰를 프로그램적으로 뷰 컨트롤러의 레이아웃에 포함시킬 것
이다. Xcode에서 **ViewConroller.swift** 파일을 편집하자. viewDidLoad() 메서드를 찾아 다
음과 같이 수정한다.

```
override func viewDidLoad() {
    super.viewDidLoad()

    let swiftUIController = UIHostingController(rootView: SwiftUIView(text:
"Integration Three"))

    addChild(swiftUIController)
    swiftUIController.view.translatesAutoresizingMaskIntoConstraints = false

    view.addSubview(swiftUIController.view)

    swiftUIController.view.centerXAnchor.constraint(equalTo: view.centerXAnchor).
```

```
isActive = true
    swiftUIController.view.centerYAnchor.constraint(equalTo: view.centerYAnchor).
isActive = true

    swiftUIController.didMove(toParent: self)
}
```

이 코드는 SwiftUIView 레이아웃을 포함하는 UIHostingController 인스턴스를 생성하면
서 시작하고 현재의 뷰 컨트롤러의 자식으로 추가한다. translatesAutoresizingMaskInto
Constraints 프로퍼티를 false로 설정하므로 우리가 추가하는 모든 컨스트레인트는 뷰가
레이아웃에 추가될 때 적용되는 자동 컨스트레인트와 충돌하지 않게 될 것이다. 다음으로,
UIHostingController의 자식 UIView가 포함하는 뷰 컨트롤러의 하위 뷰로 추가된다. 그런
다음, 호스팅 뷰 컨트롤러가 화면의 중앙에 배치되도록 컨스트레인트가 설정된다. 마지막으로,
호스팅 컨트롤러가 컨테이너 뷰 컨트롤러로 이동되었음을 UIKit에 알리는 이벤트가 실행된다.

앱을 실행하여 그림 34-16과 같이 나타나는지 확인하자.

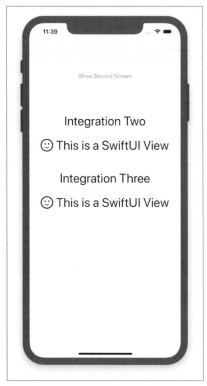

그림 34-16

34.9 요약

SwiftUI가 도입되기 전에 개발된 모든 앱은 UIKit을 사용하여 개발되었다. 기존 앱을 향상시키고 확장할 때 UIKit을 계속 사용하는 것도 가능하지만, 새로운 앱 기능을 추가하려고 한다면 SwiftUI를 사용하는 것이 더 합리적일 것이다(iOS 13 이상을 지원하지 않는 장치에서 앱을 실행해야 하는 경우 제외). 새로운 SwiftUI 기반의 뷰와 기능을 기존의 UIKit 코드와 통합해야 할 필요성을 인식한 애플은 UIHostingViewController를 만들었다.

기존의 UIKit 코드에 SwiftUI 뷰가 통합될 수 있도록 하기 위한 이 컨트롤러는 UIKit 뷰 컨트롤러에 SwiftUI 뷰를 담을 수 있도록 설계되었다. 이번 장에서 설명했듯이, 호스팅 컨트롤러를 사용하면 스토리보드나 프로그래밍 방식으로 SwiftUI와 UIKit을 통합할 수 있다. 전체 SwiftUI 사용자 인터페이스를 독립적인 뷰 컨트롤러로 통합하거나, 컨테이너 뷰를 사용하여 기존 레이아웃 내에 UIKit 뷰와 함께 SwiftUI 뷰를 포함시킬 수도 있다.

CHAPTER

35

앱 스토어에 iOS 13 애플리케이션 등록을 위한 준비와 제출하기

개발된 iOS 애플리케이션을 가지고 할 마지막 작업은 애플의 앱 스토어에 제출하는 것이다. 이번 장에서는 애플리케이션을 준비하고 제출하는 여러 단계에 대해 자세히 알아보겠다.

35.1 iOS 배포 인증서 검증하기

2장 '애플 개발자 프로그램 가입하기'에서는 인증서를 생성하는 과정을 설명하였다. 그 장에서 개발 인증서와 배포 인증서 모두를 생성하였으며, 이번 장까지는 개발 인증서를 이용하여 실제 iOS 디바이스에서 테스트할 수 있었다. 하지만 앱 스토어에 애플리케이션을 제출하려면 배포 인증서를 이용해야 한다. 배포 인증서가 있는지는 Xcode 11의 **Preferences** 메뉴에서 확인할 수 있다.

Xcode를 실행하여 **Xcode ➡ Preferences...** 메뉴를 선택하고, 툴바에서 **Accounts** 카테고리를 선택한다. 2장에서 설명한 것처럼 애플 ID가 있다면 그림 35-1과 같이 계정(accounts) 패널에 하나 이상의 애플 ID가 표시될 것이다.

Accounts
General
Accounts
Behaviors
Navigation
Fonts & Colors
Text Editing
Key Bindings
Source Control
Components
Locations
Server & Bots
Apple IDs
Source Control Accounts
GitLab.com
https://gitlab.com
Apple ID
Apple ID:
Description:
Team
Role
Peter Hwang
Agent
Download Manual Profiles
Manage Certificates...

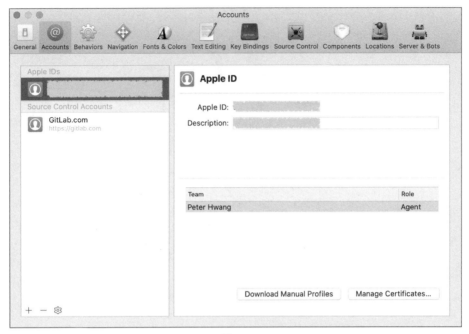

그림 35-1

애플리케이션 서명에 사용할 애플 ID를 선택하고, **Manage Certificates...** 버튼을 클릭하여 Signing Identities와 애플 ID에 연결된 프로비저닝 프로파일을 표시하자.

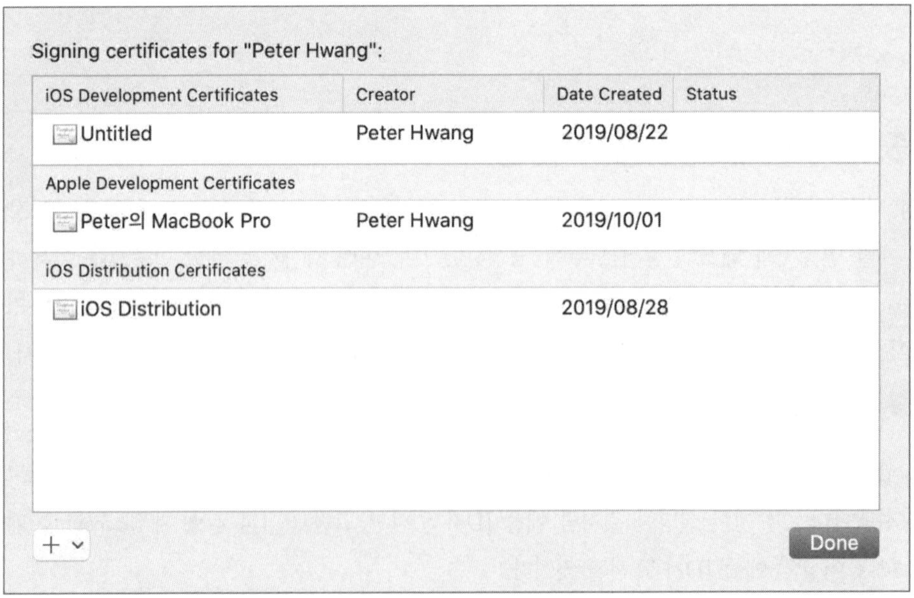

Signing certificates for "Peter Hwang":
iOS Development Certificates
Creator
Date Created
Status
Untitled
Peter Hwang
2019/08/22
Apple Development Certificates
Peter의 MacBook Pro
Peter Hwang
2019/10/01
iOS Distribution Certificates
iOS Distribution
2019/08/28
Done

그림 35-2

만약 애플 배포 인증서가 리스트에 없다면 그림 35-3에 표시한 메뉴를 이용하여 하나 생성한다.

그림 35-3

그러면 Xcode는 개발자 포털에 접속하여 앱 스토어에 애플리케이션을 제출할 때 사용할 적당한 서명 인증서를 새롭게 생성하고 다운로드할 것이다. 서명 식별자(signing identity)가 생성되었다면 그림 35-4와 같이 표시될 것이다.

Signing certificates for "Peter Hwang":

Apple Development Certificates	Creator	Date Created	Status
🖼 Peter의 MacBook Pro	Peter Hwang	2019/10/01	
iOS Development Certificates			
🖼 Untitled	Peter Hwang	2019/08/22	
iOS Distribution Certificates			
🖼 iOS Distribution		2019/08/28	
Apple Distribution Certificates			
🖼 Apple Distribution	Peter Hwang	2019/12/16	

그림 35-4

35.2 앱 아이콘 추가하기

배포를 위해 애플리케이션을 다시 빌드하기 전에 앱 아이콘이 애플리케이션에 추가되어 있는
지 확인하자. 앱 아이콘은 여러분의 애플리케이션을 디바이스의 홈 스크린, 설정 패널, 검색
결과에 표시하는 데 사용된다. 각각의 용도에 따라 여러 크기로 PNG 포맷의 아이콘들이 필
요하다. 또한, 아이폰이나 아이패드용(혹은 둘 다) 애플리케이션에 따라 레티나 디스플레이를
지원하는 다양한 아이콘이 추가되어야 한다.

앱 아이콘은 Xcode의 애플리케이션 프로젝트의 프로젝트 설정 화면을 이용하여 추가된다.
이를 확인하기 위해 프로젝트를 Xcode에 로드하고, 프로젝트 내비게이터 패널의 상단에 있
는 애플리케이션 타깃을 선택하자. 메인 패널에서 **General** 탭을 선택하고, **App Icons and
Launch Images** 섹션을 찾자. 디폴트로, Xcode는 **Assets.xcassets** 에셋 카탈로그에 있는
AppIcon이라는 이름의 에셋 카탈로그에 앱 아이콘 이미지들이 있는지 찾을 것이다. **App
Icons Source** 메뉴 옆에 있는 작은 화살표(그림 35-5 참고)를 클릭하면 앱 아이콘의 에셋 카탈
로그에 접근할 수 있다.

그림 35-5

선택했다면 **AppIcon** 에셋 카탈로그 화면이 표시되며, 각각의 아이콘 사이즈에 대한 자리들
이 보일 것이다.

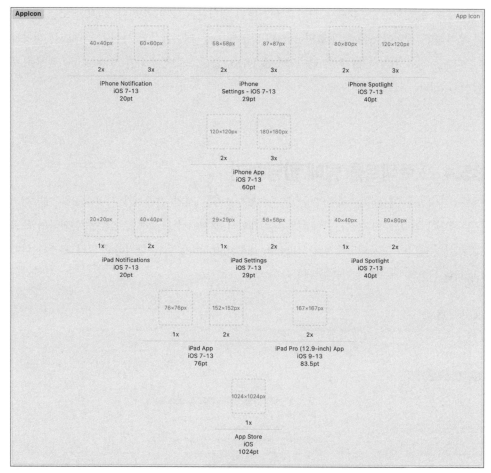

그림 35-6

이미지를 추가하려면 에셋 카탈로그의 해당 아이콘 자리에 맞는 PNG 형식의 이미지 파일을 Finder 윈도우에서 찾아 드래그 앤 드롭하거나, 카탈로그에서 Ctrl+클릭하여 나타난 메뉴에서 Import를 선택하여 여러 개의 파일을 추가하면 된다.

35.3 시작 화면 설계하기

시작 화면은 애플리케이션이 시작할 때 나타나는 내용을 포함한다. 이 화면에 대한 설계는 프로젝트를 생성하는 과정에서 자동으로 생성되는 **LaunchScreen.storyboard** 인터페이스 빌더 파일에 포함된다.

이 파일을 인터페이스 빌더에 로드하고 여러분이 원하는 대로 수정한다. 필요한 모든 이미지를 추가하고, 레이아웃은 모든 화면 크기에 맞도록 자동 레이아웃과 사이즈 클래스를 사용해야 한다는 점도 기억하자. 또한, 레이아웃은 UIKit 클래스로 한정되며 UIWebView 객체를 포함할 수 없다는 것도 기억하자.

35.4 프로젝트를 팀에 할당하기

애플리케이션을 제출하는 과정의 한 부분으로, 올바른 서명 인증서가 사용되도록 개발팀과 프로젝트가 연결되어야 한다. 프로젝트 내비게이터 패널에서 프로젝트 이름을 선택하여 프로젝트 설정 패널이 표시되도록 한다. **Signing & Capabilities** 탭을 클릭하고 그림 35-7과 같이 **Signing** 섹션의 메뉴에서 팀을 선택한다.

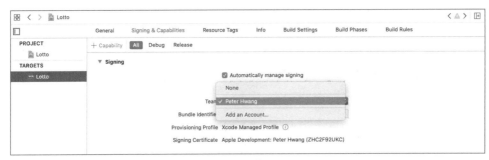

그림 35-7

35.5 배포를 위해 애플리케이션 아카이브하기

이제 애플리케이션은 설치된 배포 프로파일을 사용하여 빌드되어야 한다. 아카이브를 생성하려면 Xcode의 **Product ➡ Archive** 메뉴를 선택한다. 만약 **Archive** 메뉴가 비활성화되어 있다면 대부분의 경우는 Xcode 툴바의 실행 타깃이 현재 시뮬레이터로 선택되어 있기 때문일 것이다. 타깃을 수정하여 맥과 연결되어 있는 디바이스를 선택하거나 **Generic iOS Device**로 바꾸면 **Product** 메뉴에 **Archive** 메뉴가 활성화된다.

Xcode는 앱 스토어에 제출할 수 있는 애플리케이션 아카이브를 만들 것이다. 이 과정이 끝나면 **Organizer** 다이얼로그의 **Archives** 화면에 아카이브가 표시된다.

그림 35-8

35.6 iTunes Connect에서 애플리케이션 설정하기

애플리케이션 검수를 위하여 앱 스토어에 제출하기 전에 먼저 **iTunes Connect**에 제출할 준비가 되어 있어야 한다. 애플 개발자 프로그램(Apple Developer Program)에 등록하면 동일한 로그인 계정으로 iTunes Connect에 접근할 수 있는 계정이 자동으로 생성된다. iTunes Connect는 개발자가 세금 및 지불 정보를 입력하고, 애플리케이션에 대한 자세한 정보를 입력하며, 애플리케이션들의 판매 및 수익 상태를 추적할 수 있는 포털이다.

http://itunesconnect.apple.com을 웹 브라우저에서 입력하고, 여러분의 애플 개발자 프로그램 로그인과 패스워드를 입력하여 iTunes Connect에 접속하자.

처음 접속했다면 **계약, 세금 및 금융거래**(Agreements, Tax, and Banking) 링크를 클릭하여 애플의 약관에 동의하는 작업과 판매 수익에 대한 적절한 세금 및 은행 정보를 입력해야 한다.

등록 작업을 완료했다면 **나의 앱**(My Apps) 옵션을 선택하고, 애플리케이션에 대한 정보를 입력하기 위해 + 버튼을 클릭하여 나타난 하위 메뉴에서 **신규 앱**(New App)을 클릭한다. 애플리케이션에 대한 이름과 여러분만의 SKU를 입력한다. 또한, Xcode에서 업로드 준비가 끝난 애플리케이션과 일치하는 번들 아이디(Bundle ID)를 선택하거나 입력한다.

신규 앱

플랫폼 ?
☑ iOS   ☐ tvOS

이름 ?
오 마이 로또

기본 언어 ?
한국어   ⌄

번들 ID ?
XC kr co trn peter - kr.co.trn.peter   ⌄

SKU ?
MYSKU20141211

사용자 액세스 권한 ?
○ 제한된 액세스   ● 전체 액세스

취소   생성

그림 35-9

애플리케이션을 추가했다면 나의 앱 화면 목록에 **제출 준비 중**(Prepare for submission)이라고 표시될 것이다.

오 마이 로또

● iOS 1.0.0 제출 준비 중

그림 35-10

35.7 애플리케이션 검증하기와 제출하기

애플리케이션을 검증하기 위하여 Xcode의 **Archives** 윈도우로 돌아가서 애플리케이션 아카이브를 선택하고 **Validate App** 버튼을 클릭한다. 인증을 위한 다이얼로그가 나타나면 여러분의 iOS 개발자 프로그램 로그인 정보를 입력한다. Xcode에 하나 이상의 계정으로 구성되어 있다면 메뉴에서 원하는 계정을 선택하자.

Xcode는 iTunes Connect 서비스에 연결하고, 이전 단계에서 추가된 앱과 일치하는 것을 찾아 그림 35-11과 같은 배포 옵션 화면을 표시할 것이다.

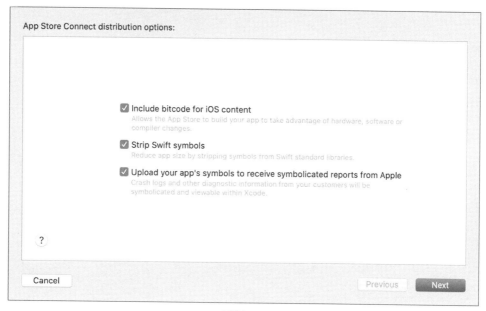

그림 35-11

이 화면은 선택할 수 있는 다음의 옵션들을 표시한다.

- **Include bitcode for iOS content** – 비트코드(bitcode)는 iOS 9에 도입된 새로운 중간 바이너리 형태다. 비트 코드 형태로 앱을 포함시키면 애플이 앱을 컴파일하여 전체 iOS 디바이스에 최적화되게 만들며, 앞으로 나올 하드웨어와 소프트웨어의 장점을 받을 수 있게 된다. 따라서 이 옵션을 선택할 것을 권장한다.

- **Strip Swift symbols** – 디폴트로 활성화되어 있는 이 옵션은 스위프트 표준 라이브러리의 심볼을 제거하여 앱 크기를 줄여준다.

- **Upload your app's symbols to receive symbolicated reports from Apple** – 만약 이 옵션을 선택했다면 애플은 앱에 대한 심볼 정보를 포함하게 된다. 함수와 메서드 이름, 소스 코드 줄 수, 파일 경로가 포함된 이 정보는 사용자가 여러분의 앱을 사용하다가 충돌이 발생했을 때 애플이 제공하는 충돌 로그(crash log)에 포함될 것이다.

다음 화면은 Xcode가 자동으로 앱에 대한 서명을 관리하게 할 것인지, 아니면 여러분이 직접 인증서를 선택할 것인지에 대한 옵션을 제공한다. 만일 여러분이 여러 배포 인증서를 사용하는 팀에 소속된 팀원이라면 자동 서명을 선택하는 것이 좋다.

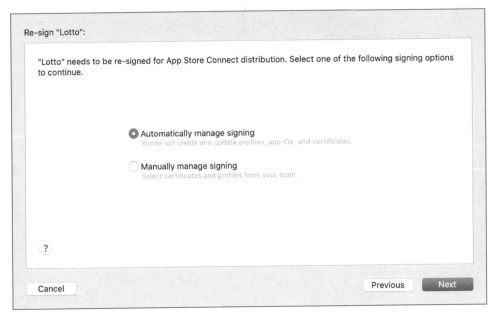

그림 35-12

마지막 화면은 앱과 관련되 인증서, 프로파일 및 권한이 요약되어 있다.

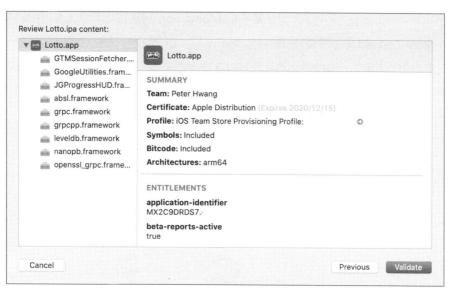

그림 35-13

Validate 버튼을 클릭하면 아카이브된 애플리케이션에 대한 유효성 검사를 수행하게 된다. Xcode는 아카이브를 생성하고 검증할 것이며, 유효성 검사 과정에서 어떤 오류가 발견된다면 그 내용을 알려준다. 유효성 검사에 통과를 했다면 **Done** 버튼을 클릭하여 패널을 닫자.

그림 35-14

이 애플리케이션은 이제 앱 스토어에 업로드할 준비가 되었다.

애플리케이션 아카이브가 선택된 상태에서 **Distribute App** 버튼을 클릭한다. 다음 화면에서 **App Store Connect**를 선택하고, 그 다음 화면에서는 **Upload** 옵션을 선택한다. 만일 애플 로그인 다이얼로그가 나타나면 여러분의 개발자 프로그램 로그인 정보를 입력하고, 요약 정보를 확인한 후에 **Upload** 버튼을 클릭한다. 애플리케이션 제출이 성공했다는 메시지가 표시되어 업로드 과정이 끝날 때까지 기다리자.

그림 35-15

35.8 검수를 위해 앱 구성하고 제출하기

아이튠즈 커넥트 포털의 나의 앱(My Apps) 화면에서 새롭게 추가한 앱 항목을 선택하여 설정 화면에 표시되도록 한다. 여기서는 프리-릴리즈(pre-release) 테스트 사용자를 설정할 수 있으며, 가격을 정하고, 제품 설명을 입력하며, 스크린샷과 미리보기(preview) 비디오를 업로드할 수 있다. 이러한 정보를 모두 입력하고 저장하여 앱 스토어에 제출할 준비가 되었다면 그림 35-16의 ⓐ로 표시된 1.0.0 제출 준비 중(**Prepare for Submission**) 옵션을 클릭한 다음에 심사를 위해 제출(**Submit for Review**) 버튼(그림 35-16의 ⓑ)을 클릭한다.

그림 35-16

애플의 검수(리뷰) 과정이 완료되면 애플리케이션이 통과되었는지에 대한 이메일이 발송될 것이다. 애플리케이션이 반려되었다면 반려 사유도 명시되어 있을 것이므로 해당 이슈를 해결하고 다시 제출하면 된다.

찾아보기